王丹 著

技术赋能
与乡村振兴

基于一个电商村的田野观察

TECHNOLOGY EMPOWERMENT AND
RURAL REVITALIZATION
Field Observation of an E-commerce Village

社会科学文献出版社
SOCIAL SCIENCES ACADEMIC PRESS (CHINA)

2019 年国家社会科学基金年度项目"乡村振兴中'乡村技术赋能'研究"（项目批准号：19BGL154）资助

目　录

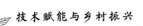

前　言

　　共同富裕是社会主义的本质要求，是中国式现代化的重要特征。习近平总书记在党的二十大报告中指出，"中国式现代化是全体人民共同富裕的现代化。共同富裕是中国特色社会主义的本质要求，也是一个长期的历史过程"。同时，党的二十大报告中明确作出"全面建设社会主义现代化国家，最艰巨最繁重的任务仍然在农村"的重要论断。判断中国式现代化和共同富裕的底色和成色，关键要看农民共富水平和农业农村发展水平。

　　农村是共同富裕的"洼地"，促进农村共同富裕是乡村振兴战略的行动指引和根本所在。当前，数字经济伴随信息革命浪潮快速发展，成为我国经济增长的重要引擎和促进共同富裕的战略抓手。国家《"十四五"数字经济发展规划》明确指出，数字经济是"促进公平与效率更加统一的新经济形态"。"数字赋能"在农村脱贫攻坚和全面小康社会建设进程中的强大带动力、渗透力初步彰显，在乡村振兴和中国式现代化新征程中继续发挥不可替代的重要作用。国家出台了一系列政策，如《中共中央 国务院关于实施乡村振兴战略的意见》《乡村振兴战略规划（2018—2022 年）》《数字乡村发展战略纲要》《数字农业农村发展规划（2019—2025 年）》，强调要加快现代信息技术与农村生产生活的全面深度融合，加快推进农业农村现代化，构建乡村数字治理新体系，培育信息时代新农民。在实践中，全国许多地区已出现技术赋能乡村振兴的典型样本，如江东省淘元镇、浙江省龙泉市、贵州省荔波县等。技术赋能驱动乡村要素升级、产业重构和治理优化，重塑了乡村的生产方式、经营方式、治理方式和服务方式，推动乡村实现了质量变革、效率变革和动力变革，加速了乡村发展从依赖自然资源向依赖知识资源和数字资源的绿色发展方式转变。技术赋能打破了传统乡村的"失联"和"失能"状态，充分利用技术化和智能化帮助乡村实现情感连接、信息连接和财富连接，激发农民、乡村组织和社区的发展潜力，赋予其新的发展动能。

1

尽管技术赋能成为推动乡村振兴和实现农民农村共同富裕的重要驱动力，但不可忽视的是，中国乡村的数字化进程刚刚开启，乡村要想真正实现数字化和智能化，仍然面临一系列困难。第一，乡村的数字基础设施相对落后，不少乡村仍处于"数字盲区"，导致乡村技术赋能缺乏硬件支撑；第二，乡村的数字生态建设滞后，乡村的数字治理理念、数字服务水平、配套制度变革、社会组织发育和数字金融发展等方面落后，导致乡村技术赋能缺乏软件配套；第三，乡村数字教育落后，农民的受教育水平普遍不高，乡村数字教育体系、数字人才培养体系和高端人才引进机制不健全，导致乡村技术赋能缺乏智力支持；第四，对数字技术的过度崇拜和盲目推进，对政绩的追求以及对乡村特性和农民需求的忽视造成数字技术的滥用，从而在技术的现代性和乡村的乡土性之间形成张力，导致乡村技术赋能缺乏文化支持。未来，城乡之间的"技术鸿沟"尤其是"数字鸿沟"将不仅是网络接入、信息技术缺乏等"硬"鸿沟，更重要的是网络行为、信息使用和知识获取等"软"鸿沟，城乡差距面临进一步拉大的危险。可见，技术发展既是缩小城乡差距的契机，又可能将农民排挤在现代化发展潮流之外，故关键在于"如何让技术为乡村赋能"。

　　在既有的技术赋能研究文献中，对乡村领域的忽视和田野调查的缺乏，以及技术赋能理论尚不成熟，都为本书的研究拓展与理论创新预留了空间。鉴于此，本书提出乡村技术赋能研究的理论命题，并以东沿市淘元镇为研究对象，以技术赋能为理论基础，以田野调查为研究方法，通过分析乡村技术赋能的过程和机理，回答三个问题：乡村技术赋能的条件、要素和机理是什么？如何实现乡村技术赋能？技术赋能是不是达致乡村振兴的一种有效方式？

　　本书主要分为三个部分。

　　第一部分包括第一章和第二章，主要阐述了研究的背景、方法和理论基础。第一章阐述了研究背景、研究目的与意义、国内外研究现状、研究方法与思路、研究的创新和不足等内容。第二章对技术、技术赋能、乡村技术赋能等核心概念进行了界定，并在阐述本书理论立场"技术与社会互构"的基础上，厘清了技术赋能理论的基本要义和主要观点。具体来说，技术赋能理论坚持"互构论"的立场，以情境为导向，强调技术与环境的契合。技术赋能的成效受个体或群体因素和环境的影响。技术赋能强调包容多样性、有效利用各种资源、建立社区认同，是一种由地方主导的、混合"内源－外源动力"的新内源性发展模式。

第二部分包括第三章、第四章和第五章，主要阐述了乡村技术赋能的条件、要素、困境及其破解之道。乡村技术赋能的条件是技术下乡。技术下乡的客观依据在于城乡之间的技术鸿沟与发展能力差异。乡村技术落后的原因在于技术"供给不足"和乡村"承接不力"。技术"供给不足"缘于政策不利、地理障碍和市场的逐利性。乡村"承接不力"主要受我国农业从业人口特征和乡村组织弱化的影响。目前，技术下乡获得了政策、资本和市场的支持。党的十九大提出"实施乡村振兴战略"，乡村振兴战略落地除了需要一系列规划、计划与政策出台，在乡村社会层面上，最重要的因素之一就是"技术下乡"。东沿市淘元镇是信息技术重构乡村社会的典型案例。本书分析了淘元镇信息技术重构的情境和过程、信息技术与乡村社会的互动机制、信息技术给乡村带来的"结构－细胞－基因"的深层变革，以及信息技术重构乡村的内生动力。

乡村技术赋能的要素包括乡村技术赋能的主体、客体和方式。在乡村技术赋能的过程中，主体的选择和行动至关重要。乡村技术赋能离不开乡村精英、政府、企业、专家和媒体等多元主体的协同。乡村技术赋能的客体包括农民、组织和社区。其中：对农民的赋能提高了农民的认知能力和行动能力；对组织的赋能提升了政府组织的情境认知能力、组织调适能力和社会治理能力，促进企业组织转型升级和社会组织发育成熟；对社区的赋能提升了社区经济发展能力、人才吸引能力、社会治理能力，促进社区商业文化形成。乡村技术赋能的方式包括结构赋能、资源赋能和心理赋能。结构赋能指信息技术打破城乡二元结构，将乡村置于互联互通的网状结构中，突破地域限制，缩短时空距离，将乡村与全国乃至世界市场相连；资源赋能体现在信息技术的"连接性"帮助农民以更低的成本获取更多资源；心理赋能体现在信息技术转变了农民的心智模式，增强了农民的自尊心、自信心、自豪感和掌控感。

乡村技术赋能的成效很大程度上取决于乡村场景与技术的匹配程度。一旦乡村场景与技术不匹配，则可能使技术赋能陷入困境。乡村技术赋能的困境及其成因表现在四个方面：一是在教育、文化和公共服务的三重制约下，农民的认知能力无法满足技术发展需求；二是个体化、市场化与城镇化弱化了乡村的组织能力，使乡村社会组织无法有效承接技术下乡；三是碎片化、路径依赖与压力型体制阻碍政府变革，消解了技术治理效能；

四是现代技术嵌入与乡村乡土性之间的冲突，可能破坏乡村价值和关系网络。鉴于此，本书认为可以通过认知升级、组织培育、制度创新和价值确认，破解乡村技术赋能困境。认知升级是技术赋能的主体要求，组织培育是技术赋能的社会基础，制度创新是技术赋能的保障机制，价值确认是技术赋能的根本路径。

第三部分包括第六章和第七章，主要对本书的研究进行总结和展望，阐述技术赋能对乡村振兴的意义，阐明研究结论和下一步研究计划。研究认为，在技术与乡村场景匹配的条件下，技术赋能是达致乡村振兴的一种有效方式。首先，技术赋能需要与乡村场景匹配，即技术"普适性"与乡村"地域性"的匹配，技术"现代性"与乡村"乡土性"的匹配，技术"理性"与乡村"情感"的匹配，技术"效率"与乡村"价值"的匹配。其次，技术赋能重塑乡村发展逻辑。乡村技术赋能强化了新内源性发展模式，巩固了包容性发展方式，拓展了就地城镇化道路。最后，技术赋能再造了乡村治理方式。技术赋能促使乡村治理方式向科学管理、专家治理和治理工具的信息化转变。

本书的结论主要有四个。一是乡村技术赋能的条件是促进"技术下乡"，实现技术和乡村场景的匹配。二是乡村技术赋能是指在多元主体的合作下，现代技术通过结构赋能、资源赋能和心理赋能的方式，为农民、组织和社区赋能。三是通过认知升级、组织培育、制度创新和价值确认，可以破解乡村技术赋能的困境。四是技术赋能通过与乡村场景匹配，重塑了乡村发展逻辑，再造了乡村治理方式，成为达致乡村振兴的一种有效手段。

感谢在本书的写作过程中南京农业大学刘祖云教授的悉心指导，感谢淘元镇的村镇干部和网商抽出宝贵时间接受我的访谈和问卷调查，感谢社会科学文献出版社李明伟老师的大力帮助，感谢国家社会科学基金项目"乡村振兴中'乡村技术赋能'研究"（项目批准号：19BGL154）的资助，感谢在书稿写作和出版过程中所有帮助过我的老师、同门、家人和朋友。

由于笔者能力、水平有限，书中难免会有不妥甚至错误之处，恳请各位读者指正。

王　丹

2023 年 8 月 6 日

第一章 导 论

第一节 研究缘起

一 研究背景

（一）"技术化社会"——乡村技术赋能提出的历史境遇

科技革命是历史发展的火车头，是划分不同时代的界碑。从历史上看，无论是三次工业革命还是前工业社会、工业社会和后工业社会的划分都是以科技革命为界碑的。三次工业革命分别是以蒸汽机的发明和使用、电力的广泛应用以及信息技术等高技术的发展与应用为标志的。而哈佛大学教授丹尼尔·贝尔（Daniel Bell）在《后工业社会的来临》一书中以"社会－技术"为界碑，将社会划分为前工业社会、工业社会和后工业社会。[①] 前工业社会以原始人力为基础，工业社会以机械技术为基础，后工业社会以智能技术为基础。

当今时代，更是一个技术大发展和大变革的时代。新技术不仅促进了物质世界的繁荣发展，而且推动产业结构、社会结构、管理体制等产生根本性的变革，也深刻地改变了人们的思维方式、价值观念、行为模式等，人类真正进入一个"技术社会"。波尔多大学教授雅克·埃吕尔（Jacques Ellul）最早提出"技术社会"的概念，他认为"技术社会"是一个处处渗透着技术且以技术为工具的社会，技术成为与自然环境、社会环境具有同等意义的技术环境。[②] 赵剑英从哲学的角度归纳了"技术化社会"的三个表

---

① 〔美〕丹尼尔·贝尔：《后工业社会的来临》，高铦、王宏周、魏章玲译，江西人民出版社，2018，序第10页。

② 转引自吴国盛编《技术哲学经典读本》，上海交通大学出版社，2008，第130~145页。

现形态，即：生产方式的高度技术化；信息化、网络化是当今社会的主要特征，并重构生活的各个面向；高度技术化的社会必然演化为"风险社会"，带来治理方式和决策方式的巨大变革。① 邱泽奇以历史演化为序，认为我们正处在技术化社会的 3.0 版，即从工具到社会关系的技术化。②

（二）"乡村技术仍然落后"——乡村技术赋能提出的现实环境境遇

技术带来了城市的发展和繁荣，乡村却在相当长的历史时期被现代技术遗忘。21 世纪以前，国家实行偏向城市的发展政策，支持工业化发展，造成了 20 世纪 90 年代乡村发展缓慢的局面。21 世纪以来，随着工业化和城市化发展，以及国家对农政策由"索取型"转变为"给予型"，农村技术化进程快速推进，耕种收综合机械化率由 2000 年的 30.59% 提高到 2018 年的 66%，农民生活水平显著提升，乡村信息基础设施逐步完善，新一代信息技术与农村产业发展、社会治理、生态建设等深度融合，智慧农业、电子商务、智慧社区等方兴未艾，乡村的生产模式和治理方式发生深刻变化。以电子商务和"为村"平台最为典型。电子商务可以促进产业兴旺、增加农民收入、创造就业机会。《中国淘宝村研究报告（2009～2019)》显示，2018 年我国农村网络零售额为 1.37 万亿元，仅淘宝带动就业机会超过 683 万个，国家级贫困县的淘宝村年交易额接近 20 亿元。③ 而"为村"平台以"互联网 + 乡村"的模式，为乡村连接情感、信息和财富。截至 2019 年 9 月 29 日，14228 个村庄加入"为村"平台，251 万名村民和 15.7 万名党员在线④，实现了党务、村务、事务、商务等社区关联的"上下交互"。

但总体来看，农村技术发展仍然很不充分，与城市技术水平相比，还有很大差距，这既表现在农业现代化水平低、农村公共服务设施不健全、农民生活设施技术含量低等硬件方面，又表现在农业生产者结构失当、素质偏低、农技工作队伍建设不强、技术推广不力等软件方面。⑤ 未来，城乡

---

① 赵剑英：《加强对技术社会形态问题的研究》，《马克思主义与现实》2011 年第 1 期。
② 邱泽奇：《技术化社会治理的异步困境》，《社会发展研究》2018 年第 4 期。
③ 阿里研究院：《中国淘宝村研究报告（2009～2019)》，2019，第 21～22 页。
④ 郭芳：《"为村"十年：乡村振兴的数字化实验和变革》，《中国经济周刊》2019 年第 19 期。
⑤ 刘祖云、王丹：《"乡村振兴"战略落地的技术支持》，《南京农业大学学报》（社会科学版）2018 年第 4 期。

之间的"技术鸿沟"尤其是"数字鸿沟"将不仅是网络接入、信息技术缺乏等"硬"鸿沟，更重要的是网络行为、信息使用和知识获取等"软"鸿沟，城乡差距面临进一步拉大的危险。可见，技术发展既是缩小城乡差距的契机，又可能将农民进一步排挤在现代化发展潮流之外，故关键在于"如何让技术为乡村赋能"。

（三）"乡村振兴"——促发乡村技术赋能话语的社会语境

党的十九大提出"实施乡村振兴战略"。乡村振兴的痛点表现在农产品供需不平衡、农村基础设施不健全、城乡要素流动不顺畅、农民发展能力不足、基层党建薄弱、乡村治理体系和治理能力落后六个方面。痛点缘于农村的"连通性"不足（即市场"失连"、信息"失连"和情感"失连"）以及农民、组织和社区自我发展"能力"不足两个方面。而技术赋能尤其是"数字赋能"能够很好地实现两者的结合。技术赋能是指，通过多元主体的合作，现代技术以结构赋能、资源赋能和心理赋能等方式，赋予个人、组织和社区行动能力或激发其潜能的过程。在商业、教育、医疗、政务、媒体等各个领域，技术赋能正在不断定义新的生活环境、生活方式和生活能力。中共中央办公厅、国务院办公厅适时地印发了《数字乡村发展战略纲要》，提出加快推进农业农村现代化，构建乡村数字治理新体系，弥合城乡"数字鸿沟"，培育信息时代新农民。因此，为了更好地落实乡村振兴战略，加快实现城乡一体化目标，必须大力推进数字乡村建设，让技术为乡村赋能。那么，乡村技术赋能的条件是什么？乡村技术赋能包含哪些要素？在乡村技术赋能的过程中会遭遇哪些困境，以及如何破解这些困境？这些问题构成了本书研究的核心问题。

二　研究目的与意义

（一）研究目的

研究目的有三个。其一，论证乡村技术赋能在理论研究和实践中的重要性。通过对乡村技术赋能的历史境遇、现实环境境遇和社会语境的考察，说明乡村技术赋能的重要性。其二，考察技术是如何为乡村赋能的，从而创造条件使技术更好地为乡村赋能。在厘清乡村技术赋能概念的基础上，利用赋能理论对乡村技术赋能的情境、过程、结果进行现实考察和理论分析，试图对乡村技术赋能的条件、主体、客体、方式以及困境进行描述，从而理解乡村技术赋能的过程和机制，并提出化解乡村技术赋能困境的对策建议。其三，通过乡村技术赋能理论研究和实践考察，为乡村振兴和数字乡村建设提供行动参考。一方面，通过对信息技术治理效果的个案考察，说明"技术可以为乡村赋能"，传达"技术让乡村更美好"的理念，促使乡村治理主体重视乡村技术投入和应用。另一方面，通过对技术赋能实践困境及其成因的分析，说明技术赋能必须有一定的社会、经济、政治、文化条件做保障，才能更好地发挥赋能效果，促使乡村治理主体积极为技术赋能创造条件。同时，提醒乡村治理主体注意，技术不是万能的，技术在为乡村发展带来积极效用的同时，也存在无法避免的缺陷。对技术边界的肆意跨越会造成乡村共同体的分化等一系列问题。因此，要设定技术赋能的边界，防止技术由"赋能"走向"控制"。

（二）研究意义

1. 理论意义

理论意义体现在两个方面。一是将技术赋能这一新社会理念引入乡村研究中。2016 年以来，"赋能"一词频繁出现在互联网和企业管理领域，成为这个时代最重要和最受欢迎的管理概念。[①]"赋能"的核心在于"赋予行动能力，帮助别人成功"。同时，"数字乡村建设"使"技术"在乡村振兴中的作用被提到前所未有的高度。那么，如何通过技术赋能达致乡村振兴就成为重要的理论课题。目前，在乡村振兴研究中，缺乏乡村技术赋能个案研究、理论阐述和实证检验。本书尝试通过东沿市淘元镇的个案，考察乡村技术赋能的过程和机制。二是试图通过乡村技术赋能的研究，丰富技术赋能理论成果。目前尚未形成成熟的技术赋能理论，本研究通过理论研究和个案考察，探索乡村技术赋能的条件、要素、困境及其成因，为技术赋能理论的丰富和发展尽绵薄之力。

2. 现实意义

现实意义体现在三个方面。一是发现乡村广阔的技术赋能空间。中国是一个有着 5 亿多农民的农业大国，但农业机械化、技术化水平偏低。中国

---

① Thomas A. Potterfield, *The Business of Employee Empowerment: Democracy and Ideology in the Workplace*, New York: Praeger Press, 1999, p. 161.

乡村是一个规模很大、可以赋能的人口很多，但在技术上比较落后、比较粗糙的市场，具有广阔的技术赋能空间。二是提请乡村治理主体重视技术赋能的价值。乡村振兴的关键在于"人才的振兴"，而技术赋能正是通过"赋能于民"，提升农民自我生存与发展能力，为乡村振兴提供内生动力。三是为实践中的乡村技术赋能划定边界。通过对技术赋能困境及其成因的考察，促使乡村治理主体认识乡村技术赋能发挥作用的条件，从而为技术赋能创造适宜的乡村场景，为实现乡村技术赋能提供各种支持；同时，通过研究技术赋能过程中可能带来的消极影响，客观、辩证地看待技术的作用，为技术赋能划定边界，使技术和乡村场景更好地匹配，尽可能地发挥技术的效能。

第二节 国内外研究综述与文献评析

一 关于"乡村技术应用"的研究

（一）国外关于"乡村技术应用"的研究

1. 乡村技术落后的原因

学者们主要从供给和需求两个维度，考量乡村技术落后的原因。在供给方面，美国布朗大学教授爱德华·艾伦·米勒（Edward Alan Miller）等人认为较高的供给成本是乡村技术落后的原因。他们把这称为"农村惩罚"，即住在偏远农村地区的人要付出更高的成本才能获得和城市地区同等的服务。[①] 相比于农村，城市地区有更高的投资回报率。[②] 因此，新开发的技术大多以城市为主导，导致了乡村技术供给不足。目前，市场未能为农村地区有效提供数字连接，需要政府干预才能实现普遍接入。[③] 但是，目前促进通信技术发展的政策基本上是不成功的。一般性的政策是不合适的，正如

---

① E. A. Miller, D. M. West, "Where's the Revolution? Digital Technology and Health Care in the Internet Age," *Journal of Health, Politics and Law*, Vol. 34, No. 2, 2009, pp. 261–284.

② T. H. Grubesic, A. T. Murray, "Waiting for Broadband: Local Competition and the Spatial Distribution of Advanced Telecommunications Services in the United States," *Growth and Change*, Vol. 35, No. 2, 2004, pp. 139–165.

③ L. Holt, M. Galligan, "Mapping the Field: Retrospective of the Federal Universal Service Programs," *Telecomunications Policy*, Vol. 37, No. 9, 2013, pp. 773–793.

意大利锡耶纳大学菲利普·贝洛克（Filippo Belloc）等人所说："……不同的政策组合适合不同的政策目标……没有放之四海而皆准的政策。"① 政府只能利用竞争作为改善数字连接的工具，成为影响数字发展的重要因素，允许市场失灵。地理因素和制度也是影响乡村数字连接的重要因素。在需求方面，个体拥有的物质资本（财政资源、收入）、人力资本（知识经验、态度、技能、性别、年龄、受教育程度、知识共享能力、深层次生活目标）和社会资本（阶级、种族、技术可得性、社会群体／网络）是影响乡村技术采用的重要因素。② 此外，缺乏财政资源、失业、低教育水平和保守态度、农村企业与中心市场的远距离都是个人、公司和组织采用新技术的障碍。③

2. 乡村技术落后的消极影响

学者运用社会网络和社会资本的概念，研究人们的生活和社会地位如何被信息技术影响。大量研究认为城乡"数字鸿沟"的存在将使城乡差距进一步扩大，并影响国民经济整体竞争力。美国俄亥俄州立大学教授爱德华·J. 马莱基（Edward J. Malecki）也认为连接良好和连接不良地区之间的经济差异将会增加，主要是由于缺乏（即时）获取信息的途径，以及积极参与信息生产的可能性有限。④ 西班牙纳瓦拉公立大学教授费尔南多·莱拉－洛佩斯（Fernando Lera-Lopez）等人认为在较贫穷的地区存在累积的因果关系：这些地区缺乏联系，因此区域发展受到限制，区域差距进一步扩大。⑤ 英国阿伯丁大学教授莲妮·汤森德（Leanne Townsend）等人研究了农村宽带连接对创新经济的影响。他们认为由于宽带的缺乏，农村创意实践者不能在线和实践社区联系，使他们与行业的新思想、知识、机会、潜在

① F. Belloc, A. Nicita, M. Alessandra Rossi, "Whither Policy Design for Broadband Penetration? Evidence from 30 OECD Countries," *Telecomunications Policy*, Vol. 36, No. 5, 2012, p. 397.

② C. Hunecke, A. Engler, R. Jara-Rojas, et al., "Understanding the Role of Social Capital in Adoption Decisions: An Application to Irrigation Technology," *Agricultural Systems*, Vol. 153, 2017, pp. 221 –231.

③ S. P. Goggins, C. Mascaro, "Context Matters: The Experience of Physical, Informational, and Cultural Distance in a Rural IT Firm," *The Information Society*, Vol. 29, No. 2, 2013, pp. 113 –127.

④ E. J. Malecki, "Digital Development in Rural Areas: Potentials and Pitfalls," *Journal of Rural Studies*, Vol. 19, No. 2, 2003, pp. 201 –214.

⑤ F. Lera-Lopez, M. Billon-Curras, "Shortfalls and Inequalities in the Development of E-Economy in the E. U. –15," *Communications & Strategies*, Vol. 60, No. 4, 2005, pp. 181 –200.

的客户相隔离，从而使情况变糟。①

3. 乡村技术应用效果研究

加拿大圭尔夫大学教授拉克什米·普拉萨德·潘特（Laxmi Prasad Pant）等人研究发现农村小企业和社区组织从宽带接入（包括可用性和可负担性）和互联网连接可靠性的增加中，获得了地理位置和相关行业的好处，向更有弹性和更可持续的农村社区过渡。② 改善数字连接可以帮助吸引人力资本进入农村地区③，宽带投资会导致一个地区的创业活动增多。④ 也有学者认为宽带投资使来自传统行业的非创新型企业家的数量增加。与没有宽带的农村地区相比，美国服务良好的数字农村地区的移民数量显著增加。⑤ 荷兰乌特勒支大学教授赛姆·穆罕默德（Saim Muhammad）等人则得出结论，在荷兰，数字连接使人们能够远距离通勤，通过这种方式，农村人口有可能进入更远的劳动力市场。⑥ 有学者认为，使用 ICT（信息通信技术）将使农村地区的人们更多地参与社区生活、教育和知识经济活动⑦，他们最终可以逃脱"农村的惩罚"。也有研究认为，数字技术的快速发展使弱势群体更容易受到数字和社会排斥。技术预示着"距离的死亡"。技术可以消除空间和时间限制，新的通信系统从根本上改变了人类生活的基本维度——空间和时间。地方从其文化、历史、地理意义中脱离出来，重新融入功能

---

① L. Townsend, C. Wallace, G. Fairhurst, A. Anderson, "Broadband and the Creative Industries in Rural Scotland," *Journal of Rural Studies*, Vol. 54, 2017, pp. 451 – 458.

② L. P. Pant, H. H. Odame, "Broadband for a Sustainable Digital Future of Rural Communities: A Reflexive Interactive Assessment," *Journal of Rural Studies*, Vol. 54, 2017, pp. 435 – 450.

③ E. Roberts, L. Townsend, "The Contribution of the Creative Economy to the Resilience of Rural Communities: Exploring Cultural and Digital Capital," *Sociologia Ruralis*, Vol. 56, No. 2, 2016, pp. 197 – 219.

④ G. S. Ford, T. M. Koutsky, "Broadband and Economic Development: A Municipal Case Study From Florida," *Review of Urban & Regional Development Studies*, Vol. 17, No. 3, 2005, pp. 216 – 229.

⑤ P. Mahasuweerachai, B. E. Whitacre, D. W. Shideler, "Does Broadband Access Impact Migration in America? Examining Differences Between Rural and Urban Areas," *Review of Regional Studies*, Vol. 40, No. 1, 2010, pp. 5 – 26.

⑥ S. Muhammad, H. F. L. Ottens, D. Ettema, T. de Jong, "Telecommuting and Residential Locational Preferences: A Case Study of the Netherlands," *Journal of Housing and the Built Environment*, Vol. 22, No. 4, 2007, pp. 339 – 358.

⑦ B. C. Briggeman, B. E. Whitacre, "Farming and the Internet: Reasons for Non-Use," *Agricultural and Resource Economics Review*, Vol. 39, No. 3, 2010, pp. 571 – 584.

网络。连接带来了新的工作形式、新的虚拟地理环境，形成了不依赖于物理空间的新的交流社区。① 因此，技术革命导致了"时空压缩"②，打破了人员、商品、资本和文化流动的传统时空。早在1962年，加拿大多伦多大学教授马歇尔·麦克卢汉（Marshall McLuhan）指出科技将以"地球村"的形式，使人类和经济更加紧密地联系在一起。③ 时空压缩可以潜在地产生跨地域的经济相似性④，促进传统上创意经济不强的农村地区创意企业的生存。宽带应用通过缩短时间和空间，减少了"距离的惩罚"。通过连接人员并提供对适当知识和资源的访问，支持人们与远程合作伙伴和同行的协作。⑤

4. 影响乡村技术应用效果的因素

有学者认为，要实现经济增长，仅仅提供更好的数字连接是不够的，"数字基础设施是经济发展的必要条件，但不是充分条件"⑥。社区文化和居民需求是影响技术应用效果的重要因素。⑦ 没有社区的支持，互联互通将不会产生任何影响，并被视为自上而下的强制执行。因此，在项目实施之前，必须适当了解当地环境和文化对信息通信技术的需求。⑧ 美国新墨西哥大学教授埃弗雷特·M. 罗杰斯（Everett M. Rogers）研究了ICT采用者类别的特征，考察人们在采用新ICT时遇到障碍的程度。⑨ 如果信息通信

① M. Castells, *The Rise of the Network Society*, *The Information Age*: *Economy*, *Society and Culture*, *Vol. I*, Oxford: Blackwell, 1996, p. 357.

② J. Agnew, "The New Global Economy: Time-Space Compression, Geopolitics, and Global Uneven Development," *Journal of World-Systems Research*, Vol. 7, No. 2, 2001, pp. 133 – 154.

③ Kate Oakley, "Not So Cool Britannia: The Role of the Creative Industries in Economic Development," *International Journal of Cutural Studies*, Vol. 7, No. 1, 2004, pp. 67 – 77.

④ J. Agnew, "The New Global Economy: Time-Space Compression, Geopolitics, and Global Uneven Development," *Journal of World-Systems Research*, Vol. 7, No. 2, 2001, pp. 133 – 154.

⑤ L. Townsend, C. Wallace, G. Fairhurst, A. Anderson, "Broadband and the Creative Industries in Rural Scotland," *Journal of Rural Studies*, Vol. 54, 2017, pp. 451 – 458.

⑥ E. Tranos "The Causal Effect of the Internet Infrastructure on the Economic Development of European City Regions," *Spatial Economic Analysis*, Vol. 7, No. 3, 2012, pp. 319 – 337.

⑦ J. Moon, M. D. Hossain, H. G. Kang, J. Shin, "An Analysis of Agricultural Informatization in Korea: The Government's Role in Bridging the Digital Gap," *Information Development*, Vol. 28, No. 2, 2012, pp. 102 – 116.

⑧ R. Ramírez, "Appreciating the Contribution of Broadband ICT with Rural and Remote Communities: Stepping Stones Toward an Alternative Paradigm," *The Information Society*, Vol. 23, No. 2, 2007, pp. 85 – 94.

⑨ E. M. Rogers, *Diffusion of Innovations*, New York: Free Press, 2003, p. 281.

技术被视为达到目的的一种手段①，并能适应社区文化②，那么就会增加使用信息通信技术的可能性。挪威特隆赫姆大学教授皮亚·皮罗丝卡·奥特（Pia Piroschka Otte）等人研究了性别作用和两性关系在农村农业技术发展中的重要性，在新农业技术发展过程中再现传统性别角色和不平等关系的风险。③

5. 提升乡村技术应用效果的举措

快速的数字发展使群体更容易受到数字和社会的排斥。为了防止或限制这种影响，有研究认为应该通过提高人们的技能水平来为人们赋能。④ 澳大利亚弗林德斯大学教授海蒂·霍奇（Heidi Hodge）等人认为，在设计网上参与策略时，平衡村内老年人和网络服务提供者的意见，对于削弱"数字鸿沟"，改善农村社区的在线服务至关重要。⑤ 瑞典吕勒奥理工大学教授玛琳·林德伯格（Malin Lindberg）等人观察女性在推动创新过程中所扮演的关键角色，并强调，性别在信息通信技术采用中的作用是特定于文化和社区的。⑥ 诸多研究者认为，未来改进技术应用效果应当以社区为基础，地理、社会、经济和文化背景对政策的效率和效力具有决定性影响，促进信息通信技术及其使用需要融入社区的日常活动并适应其文化。政府要"定制"政策，充分利用农村利益相关者的地方性知识，将项目移交社区人们管理，赋予社区人们决定政策和活动的权力，因为他们最清楚什么或谁能够驱动人

① J. Peronard, F. Just, "User Motivation for Broadband: A Rural Danish Study," *Telecommunications Policy*, Vol. 35, No. 8, 2011, pp. 691 – 701.

② E. Rennie, A. Crouch, A. Wright, J. Thomas, "At Home on the Outstation: Barriers to Home Internet in Remote Indigenous Communities," *Telecommunications Policy*, Vol. 37, Nos. 6–7, 2013, pp. 583 – 593.

③ P. P. Otte, L. D. Tivana, R. Phinney, R. Bernardo, H. Davidsson, "The Importance of Gender Roles and Relations in Rural Agricultural Technology Development: A Case Study on Solar Fruit Drying in Mozambique," *Gender, Technology and Development*, Vol. 22, No. 1, 2018, pp. 1 – 19.

④ B. C. Briggeman, B. E. Whitacre, "Farming and the Internet: Reasons for Non-Use," *Agricultural and Resource Economics Review*, Vol. 39, No. 3, 2010, pp. 571 – 584.

⑤ H. Hodge, D. Carson, et al., "Using Internet Technologies in Rural Communities to Access Services: The Views of Older People and Service Providers," *Journal of Rural Studies*, Vol. 54, 2017, pp. 469 – 478.

⑥ M. Lindberg, M. Udén, "Women, Reindeer Herding and the Internet: An Innovative Process in Northern Sweden," *Innovation: The European Journal of Social Science Research*, Vol. 23, No. 2, 2010, pp. 169 – 177.

们采用和推广信息通信技术①，社区本身就负责使项目活动适应社区文化。未来应该研究"模拟"连接、可访问性和不平等问题，以及这些问题的"数字"形式。为了全面认识数字农村的发展，线下经济史和日常生活应该成为研究议程的一部分。数字发展不是发生在网上的"虚拟"事物，这些发展都是以现实生活为基础的。农村需要"定制"的政策，但电信公司不能满足每个人的需求。社区介于国家和居民之间，社区使得地方文化差异得到认可。在数字时代，数字互联和数字包容变得越来越重要，但"线下"社会和经济发展将继续在农村发展领域产生共鸣。

（二）国内关于"乡村技术应用"的研究

1. 技术与乡村关系的历史溯源

董江爱等人从历史发展角度，将我国科技与乡村变迁的关系划分为四个阶段。第一，传统社会时期，小农经济和乡绅治理导致科技与乡村不相融。传统农业社会自给自足的生产消费方式，以及人口增长导致的农业"内卷化"困境，使传统社会缺乏技术改造的动力。同时，"礼治秩序"和"长老统治"的文化基础和地主所有制经济基础使农业剩余基本掌握在士绅手里。由于害怕工艺发达后可能威胁到自身利益，士绅只将农业剩余用作消费，却不用来生产，而贫民又无资金购买新技术，因此，乡村社会对技术需求的缺乏使得科技不能有效融入乡村社会，导致乡村发展停滞。第二，近代社会，现代科技侵入与乡绅劣化导致了乡村失序。西方科技的侵入使小农在没有具备现代化所需素质的情况下，直接卷入近现代社会，家庭手工业崩溃，大量农民家庭破产。加之国家大量汲取农村资源，并与乡绅勾结，乡绅由"保护型经纪"转变为"赢利型经纪"，加剧了对乡土资源的盘剥。小农遭受市场、国家政权和劣绅的三重夹击和盘剥，乡村社会秩序陷入混乱、失序和崩溃之中。第三，新中国成立后，农业科技的发展和政社合一体制促进了农业和农村发展。新中国成立初期，国家建立人民公社体制，实现了对乡村社会的集体化改造，有利于技术推广和使用。但是农业集体化不是机械化和专业分工的产物，而是建立在劳动和土地相结合的传统生产方式上的，因此，难以实现真正的农业科技化和现代化。第四，改革开放后，科

---

① P. Morrison, "A Pilot Implementation of Internet Access for Remote Aboriginal Communities in the 'Top End' of Australia," *Urban Studies*, Vol. 37, No. 10, 2000, pp. 1781–1792.

技进步促进乡村更加开放和民主。随着我国全面迈进"科技时代"，以及国家政策的加持，科技深度融入农村，解放了农民的思想，丰富了农民的知识，扩大了农民的交往范围，促进了乡村民主，提高了乡村治理效率和法治水平，使乡村成为一个日益多样、开放、民主、进步的社会。①

2. 技术应用与乡村社会变迁

第一，研究了现代技术对乡村变迁的促进。张红考察了农业现代化对农村生产生活方式和村民的价值观念带来的变化，发现引入农业技术不仅带来技术的改进，而且带来社会的再组织，如自然经济的解体、农民的现代化、村落社会结构的巨变以及以内需为主体的中国农村社会经济体系的建立。② 冯燕、张红沿着个人—家庭—村落的思路，从微观层次到宏观层次进一步探讨了农业技术对村落变迁的影响，研究认为，温室大棚技术对村民的身份、观念、家庭关系、村落经济、社会交往方式影响作用非常明显，农业技术是杨村变迁的主要推动力，而政府和市场是影响技术对村落变迁作用的重要因素。③ 第二，研究了信息技术在乡村治理转型中的作用。张春华认为大数据技术是乡村治理创新的重要驱动力，会给乡村治理带来根本性影响。大数据技术不仅促进了乡村治理的民主性发展、科学化决策、精细化水平提升和协同性趋势的时代转型，也使乡村治理从传统思维向数据思维，从一元主导向多元合作，从传统安全向信息安全，从被动性决策向主动性决策转变。④ 谭九生、任蓉认为大数据成为乡村治理模式转型的触发器，有利于实现乡村善治。⑤ 张成林研究了网络影响下国家与乡村互动方式的嬗变，认为网络问政推动各级政府与乡村社区互动的方式实现了由串联向并联的转变，并且原有的国家 - 乡村二元互动模式转变为国家 - 社会 - 乡村三元互动模式。⑥ 吕祖宜、林耿认为网络信息技术开启了

① 董江爱、王慧斌：《科技驱动与乡村治理变迁》，《科学技术哲学研究》2014 年第 2 期。
② 张红：《农业现代化进程中的村落变迁研究——山东寿光三元朱村的个案调查》，《重庆大学学报》（社会科学版）2011 年第 6 期。
③ 冯燕、张红：《农业技术在村落变迁中的作用——基于陕西杨村的实证研究》，《中国农学通报》2012 年第 2 期。
④ 张春华：《大数据时代的乡村治理审视与现代化转型》，《探索》2016 年第 6 期。
⑤ 谭九生、任蓉：《大数据嵌入乡村治理的路径创新》，《吉首大学学报》（社会科学版）2017 年第 6 期。
⑥ 张成林：《网络影响下国家与乡村互动方式的嬗变》，《华南农业大学学报》（社会科学版）2013 年第 1 期。

一个乡村混杂的崭新语境。① 第三，研究了科技创新对乡村振兴战略的支持作用。王书华等人认为科技支撑乡村振兴战略要以国家创新体系理论为指导，并支持以本地农户为核心的包容性发展，从注重生产环节向注重技术环节转变，支持融入科技创新的生产性服务业发展。② 王书华等人认为，科技创新为乡村经济振兴提供新动能。科技创新推动产业兴旺和农业生产方式的现代化。要努力建设农业科技大国，推动农业产业链的全面创新，建立有效的农业生产技术服务体系。深层推动制度变迁，完善我国人才培养体系，使产学研真正结合起来。③

3. 技术导致乡村变迁的机制

张红从农业技术运用的社会基础、运作机制、村落变迁的动力机制与意义等多个视角，分析了农业技术促进乡村社会变迁的过程和机制，认为村落变迁是由制度、市场与农业技术三大动力机制共同作用的，尽管技术对传统村落的冲击力不足以与市场和政策制度相比，但其影响最深。因为技术促进了农民现代人格的养成，而现代人格是现代化的先决条件。④ 此外，她还通过研究认为，农业技术和村落社会的关系是在多次的"切磋及试错"中逐渐建构起来的，技术的刚性改变了乡村社会结构，同时乡村也形塑着农业技术，技术和乡村社会之间相互建构。技术和社会的互构不是自动生成的，而是在外力的作用下，依赖农民的选择和行动才得以实现。⑤ 苏泽龙对农业技术与社会变迁的关系进行了研究，认为新中国成立后，农业技术变革不仅提高了农民劳动效率，促进了农业增产丰收，也使单纯的"生产技术"变成协调社会系统的一种规则。⑥

4. 技术治理的困境

彭亚平认为技术治理徒具形式合理性，在政治权力的控制中丧失了实

---

① 吕祖宜、林耿：《混杂性：关于乡村性的再认识》，《地理研究》2017 年第 10 期。
② 王书华、郑风田、胡向东等：《科技创新支撑乡村振兴战略》，《中国科技论坛》2018 年第 6 期。
③ 王书华、郑风田、胡向东等：《科技创新支撑乡村振兴战略》，《中国科技论坛》2018 年第 6 期。
④ 张红：《村落变迁：动力机制与意义阐释》，《华南农业大学学报》（社会科学版）2011 年第 4 期。
⑤ 张红：《农业技术在乡村社会中的运作机制》，《农村经济》2013 年第 7 期。
⑥ 苏泽龙：《乡村视野中的农业技术与社会变迁》，《华南农业大学学报》（社会科学版）2013 年第 4 期。

质合理性。[①] 雷望红通过对江东省 N 市 L 区 12345 政府热线的实践考察，发现政府利用技术治理和行政动员所带来的服务异化，不仅破坏了乡村社会公共规则，影响了乡村社会的实质治理，而且不断弱化村干部治理的合法性，最终可能引发国家基层治理风险。[②] 陈靖认为技术治理塑造了基层政权的策略性逻辑。[③] 应小丽、钱凌燕认为有效平衡"整体与碎片"、"权威主导与参与表象"、"公益与效益"和"发动与自动"是技术治理的悖论性难题。[④] 朱政认为：不可迷信技术治理，技术治理有其问题和限度，只能作为乡村治理的一个维度；技术治理受法治的约束，与基层法治之间存在潜在张力。[⑤] 王雨磊认为以"数字下乡"为形式的技术治理导致数字悬浮于基层治理过程和村庄社会生活。[⑥]

5. 技术治理的改进策略

未来的技术治理应当在三个方面加以改进。第一，实现法律治理和技术治理的二元共治[⑦]，遵循以法治外壳包裹国家权力政治性的原则，挖掘网格化管理的潜力，重视基层组织建设，最终，与技术治理相配合，重塑乡村治理的多个维度。[⑧] 第二，技术进步不能取代体制变革，只有体制与技术同步革新才能实现最佳的技术治理体系。[⑨] 黄晓春、嵇欣认为，解决技术治理深层次瓶颈的着力点应放在用政党的跨领域、跨体系组织优势推动系统改革，以及努力推动地方政府尤其是基层政府向下负责。[⑩] 第三，要实现技术治理价值前置[⑪]，

---

① 彭亚平：《技术治理的悖论：一项民意调查的政治过程及其结果》，《社会》2018 年第 3 期。

② 雷望红：《被围困的社会：国家基层治理中主体互动与服务异化——来自江东省 N 市 L 区 12345 政府热线的乡村实践经验》，《公共管理学报》2018 年第 2 期。（已匿名处理）

③ 陈靖：《地利分配中的技术治理——基于赣南 C 镇土地开发的分析》，《求实》2016 年第 11 期。

④ 应小丽、钱凌燕：《"项目进村"中的技术治理逻辑及困境分析》，《行政论坛》2015 年第 3 期。

⑤ 朱政：《国家权力视野下的乡村治理与基层法治——鄂西 L 县网格化管理创新调查》，《中国农业大学学报》（社会科学版）2015 年第 6 期。

⑥ 王雨磊：《数字下乡：农村精准扶贫中的技术治理》，《社会学研究》2016 年第 6 期。

⑦ 郑智航：《网络社会法律治理与技术治理的二元共治》，《中国法学》2018 年第 2 期。

⑧ 朱政：《国家权力视野下的乡村治理与基层法治——鄂西 L 县网格化管理创新调查》，《中国农业大学学报》（社会科学版）2015 年第 6 期。

⑨ 张丙宣：《政府的技术治理逻辑》，《自然辩证法通讯》2018 年第 5 期。

⑩ 黄晓春、嵇欣：《技术治理的极限及其超越》，《社会科学》2016 年第 11 期。

⑪ 陈瑜、丁堃：《新兴技术价值前置型治理——应对新兴技术不确定性的新路径》，《自然辩证法通讯》2018 年第 5 期。

将技术治理与社会的公共价值、人们的生活伦理相互接榫①，实现"术"与"道"的契合，构建"规则"与"灵魂"并存的乡村秩序。② 何明升认为在智慧生活中达致新秩序要发展出技术治理的公约化伦理，进行规则再造和技术归化，使技术治理具备合法性基础。③ 何绍辉通过对技术治理优劣的分析，提出实现精准扶贫从"技术"到"伦理"的范式转换。④ 郑磊认为数字治理要处理好人与技术的关系，掌握好数字治理的边界、尺度和温度。⑤

二 关于技术赋能的研究

（一）国外关于技术赋能的研究

1. 对"技术价值与功用"的研究

（1）从技术的价值看"技术何用"

在技术哲学史上，技术乐观论者对技术的价值进行了积极肯定和热情赞美。他们在启蒙运动以来技术进步主义思潮的影响以及两次工业革命的洗礼下，把现代技术视为对人的力量的肯定和文化的进步，认为人正是利用技术决定自己的未来。从培根（Bacon）的《新大西岛》到贝尔的《后工业社会的来临》，从中可见他们乐观地看待技术的价值，强调技术对人和社会具有积极的决定作用。

20 世纪 20 年代以前，以"专家治国论"和"技术统治论"为中心的技术社会学思想处于萌发阶段。培根在《新大西岛》中勾画了一个技术发达、专家治国的社会。圣西门（Saink-Simon）和孔德（Comte）率先倡导技术统治论和专家治国论，认为应该由学者和实业家统治社会。20 世纪 30 年代，奥格本（Ogburn）以"历史的技术解释"理论对技术的社会效应开展系统研究，指出社会变迁的主要动力来自技术。莱斯利·A. 怀特（Lestie

① 王雨磊：《技术何以失准？——国家精准扶贫与基层施政伦理》，《政治学研究》2017 年第 5 期。

② 陈锋：《治术变革与治道重建：资源流变背景下乡村治理困境及出路》，《学海》2017 年第 4 期。

③ 何明升：《智慧生活：个体自主性与公共秩序性的新平衡》，《探索与争鸣》2018 年第 5 期。

④ 何绍辉：《从"技术"到"伦理"：精准扶贫研究的范式转换》，《求索》2018 年第 1 期。

⑤ 郑磊：《建言献策 汲取民意——为杭州建设"重要窗口"贡献智慧和力量》，2020 年 5 月 28 日，http://www.hangzhou.com.cn/chengshi/content/2020 - 05/28/content_7743610.htm，最后访问日期：2020 年 5 月 30 日。

A. White）遵循"历史的技术解释"路径，认为"技术因素是整个文化系统的决定性因素"①。20 世纪 40 年代至 60 年代，受"工业主义"和"技术社会"等理论的影响，技术决定论达致高潮，并在美国趋近一种信条。麦克卢汉提出"地球村""媒介即信息"等概念，认为新媒介技术将改变人类自身及其生存的社会结构。20 世纪 70 年代以后，"后工业社会""知识革命""后现代社会"孕育和崛起。贝尔、托夫勒（Toffler）、奈斯比特（Naisbitt）等人对技术的乐观分析在全球形成了盛极一时的影响。② 21 世纪以来，物联网和人工智能等技术的发展，催生出许多新产业、新业态，也从根本上改变了人们的生产生活方式，人类真真正正地进入了"技术性社会"。

概言之，技术乐观论者充分肯定了技术的价值，认为技术对人自身发展和社会变迁具有正向决定作用，强调知识文化和技术专家在社会发展中的作用。技术乐观论在工业革命等技术取得巨大进步的社会背景下更容易传播和接受。然而，在技术发展的过程中，对技术价值的批判也从未停息过。

同时，技术悲观论对"技术价值"进行了批判，认为技术在给人类生产生活带来巨大效益和便利的同时，也产生了无数的负效应。舒尔曼（Schuarman）把科学技术看作是威胁人类主体及其自由的力量。③ 18 世纪末19 世纪初，浪漫主义运动首先对技术的价值提出质疑。卢梭（Rousseau）在《论科学与艺术》一书中，对科技进步可以自发推动社会进步的思想展开批判，认为美德被人造物和文明的习俗掩盖了。④ 诗人布莱克（Blake）等浪漫主义者强烈抨击工业革命的恶果，并质疑科技知识的适用范围。⑤

进入 20 世纪以后，遭遇两次世界大战毁灭性的打击，以及生态环境被破坏等长期影响人们生活品质的问题，一些哲学家开始对技术的种种弊端开展批判。芒福德（Munford）区分了两种技术：多元技术和单一技术。多元技术是以生活为导向的，它以一种平等的方式使人的各种潜能得以实现。

---

① 〔美〕莱斯利·A. 怀特：《文化科学——人和文明的研究》，曹锦清等译，浙江人民出版社，2009，第 352~353 页。
② 转引自王建设《技术决定论：划分及其理论要义》，《科学技术哲学研究》2011 年第 4 期。
③ 〔荷〕E. 舒尔曼：《科技文明与人类未来：在哲学深层的挑战》，李小兵、谢京生、张峰等译，东方出版社，1995，作者中文本序。
④ 〔法〕卢梭：《论科学与艺术》，何兆武译，商务印书馆，1959，第 11 页。
⑤ 转引自吴国盛编《技术哲学经典读本》，上海交通大学出版社，2008，第 6 页。

单一技术源于五千年前的"巨机器",是一种严格的社会组织,"这种技术将会倒向权力"①。巨机器常常能够创造丰厚的物质利益,但却是以限制人的行动和愿望为代价的,因此是非人性的。海德格尔(Heidegger)对技术的价值进行了深刻的反思,他以"座架"来解释现代技术的本质,认为技术统治和支配了人的思想和行动。② 马尔库塞(Marcuse)也强调了现代技术在政治、艺术、文学甚至哲学领域的支配作用,认为技术作为一种统治工具由从对自然的统治延伸到对人的心灵和行为的统治,人成为单向度的人。哈贝马斯(Habermas)认为技术具有意识形态的功能,它分别以生产力和意识形态的方式完成了对自然和人的统治。③

可见,对"技术价值"的批判,一方面来自浪漫主义运动对"美德"和"价值"的追求,另一方面来自技术带来的战争、生态等方面的现实威胁。批判的焦点在于技术对人的思想和行动的统治,威胁了人类主体及其自由的力量,导致了人的主体性的丧失和道德败坏,因此,其技术又表现出"非人性"的一面。

(2)从技术治理效力看"技术何用"

一方面,"技术之用"体现在社会治理的方方面面。

首先,技术促进"政治"参与和治理有效。表现在:技术促进政治沟通、信息共享和公民参与。④ 信息通信技术(ICT)促进沟通的扁平化,降低贫困群体的通信成本。边缘化人口会更多地使用ICT进行政治沟通,但同时,边缘化群体的政治沟通受到技术连接性的制约。⑤ 信息技术可以避免不必要的人力干预政府工作流程,是减少腐败的有效工具。

其次,技术促进"经济"增长和"时空压缩"。一方面,技术可以直接带动企业发展和经济增长。宽带投资会使一个地区的创业活动增多,也会

① L. Mumford, *The Pentagon of Power*: *The Myth of the Machine*, *Vol.* 2, London: Mariner Books, 1975, p. 155.
② 孙周兴选编《海德格尔选集》(下),生活·读书·新知上海三联书店,1996,第 937 页。
③ 转引自王建设《技术决定论:划分及其理论要义》,《科学技术哲学研究》2011 年第 4 期。
④ B. Y. Clark, J. L. Brudney, S. G. Jang, "Coproduction of Government Services and the New Information Technology: Investigating the Distributional Biases," *Public Administration Review*, Vol. 73, No. 5, 2013, pp. 687 – 701.
⑤ G. Grossman, M. Humphreys, G. Sacramone-Lutz, "'I Wld Like U WMP to Extend Electricity 2 Our Village': On Information Technology and Interest Articulation," *American Political Science Review*, Vol. 108, No. 3, 2014, pp. 688 – 705.

促进非创新（传统）企业发展。① 互联网对文化产品的巨大需求，导致了创意性经济的增长。对于农村创意从业者来说，获得宽带连接成为他们业务增长和可持续的关键，因为宽带连接帮助他们与客户和专业网络以及同行保持联系，在网上推销自己的作品——尤其是通过社交媒体，为创意性从业者赋能。② 另一方面，技术带来"时空压缩"，促进人员、商品、资本、文化的跨地域流动。早在1962年，麦克卢汉指出科技将以"地球村"的形式，使人类和经济更加紧密地联系在一起。新的通信系统从根本上改变了人类生活的基本维度——空间和时间。地方从其文化、历史、地理意义中脱离出来，重新融入功能网络。信息技术连接带来了新的工作形式、新的虚拟地理环境，形成了不依赖于物理空间的新的交流社区，使人们能够更多地参与社区生活、教育和知识经济活动，并促进人力资本在城乡间双向流动。③

再次，技术促进"社会"创新和重构。技术进步帮助组织变得更快、更智能、更高效。互联网和社交平台可以帮助公民社会组织实现其公共角色，提高其机构潜力。信息技术可以显著影响组织中员工的知识共享能力。消费者可以利用数字技术改善医疗保健，获得教育机会，从新闻媒体中学习，监督公共部门的表现。移动通信系统的使用还将改变人们对时空的日常体验。例如，家庭电脑、传真、电子邮件等交互式技术的发展使分离的家庭和工作重新整合，因此需要重新分割、协调、利用时间。此外，数字技术还能够鼓励健康实践，重新配置健康和幸福。④

最后，技术对文化、教育和伦理的影响。第一，技术对社区文化的影响。技术对社区文化，特别是公共生活仪式有重要影响。⑤ 此外，技术与代际意识的形成高度相关，技术是代际关系的试金石，对技术的获得和感知

---

① J. E. Prieger, "The Broadband Digital Divide and the Economic Benefits of Mobile Broadband for Rural Areas," *Telecommunications Policy*, Vol. 37, No. 6, 2013, pp. 483 – 502.

② L. Townsend, C. Wallace, G. Fairhurst, A. Anderson, "Broadband and the Creative Industries in Rural Scotland," *Journal of Rural Studies*, Vol. 54, 2017, pp. 451 – 458.

③ M. Castells, *The Rise of the Network Society*, Oxford: Blackwell, 1996, p. 357.

④ Deb L., "Using Technology, New Media, and Mobile for Sexual and Reproductive Health," *Sexuality Research and Social Policy*, Vol. 8, No. 1, 2011, pp. 18 – 26.

⑤ A. Samaddar, P. K. Das, "Changes in Transition: Technology Adoption and Rice Farming in Two Indian Villages," *Agriculture and Human Values*, Vol. 25, No. 4, 2008, pp. 541 – 553.

存在明显的"代际联系"（generation connection）。技术技能在特定的世代环境中会变坚实，不容易移植、整合或转化。① 第二，技术对教育的影响。学者们研究了数字社会学在课堂内外的作用，考察了媒体和技术如何提高学生对课堂内容的参与度，如何激发学生的活跃度。研究表明，媒体和技术加强了与学生的互动，激发了学生更多地参与讨论，使学生参与到"酷"媒体中来。② 第三，技术对伦理的影响。伦理关系是一种情境性和突发性的关系，人 - 动物 - 技术之间的互动具有偶然性和复杂性。当人类和动物的身份、角色和主观性通过一种新技术的介入而被打破时，伦理关系也会发生变化。伦理问题与技术发展是共同演进的。③

技术也可能带来一系列消极影响。第一，技术可能带来"数字排斥"和城乡"数字鸿沟"，导致"农村发展滞后"或"经济衰退"，影响国民经济整体竞争力。第二，新技术破坏了隐私权利，有利于安全机构和企业收集、存储、处理和组合个人数据。第三，技术发展导致数字制衡困难，造成政治腐败。数字制衡的失败往往使选举过程比以前更容易受到操纵，创造重大的腐败机会。第四，手机的使用使政治团体更容易克服集体行动困境并改善组内合作和协调，增加暴力冲突发生的可能性。④ 第五，技术还可能对环境、伦理以及人类自身发展带来挑战。因为即使技术是中性的，人类不加节制和不合理地使用它，也会导致全球经济和生态灾难。

"技术之用"受多方面因素的影响。第一，个体特征。知识、态度、技能和使用信息通信技术的愿望⑤，以及人们采用信息技术的早晚⑥决定了融

---

① J. A. McMullin, T. D. Comeau, E. Jovic, "Generational Affinities and Discourses of Difference: A Case Study of Highly Skilled Information Technology Workers," *The British Journal of Sociology*, Vol. 58, No. 2, 2007, pp. 297 – 316.

② J. R. Wynn, "Digital Sociology: Emergent Technologies in the Field and the Classroom," *Sociological Forum*, Vol. 24, No. 2, 2009, pp. 448 – 456.

③ C. Driessen, L. Heutinck, "Cows Desiring to be Milked? Milking Robots and the Co-Evolution of Ethics and Technology on Dutch Dairy Farms," *Agriculture and Human Values*, Vol. 32, No. 1, 2015, pp. 3 – 20.

④ J. H. Pierskalla, F. M. Hollenbach, "Technology and Collective Action: The Effect of Cell Phone Coverage on Political Violence in Africa," *American Political Science Review*, Vol. 107, No. 2, 2013, pp. 207 – 224.

⑤ E. J. Helsper, "A Corresponding Fields Model for the Links Between Social and Digital Exclusion," *Communication Theory*, Vol. 22, No. 4, 2012, pp. 403 – 426.

⑥ E. M. Rogers, *Diffusion of Innovations*, New York: Free Press, 2003, p. 281.

入数字社会的水平。第二，技术特性。技术的易用性、强制性、兼容性和有用性会显著影响技术选择和采用。[①] 第三，政治经济因素。政治在互联网传播中发挥着强大作用，那些在互联网时代落后的团体利用政治机构制定政策，阻止互联网传播。而新的管理方法、治理结构和政策框架的缺失对政府在大数据时代有效运作构成了挑战。第四，组织文化。社区文化和居民需求是影响技术应用效果的重要因素。以技术为中心，缺乏社区的支持，信息通信技术将不会产生任何影响，并将被视为自上而下的强制执行。因此，在项目实施之前，必须适当了解当地环境和文化对信息通信技术的需求。[②] 第五，结构性因素。行业和部门差异、地理环境、企业内部人力资本的可用性以及技术的特殊性等都是影响技术采用差异性的因素。[③]

（3）从历史之维看"技术何用"

首先，科学技术革命是划分不同历史时代的界碑。计算机科学家吴军在"得到"App《科技史纲60讲》中讲道，历史的界碑应该以每一次科技的进步为节点。真正推动历史发展的只有科技，科技史就是一部确定的、不断向前的历史。科技几乎是世界上唯一能够获得叠加性收益的进步力量。从历史上看，无论是三次工业革命还是前工业社会、工业社会和后工业社会的划分都是以科技革命为界碑的。每一次标志性成果的取得，都将我们带入与以往不同的时代。正如布莱恩·阿瑟（W. Brian Arthur）所言"是技术将我们与中世纪分离的，的确，是技术将我们与我们拥有了五万年甚至更久的那种生活方式分开了。技术无可比拟地创造了我们的世界，它创造了我们的财富，我们的经济，还有我们的存在方式"[④]。

其次，技术是现代社会发展的关键变量。布莱恩·阿瑟认为："经济是

① M. S. Sharifzadeh, C. A. Damalas, G. Abdollahzadeh, et al., "Predicting Adoption of Biological Control Among Iranian Rice Farmers: An Application of the Extended Technology Acceptance Model (TAM2)," *Crop Protection*, Vol. 96, 2017, pp. 88 – 96.

② R. Ramirez, "Appreciating the Contribution of Broadband ICT with Rural and Remote Communities: Stepping Stones Toward an Alternative Paradigm," *The Information Society*, Vol. 23, No. 2, 2007, pp. 85 – 94.

③ R. L. Schewe, D. Stuart, "Diversity in Agricultural Technology Adoption: How Are Automatic Milking Systems Used and to What End?" *Agriculture and Human Values*, Vol. 32, 2014, pp. 199 – 213.

④ 〔美〕布莱恩·阿瑟：《技术的本质》，曹东溟、王健译，浙江人民出版社，2018，第4页。

其技术的表达""技术构成了经济的框架""经济形成于技术"①。在每一个领域，计算机都降低了成本，提高了效率，带来了新功能，增强了处理能力。特别是人类通信已经为互联网、智能手机和社交网络所改变。利用"互联一切"以及大数据来为客户提供服务、赋予客户更多权利将是一个关键战场。当今社会，技术正在呈指数级增长。② 尤其是信息技术和生物技术的快速发展，将为人类社会带来革命性变革。《世界互联网发展报告 2018》指出，信息技术与人类生产生活相互交融，正推动社会创新和产业转型，并重构世界经济新版图。2017 年，全球数字经济规模近 13 万亿美元，全球电子商务交易额达到 2.3 万亿美元。③

最后，技术是未来社会变迁的动力引擎。第一，随着技术的指数级增长，技术将对社会造成颠覆性的影响。在技术发展速度的预测上，20 世纪 50 年代，信息理论学家冯·诺依曼（von Neuman）首次提出"奇点"的概念，认为"技术正以其前所未有的速度增长……我们将朝着某种类似奇点的方向发展，一旦超越了这个奇点，我们现在熟知的人类社会将变得大不相同"④。这里的"奇点"是通用型人工智能全方位超越人类自身智慧的时间节点。⑤ 在技术发展结果的预测上，丹尼尔·贝尔认为知识技术将是"后工业社会"的中轴原理，专业与科技人员居于社会的主导地位，社会依靠新的"智能技术"制定决策。⑥ 第二，技术的快速发展也可能带来消极影响。尤瓦尔·赫拉利从历史学的角度，为技术的快速发展拉响警报。他认为"大数据算法可能导致数字独裁……大多数人不只是被剥削，还可能如草芥般无足轻重"⑦。

---

① 〔美〕布莱恩·阿瑟：《技术的本质》，曹东溟、王健译，浙江人民出版社，2018，第 215 ~ 216 页。

② 〔美〕雷·库兹韦尔：《奇点临近》，李庆诚、董振华、田源译，机械工业出版社，2011，第 19 ~ 23 页。

③ 云小帅：《〈世界互联网发展报告 2018〉和〈中国互联网发展报告 2018〉蓝皮书新闻发布会速记》，2018 年 11 月 8 日，http://www.westerncloudvalley.com/? p = 785，最后访问日期：2019 年 6 月 8 日。

④ S. Ulam, "Tribute to John von Neumann," *Bulletin of the American Mathematical Society*, Vol. 64（Nr 3, Part 2）, 1958, pp. 1 - 49.

⑤ 〔美〕雷·库兹韦尔：《奇点临近》，李庆诚、董振华、田源译，机械工业出版社，2011，第 1 ~ 18 页。

⑥ 〔美〕丹尼尔·贝尔：《后工业社会的来临》，高铦、王宏周、魏章玲译，江西人民出版社，2018，第 11 ~ 12 页。

⑦ 〔以〕尤瓦尔·赫拉利：《今日简史：人类命运大议题》，林俊宏译，中信出版集团，2018，序。

波斯曼提醒人们,"技术垄断是文化的'艾滋病'"①,文化绝不能向技术投降。第三,技术的发展要实现"高技术"与"高情感"的平衡。基于技术无节制的发展可能给人类带来的毁灭性打击,一方面,社会应当建立技术的预测和鉴定机制。贝尔认为,"在未来方向上,技术发展是有计划、有节制的,重视技术鉴定"②。另一方面,要关注技术与文化和自然的关系。"科技,始终源于人性","科技是巨大的推动力,但是必须是在与人们的需求和人性达到平衡的时候才如此",因此,"我们非常需要在高科技与高情感之间的平衡"③。在技术与文化的关系上,所有技术都应体现创造它们的社区价值,关注文化上的内在差异。通过充分利用利益相关者的地方性知识,制定符合社区实际的政策,促进现代技术融入社区的日常活动和文化。在技术与自然的关系上,任何技术的发明创造都必须遵循自然规律,必须依托自然界提供的客观条件。技术应当加强我们与自然的联系,而不是将我们与自然相分离。因此,我们呼唤一种基于责任的技术伦理学,坚持负责任创新,面向传统,亲近自然,转向环境保护主义,倾听家庭价值观。通过技术与自然、技术与文化的联姻,实现高技术与高情感之间的平衡。

2."赋能"的概念、类型和测量

"赋能"的概念最早出现在20世纪80年代的积极心理学中,是对"赋权"理论的扩展。赋能对应英文单词 empowerment,来源于动词 empower。empower 由 em 和 power 组成:em 是引起或使……处于某种状态,故 empower 指使……处于 power 的状态。power 有三层含义,分别是:权力、能力/潜力、能量/动量/驱力。当 power 翻译为"权力"时,empowerment 就是我们常说的"赋权";当 power 翻译为"能力/潜力"或"能量/动量/驱力"时,empowerment 就是我们常说的"赋能"。赋权强调组织内部权力的分配问题,意味着官方权力的授予,核心是授权和决策权下放。赋能则是通过改变环境和提供服务,给予他人"正能量",以尽可能地发挥个人潜能。赋权意味

① 〔美〕尼尔·波斯曼:《技术垄断:文化向技术投降》,何道宽译,北京大学出版社,2007,第57~70页。

② 〔美〕丹尼尔·贝尔:《后工业社会的来临》,高铦、王宏周、魏章玲译,江西人民出版社,2018,第4页。

③ 〔美〕约翰·奈斯比特:《定见未来:正确观察世界的11个思维模式》,魏平译,中信出版集团,2018,第117~122页。

着赋予组织内部成员"行动空间",赋能强调赋予他人(或组织)以"行动能力",两者既有区别又相辅相成。行动空间约束行动能力,行动能力扩展行动空间。从社会工作的角度看,赋权意味着授予行动者资格,赋能意味着通过创设平台和行动实践,增强行动者的认知能力、行动能力和心理能力,从而实现既定目标。

赋能是个多层次的构念,包含个体赋能和组织赋能两个视角以及结构赋能、心理赋能、资源赋能、领导赋能和文化赋能五种方式(见表1-1)。

表1-1 赋能的视角和方式

视角	个体赋能	赋能是使个体产生内在任务动机,也就是使个体从任务的完成中获得积极的反馈。任务评价包含四个维度:意义感、能力、选择和影响力
	组织赋能	组织赋能由机会结构、正式权力、非正式权力、信息、支持和资源可得六个方面组成
方式	结构赋能	能够提高员工技能、提供所需的支持从而影响组织层面变化的流程和结构;营建授权赋能的组织氛围,强调组织中的权力属于系统内的个人;促使员工参与的制度体系;分享权力的流程和机制;核心是授权和参与
	心理赋能	员工对自身的工作价值、能力、控制力及影响力的心理感知过程,聚焦于如何改善社会心理与增强内生动机等主观感受,从而产生内在激励;只有员工感知到赋能的心理状态时才能实现心理赋能。心理赋能由意义感、能力、自我决定和影响力四个维度构成,反映了个体主动影响和塑造工作环境和角色,而非被动地接受环境的改造
	资源赋能	强调资源的获取、控制和管控能力,体现为资源整合过程,由资源识别、获取和利用构成
	领导赋能	领导下放权力,给员工更多自主权;领导赋能强调领导在授予员工权力、提升员工能力中所起的教练和导师的作用,领导赋能包括传授经验、解决难题和提高能力
	文化赋能	由粉丝文化、互动文化、共享文化和创新文化四个方面构成

资料来源:Kenneth W. Thomas and Betty A. Velthouse, "Cognitive Elements of Empowerment: An 'Interpretive' Model of Intrinsic Task Motivation," *Academy of Management Review*, Vol. 15, No. 4, 1990, pp. 666–681; Heather K. Spence Laschinger, Joan Finegan, Judith Shamian, "The Impact of Workplace Empowerment, Organizational Trust on Staff Nurses' Work Satisfaction and Organizational Commitment," *Health Care Management Review*, Vol. 26, No. 3, 2001, pp. 7–23; Marc A. Zimmerman, "Psychological Empowerment: Issues and Illustrations," *American Journal of Community Psychology*, Vol. 23, No. 5, 1995, pp. 581–599; Pushkala Prasad, Dafna Eylon, "Narrating Past Traditions of Participation and Inclusion: Historic Perspectives on Workplace Empowerment," *Journal of Applied Behavioral Science*, Vol. 37, No. 1, 2001, pp. 5–14; Robert E. Quinn, Gretchen M. Spreitzer., "The Road to Empowerment: Seven Questions Every Leader Should Consider," *Organizational Dynamics*, Vol. 26, No. 2, 1997, pp. 37–49; Brian D. Christens, "Toward Relational Empowerment," *American Journal of Community Psychology*, Vol. 50, Nos. 1–2, 2012, pp. 114–128; Gretchen M. Spreitzer, "Psychological Empowerment in the Workplace: Dimensions, Measurement, and Validation," *Academy of Management Journal*, Vol. 38, No. 5, 1995, pp. 1442–1465。

3. "数字赋能" 研究

数字赋能主要依托互联网技术。数字赋能是指通过大数据、移动互联和人工智能等数字化工具对特定的人群进行赋能，使他们获得相应的生活技能和生存能力。[①] 技术赋能研究体现在政务、医疗、商业、旅游、弱势群体等方方面面（见表 1 - 2）。

表 1 - 2 数字赋能研究领域和内容

研究领域	研究内容
政务	电子政务能促进政社互动，带动地方发展；技术可提高公民参与度；数字技术可重配公民、社区和国家的权力；有利于弱势群体发声
医疗	医疗赋能使病人自我管理、自我发展与自我满足，拥有改变环境的技能、资源和机会，获得掌控感、自我意识感和效能感；信息技术促进患者参与，以患者为中心，赋予患者能力，让患者拥有改善自身健康的能力
商业	数字赋能使消费者拥有提高消费认知、参与生产和改变消费环境的能力
旅游	万维网上的用户生成内容（UGC）可以赋予旅行者能力，还可为贫困国家的小型、中型和微型旅游企业提供支持，为自驾游、穷游提供支持
弱势群体	数字赋能给女性、低收入家庭赋予自我生存、参与决策的能力；教育、就业、社会结构变化等都是女性赋能的促成因素

资料来源：Olga Fedotova, Leonor Teixeira, Helena Alvelos, "E-participation in Portugal: Evaluation of Government Electronic Platforms," *Procedia Technology*, Vol. 5, No. 1, 2012, pp. 152 - 161; A. Yarahmadi, Avagyan, Kramat Zyyari, "The Analysis of the Effect of Electronic Urban Management on Citizen Empowerment," *Advances in Environmental Biology*, Vol. 8, No. 10, 2014, pp. 409 - 414; Vasillis Vlachokyriakos, Clara Crivellaro, Christopher A. Le Dantec, et al., "Digital Civics: Citizen Empowerment with and Through Technology," *The ACM CHI Conference Extended Abstracts on Human Factors in Computing Systems*, 2016, pp. 1096 - 1099; Viktoria Spaiser, "Empowerment or Democratic Divide? Internet-based Political Participation of Young Immigrants and Young Natives in Germany," *Information Polity*, Vol. 17, No. 2, 2012, pp. 115 - 127; Eva Thors Adolfsson, Marie-Louise Walker-Engström, Bibbi Smide, Karin Wikblad, "Patient Education in Type 2 Diabetes—A Randomized Controlled 1-year Follow-up Study," *Diabetes Research and Clinical Practice*, Vol. 76, No. 3, 2007, pp. 341 - 350; Zahra Fotoukian, Farahnaz Mohammadi Shahboulaghi, Masoud Fallahi Khoshknab, Easa Mohammadi, "Concept Analysis of Empowerment in Old People with Chronic Diseases Using a Hybrid Model," *Asian Nursing Research*, Vol. 8, No. 2, 2014, pp. 118 - 127; G. E. Holmes, D. Ssleeby "Empowerment, the Medical Model, and the Politics of Clienthood," *Journal of Progressive Human Services*, Vol. 4, No. 1, 1993, pp. 61 - 78; W. G. Groen, K. Wilma, et al., "Empowerment of Cancer Survivors Through Information Technology: An Integrative Review," *Journal of Medical Internet Research*, Vol. 17, No. 11, 2015, p. 270; Lauren I. Labrecque, Jonas vor dem Esche, Charla Mathwick, et al., "Consumer Power: Evolution in the Digital Age," *Journal of Interactive Marketing*, Vol. 27, No. 4,

---

[①] M. Makinen, "Digital Empowerment as a Process for Enhancing Citizens' Participation," *E-learning and Digital Media*, Vol. 3, No. 3, 2006, pp. 381 - 395.

2013，pp. 257 – 269；Tina Harrison, Kathryn Waite，"Impact of Co-production on Consumer Perception of Empowerment,"*Service Industries Journal*，Vol. 35，No. 10，2015，pp. 502 – 520；Luiz Mendes-Filho, Felix B. Tan，"User-generated Content and Consumer Empowerment in the Travel Industry：A Uses & Gratifications and Dual-process Conceptualization,"*Pacis* 2009 *Proceedings*，2009，p. 28；F. Kamuzora，"The Internet as an Empowering Agent for Small, Medium and Micro Tourism Enterprises in Poor Countries,"*E-review of Tourism Research*，Vol. 3，No. 4，2005，pp. 82 – 89。

（二）国内关于技术赋能的研究

在中国知网上，选择"农业科技"、"哲学与人文科学"、"社会科学 Ⅰ 辑"、"社会科学 Ⅱ 辑"、"信息科技"以及"经济与管理科学"门类，以技术赋能为主题词进行文献检索，截至 2019 年 4 月 10 日，共检索到文献 287 篇，2017 年之前的文献较少，2017 年之后的文献呈爆发式增长，而 CSSCI 期刊论文仅有 40 篇，博士学位论文仅有 3 篇。研究领域主要集中在工商管理（51 篇）、工业经济（51 篇）、通信经济（39 篇）、商业经济（30 篇）、新媒体（20 篇）、教育（23 篇）等领域。研究主题主要集中在授权赋能（42 篇）、人工智能赋能（31 篇）、技术赋能（8 篇）、心理赋能（6 篇）等方面。"授权赋能"概念最早出现于 1996 年赵春萍发表在《市场观察》的《更新观念 迎合潮流》一文。① 随后，比较有影响的研究当属雷巧玲和张燕等人在 2006 年分别发表的《授权赋能研究综述》② 一文和《授权赋能研究的进展》③ 一文，从授权赋能的内涵、类型、结构、影响因素和结果等方面，对国外授权赋能研究进行了引介。近年来，技术赋能研究主要集中在企业管理、新媒体、教育等领域，在乡村治理中也偶有涉及。在企业管理领域，主要研究了领导者授权赋能对员工行为的影响，数据赋能对企业价值共创、商业模式创新、战略创业、组织结构演化与功能重构的影响。④ 在新媒体领域，主要研究了技术赋能文化产业、内容生产和固态传播，促进综艺节目创新和视听新媒体的诞生方面。⑤ 在教育领域，研究了人工智能是

---

① 赵春萍：《更新观念 迎合潮流》，《市场观察》1996 年第 7 期。

② 雷巧玲：《授权赋能研究综述》，《科技进步与对策》2006 年第 8 期。

③ 张燕、王辉、陈昭全：《授权赋能研究的进展》，《南大商学评论》2006 年第 4 期。

④ 周文辉、邓伟、陈凌子：《基于滴滴出行的平台企业数据赋能促进价值共创过程研究》，《管理学报》2018 年第 8 期。

⑤ 李芳馨：《再现、表现与实现：有声出版发展中的技术赋能》，《科技与出版》2020 年第 7 期。

如何赋能课程、赋能学习和赋能教师的。[①] 在乡村治理领域，技术赋能研究文献极少，主要研究了信息技术和人工智能是如何赋能农业、赋能乡村治理和赋能精准扶贫的。[②] 概而论之，技术赋能正引起学界关注，但研究成果的数量较少且质量不高，且研究主要集中在企业管理、工商业经济、新媒体和教育等领域，而乡村治理领域关于技术赋能的文献极少，且多为介绍性的文章，学术含量较低。这主要是由实践决定的。基于成本收益的考虑，农村往往是新技术渗透最慢的地区，因而关于乡村技术赋能的研究也严重滞后。现代信息技术的发展对缩小"城乡差距"既是机遇也是挑战，如若乡村能够抓住互联网发展的机遇，充分分享互联网发展的红利，则互联网技术将是缩小中国城乡收入差距的契机，反之，则可能将农民进一步排挤在现代化发展潮流之外。因此，对乡村技术赋能的研究不仅必要，而且迫切。

三　文献评析与本书的研究指向

（一）在"乡村技术应用"研究中缺少"赋能"视角

一方面，国内外关于"乡村技术应用"的研究为本研究提供了丰富的学理基础。首先，国外学者对乡村信息技术落后的原因和消极影响、乡村信息技术应用的效果和影响因素以及提升乡村技术应用效果举措的研究，为本书研究信息技术赋能提供了理论支撑。且国外学者在"乡村技术应用"研究中体现了更多的社会和人文关注，强调社区文化和居民需求是影响技术应用效果的重要因素，在技术下乡时要考虑当地环境和文化对技术的需求，充分利用农村利益相关者的地方性知识，将项目移交社区居民管理。国外学者的社会和人文关注提醒我们在技术应用过程中保持"温度"。其次，国内学者从历史维度考察了科技驱动与乡村治理变迁的关系，从现实维度考察了现代技术在乡村变迁、乡村治理转型和乡村振兴中的支持作用，以及现代技术导致乡村变迁的机制，为我们认识技术对乡村

---

① 万昆、任友群：《技术赋能：教育信息化 2.0 时代基础教育信息化转型发展方向》，《电化教育研究》2020 年第 6 期。
② 王丹、刘祖云：《乡村"技术赋能"：内涵、动力及其边界》，《华中农业大学学报》（社会科学版）2020 年第 3 期。

变迁的作用及机制提供了理论基础。最后，国内学者对技术治理困境及其改进策略的研究为我们把握技术应用的"尺度"和"限度"提供了理论借鉴。

另一方面，国内外对"乡村技术应用"的探讨，多是遵循"技术—现代化"的发展逻辑，研究技术对社会造成的客观影响，比如生产方式、生活方式、产业结构等方面的变革，但是从"赋能"的视角研究技术对个体、组织和社区带来的能力的增长以及潜能的激发比较少。技术赋能不同于"技术—现代化"的发展逻辑，"技术—现代化"是一种外源性发展模式，强调外部力量的介入对社会发展所带来的被动的、客观的影响。而技术赋能则强调以地方为主导的内外部资源的互动，强调发挥农民的主体性，并最终为农民和地方赋予内生发展能力。在实现国家治理体系和治理能力现代化的过程中，乡村治理体系和治理能力现代化是重要一环，如何通过现代技术应用赋予乡村内生发展能力是亟须研究的重要课题。

（二）在技术赋能研究中缺少对"乡村领域"的关注

一方面，国内外学者对"赋能"的概念、类型和方式的研究，以及对不同应用领域中的"数字赋能"的研究，为我们理解技术赋能的内涵、方式、过程和机制提供了理论基础。另一方面，技术赋能理论研究的不足以及乡村领域技术赋能研究的缺乏为本研究提供了巨大的空间。国外学者以"赋能"为视角的相关研究中，研究了个体赋能和组织赋能，缺乏社区赋能的视角；对"赋能"方式的研究中，研究了结构赋能、心理赋能、资源赋能、领导赋能和文化赋能五种方式，缺少技术赋能研究；对"数字赋能"的研究中，研究了政务、医疗、商业、旅游和弱势群体等领域的数字赋能，缺少乡村领域的数字赋能研究。国内学者对"赋能"的研究主要集中在企业组织管理领域，强调组织与外部利益相关者（例如顾客、供应商）的关系，如顾客赋能，以及组织内的管理赋能，如员工赋能。技术赋能研究方兴未艾，但其理论研究并未达到与现实进程相匹配的厚度与深度，研究集中于宏观探讨和现象描述，缺乏鲜活的、细致入微的田野调查，缺乏对微观机制的深描与分析。且研究主要集中在政务、医疗、教育、商业、媒体和旅游等方面，乡村领域中技术赋能的研究相当匮乏，且研究多为经验性介绍，学理方面的探讨凤毛麟角。比较有影响力的当属何帆在《变量

2020—2049：推演中国经济基本盘》①一书中对技术赋能的阐述，但他也只是在案例研究的基础上，对技术赋能进行描述性研究和观点的呈现，没有深入分析技术赋能的过程和机理。近年来，王丹、刘祖云的《乡村"技术赋能"：内涵、动力及其边界》和沈费伟的《乡村技术赋能：实现乡村有效治理的策略选择》②两篇文章对乡村领域的技术赋能进行了理论探讨，但是对乡村技术赋能这一重要理论问题和实践经验的研究和探索还远远不够。因此，在建设数字乡村的时代背景下，乡村技术赋能的研究成为非常重要然而被忽略的领域。

（三）本书的研究指向：研究"乡村领域"中的技术赋能

基于以上分析，本书尝试从赋能理论视角，对乡村技术赋能的过程和机制进行分析，从理论和经验两个层面探讨乡村技术赋能的条件、要素和困境，并有针对性地提出破解路径，从而通过技术赋能达致乡村振兴。具体来说，主要包括如下内容。其一，技术下乡是实现乡村技术赋能的首要条件。"技术下乡"就是要让技术从城市向乡村转移，并通过技术与乡村的互动实现技术与乡村场景的匹配。其二，乡村技术赋能是在乡村场域中，在多元主体的参与下，现代技术通过结构赋能、资源赋能和心理赋能的方式，实现对个体、组织和社区赋能的过程。其三，在理论分析的基础上，结合对东沿市淘元镇的个案考察，分析乡村技术赋能遭遇的困境及其成因，并寻求破解之道。乡村技术赋能的过程，本质上是技术与乡村不断互动以求相互匹配的过程。通过技术与乡村场景匹配，乡村技术赋能改变乡村发展逻辑和治理方式，并最终达致乡村振兴。

第三节　研究方法与研究思路

一　研究方法

（一）文献分析法

文献研究是一种通过收集和分析现存的，以文字、数字、符号、画面

---

① 何帆：《变量 2020—2049：推演中国经济基本盘》，中信出版社，2020。
② 沈费伟：《乡村技术赋能：实现乡村有效治理的策略选择》，《南京农业大学学报》（社会科学版）2020 年第 2 期。

等信息形式出现的文献资料，探讨和分析各种社会行为、社会关系及其他社会现象的研究方式。[①]

本研究的文献主要有两种类型。一种是专著、期刊、教材、报告等学术文献。通过对"乡村技术应用"和技术赋能等国内外学术文献的回顾和梳理，笔者对乡村技术赋能的研究基础和不足之处有了较为全面的把握，既为本研究的开展提供了坚实的理论基础，也为本研究的理论创新预留了空间。另一种是调研文献。主要来源于四个方面。一是个人文献，即笔者在实地研究中通过观察和访谈获取的第一手资料，包括对淘元镇领导、电商办负责人、淘元镇电商协会会长、赵圩村村干部、网商、电商家具产业上下游产业链的相关企业负责人等的访谈笔记，参加座谈会的记录，以及摄影、录音等摄像资料。二是官方文献。一部分来自政府和村委会的通知、规划、报告、统计数据、信函和文博县淘元镇志等。三是已经出版的关于文博县淘元镇的研究，如期刊论文、学位论文、书籍、报告等。四是大众传播媒介。主要来自报纸杂志、广播、电视和网络等。丰富的调研素材的获取为深入分析乡村技术赋能的过程和机理提供了抓手。该研究方法主要用于第一章至第五章。

（二）案例研究法

案例研究法对于发现某一现象的重要变量及范畴，以及涉及内部变化及社会关系深层结构的特定问题的研究非常有效。[②] 案例研究法能够为同一类型的事件提供相应的解决方法。[③] 案例研究通过对单个个体、事件、社团和社区进行全面研究，获得翔实的第一手资料，再现事物或事件发展的全过程，研究者通过追溯和剖析具体"过程"和事件来检验理论模型和分析框架。案例分析的目标不是讲故事，而是产出知识，以寻求社会知识为目标的案例研究是在呈现事实中的行为特征、关键条件、动力来源和因果联系。[④] 高质量的案例研究注重个案的典型性，使个案代表一类而非一次或单个社会现象。个案的代表性指的是案例研究得出的知识结论的代表性，而

---

① 风笑天：《社会研究方法》（第四版），中国人民大学出版社，2013，第207页。
② 折晓叶：《村庄的再造——一个"超级村庄"的社会变迁》，中国社会科学出版社，1997，第19页。
③ 竺乾威主编《公共行政学》（第二版），复旦大学出版社，2004，第20页。
④ 张静：《案例分析的目标：从故事到知识》，《中国社会科学》2018年第8期。

非个案故事本身具有代表性。[①] 本书选择江东省东沿市淘元镇作为贯穿本研究的个案。

1. 案例选择：东沿市淘元镇

（1）东沿市概况

东沿市位于江东省北部，是江东省北部地区经济实力最强的市，2018年 GDP 总量居全省第 6 位。东沿市总面积 11258 平方公里，90% 的地形为平原。辖 5 个市辖区、2 个县级市、3 个县。东沿市是国家重要的交通枢纽之一，已形成公路、铁路、水运、航空、管道五位一体的交通格局。2018年东沿市 GDP 为 6755.23 亿元，人均 GDP 为 76915 元，人均可支配收入27385 元，城镇居民人均可支配收入 33586 元，农村居民人均可支配收入18206 元。[②] 东沿市农村电子商务已经形成了电商集群。2017 年，东沿市农村电子商务网络零售额达到 400 亿元。2018 年，东沿市共有 100 个淘宝村，覆盖 5 个县区，其中文博县占 92 个。2014 年以后，东沿市政府高度重视电商发展，相继颁布了《市政府关于加快电子商务发展的意见》等多个政策文件，加大在金融、基础设施建设、产业园区建设等方面的扶持力度，与阿里巴巴等电商平台深入合作，为农村电商发展提供了良好的经济、网络与生产环境。截至 2018 年，东沿市有 3 万多家农产品网店，近 20 个农村电商园区，数十个镇级农村电商服务中心；与电商相关的快递业快速发展，全市快递业收入达到 20.19 亿元。通过公共网络进行销售的批发和零售业零售额达到 35.08 亿元。[③]

（2）文博县概况

文博县位于东沿市东南部，距东沿市区 80 公里，距离商羽市区仅 15 分钟车程。104 国道穿城而过，宁宿徐高速公路横贯东西，东沿市观音国际机场坐落于文博县，徐洪河和徐沙河直通京杭大运河，徐淮铁路经过文博县，

---

① 卢晖临、李雪：《如何走出个案——从个案研究到扩展个案研究》，《中国社会科学》2007年第 1 期。

② 《东沿统计年鉴（2019）》，东沿市统计局，2019 年 10 月 30 日，http://tj.dy.gov.cn/govxxgk/01405176-5/2019-10-30/2cfff03b-f1b7-4937-86f7-d1d53b9e853c.html，最后访问日期：2020 年 1 月 21 日。（已匿名处理）

③ 《全市经济运行情况》，东沿市统计局，2019 年 2 月 13 日，http://tj.dy.gov.cn/TJJ/fxdy/20190213/006_6b069364-c450-4859-b8a2-d28f501eb037.htm，最后访问日期：2020 年 2 月 19日。（已匿名处理）

文博县形成了集公路、铁路、水运、航空于一体的交通网络。文博县土地面积2486949亩，其中耕地面积1608494亩。2018年，全县实现农林牧渔业总产值101.16亿元，新建高标准农田10万亩。全县总人口144.15万人，2018年全县完成地区生产总值577.30亿元，居民人均可支配收入21878元，其中农村居民人均可支配收入16546元。电子商务快速发展，2018年，文博县有3.37万名网商，4.62万家网店，网络零售额达到286亿元。人均GDP达到54908.82元，农民人均收入增量超过50%来自电商。淘元镇电商产业园入选"为江东省改革开放作出突出贡献的先进集体"，两次获得全国"电子商务进农村综合示范县"称号。电商产业创造了近20万个工作岗位[①]，吸纳了文博县约1/3的劳动人口。到2018年底，全县共培育出168家电商家具纳税企业，有近200家电商家具企业通过了ISO9001质量管理体系认证。2019年，全县新增淘宝镇4个、淘宝村20个，淘宝村的数量突破100个，新晋成为"超大型淘宝村集群"，电商交易额突破330亿元。虽然东沿市淘宝村主要集中在文博县，但在文博县域范围内淘宝村的分布也是不均衡的，呈现以淘元镇为中心的东南部集聚现象。其中，淘元镇最早出现淘宝村，并且实现了所有行政村都是淘宝村。随后，呈现淘宝村由淘元镇向周边镇扩散的现象，距离淘元镇最近的西一镇和南一镇淘宝村的比重都突破了50%。县城区域的西二镇距离西一镇和淘元镇两镇较近，且位于城区，交通便利，淘宝村的比重达到66.7%。而位于文博县西北部，距离西一镇、淘元镇较远的西北镇、西五镇等五个乡镇均只出现了1个淘宝村（见表1-3）：

表1-3　文博县各镇淘宝村统计

单位：个，%

指标	淘元镇	西一镇	南一镇	西二镇	南二镇	西三镇	北一镇	北二镇
淘宝村个数	17	14	13	14	9	4	4	3
镇内占比	100	74	52	66.7	30.1	16	18.2	11.1
指标	北三镇	南三镇	西四镇	南四镇	西北镇	北五镇	西五镇	北四镇
淘宝村个数	3	2	2	1	1	1	1	1
镇内占比	11.5	8.3	9.5	6.7	5.9	3.4	2.9	4

---

① 数据来源：文博县人民政府，2019年8月。

（3）淘元镇概况

淘元镇是江东省东沿市文博县的东大门，和商羽市一河之隔，距离东沿市区 100 公里、观音国际机场 40 公里、文博县城 20 公里、商羽市区 18 公里。宁宿徐高速公路、324 省道从淘元镇经过，交通非常便利。淘元镇总面积 66 平方公里，辖 17 个行政村，1.3 万户，人口 6 万人，劳动力 3 万人。2006 年之前，淘元镇只是一个"默默无闻的江东省北部小镇"，经济结构以传统的种养业和废旧塑料回收加工业为主，村民的年人均纯收入仅有 2000 多元，远远低于江东省 5813 元的年人均纯收入。2006 年，淘元镇赵圩村村民孙煦开了第一家淘宝店，试销简易拼装家具获得成功，越来越多的乡亲开始"触网"，放下锄头，拿起鼠标，淘元镇网销家具在没有原材料、平台和市场的情况下发展起来，呈现裂变式增长态势（见图 1-1）。截至 2021 年底，淘元镇有 13100 名网商，有 16500 家网店，有 1300 家家具生产企业，254 家物流快递企业，73 家床垫加工企业，50 家实木原材料销售企业，52 家五金配件企业，38 家板材原材料销售企业，30 家摄影和 3D 设计公司，19 家会计服务公司，23 家油漆销售企业，16 家电商服务机构，等等，形成了完整的产业链。2021 年电子商务销售额达到 135 亿元。电商产业的发展让农民找到了致富的新路子。2021 年，淘元镇农民人均纯收入 27359 元，是 10 年前人均纯收入的 10 余倍。淘元镇因此从"落后小镇"变身为"中国淘宝第一镇"。

电子商务为这个古老乡镇的"肌体"注入了互联网的新"基因"——新的市场观、资源观、价值观和发展观，并赋予了农民、企业和乡村社区自我发展的能力。在极短的时间里，一座座家具生产厂房如雨后春笋般拔地而起。"户户开网店，人人皆网商"是淘元镇的生动写照。淘元镇因此成为信息化时代中国农村的"电商王国"。农民，这个曾经向土地求生存，在异地他乡饱受飘零之苦的群体，如今在家乡有尊严地书写着创新创业故事。互联网彻底改变了他们。"这一切过去简直不敢想象！"是农民网商面对成功时所发出的感叹。如今，电子商务正在更广阔的中国农村大地上扎根，为越来越多的农民赋能，促进农民网商群体的快速崛起，加速农村经济社会转型进程。

本研究将中国矿业大学硕士研究生王竹韵对淘元镇 17 个淘宝村进行实地调研以及与村委会谈话后对 17 个淘宝村发展现状进行梳理的数据（见表 1-4），

作为研究的参考。

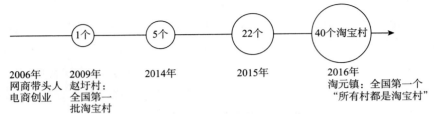

图1－1　淘元镇淘宝村发展历程

资料来源：淘元镇政府，2019年7月。

表1－4　淘元镇行政村电商发展信息

单位：家，平方米

行政村	电商户数	厂区面积	发展时间
赵圩村	374	567074	2006年
钱圩村	74	351493	2010年
淘元社区	167	369879	2010年
孙圩村	58	62650	2013年
李圩村	62	51966	2010年
周圩村	40	58926	2013年
吴圩村	50	54720	2012年
郑圩村	71	173952	2010年
王圩村	56	129862	2010年
冯圩村	52	122450	2013年
陈圩村	20	44957	2015年
楚圩村	20	32181	2013年
卫圩村	8	125	2015年
蒋圩村	20	16980	2015年
沈圩村	13	25736	2011年
韩圩村	20	17617	2015年
杨圩村	20～30	24248	2010年

资料来源：王竹韵《东沿市"淘宝村"空间特征与影响因素研究——以文博县淘元镇为例》，硕士学位论文，中国矿业大学，2019，第72～73页。（已匿名处理）

2. 案例的代表性分析

个案研究的重点不在于某个个案在统计上能否代表总体[1]，而在于揭示一个社会/组织过程的内部机制，通过个案归纳一些高质量的待检验的假设。[2] 选择东沿市文博县淘元镇作为个案的原因有以下六个方面。

第一，农村电子商务是乡村技术赋能的重要领域。从"电子商务进村"示范计划到"数字乡村建设"，近年来国家出台了一系列政策，将"数字技术"与农业农村经济深度融合作为农业农村现代化的主攻方向。农村电商促进了乡村产业发展，提供了大量创业就业机会，极大地提高了农民收入。从 2018 年 7 月至 2019 年 6 月，仅一年时间，全国淘宝村镇网店年销售额超过 7000 亿元，活跃网店数达到 244 万个，带动就业机会超过 683 万个。[3] 商务部数据显示，2018 年，全国农村网络零售额达到 13679.4 亿元。而 2020 年初的新冠疫情造成农村地区农产品售卖难，电商发起爱心助农计划，大力推动产销对接。政策与实践都说明了农村电子商务能够赋予乡村振兴新动能。

第二，东沿市淘元镇赵圩村作为中国农村电子商务的发源地，是农村电商发展的典型。东沿市淘元镇赵圩村是"中国淘宝第一村"，淘元镇是"中国淘宝第一镇"，在第七届网商大会上荣获"最佳网商沃土奖"。2016 年，淘元镇在全国率先实现"所有村都是淘宝村"。电子商务使淘元镇从"默默无闻的贫穷小镇"一跃成为信息时代的"电商王国"。

第三，从赋能的结果来看，信息技术的确实现了为淘元镇赋能。首先，从赋能的对象来看，淘元镇电商通过为农民、企业和政府赋能，使淘元镇人从"求生存"的农民转变为"善经营"的老板；淘元镇产业从"以农为主"到"建立新商业生态"；淘元镇政府从"放水养鱼"的无为政府转变为"建立体系""服务监管"的有为政府。其次，从赋能的内容来看，通过信息技术赋能，淘元镇在经济发展、资源整合、农民素质和文化建设上都发生了翻天覆地的变化。在经济发展方面，2021 年底，淘元镇网店数量增长到 1.65 万家，销售额高达 135 亿元，电商从业人员 3.15 万人，其中外地就

---

[1]　王富伟：《个案研究的意义和限度——基于知识的增长》，《社会学研究》2012 年第 5 期。

[2]　M. L. Small, "How Many Cases Do I Need? On Science and the Logic of Case Selection in Field-based Research," *Ethnography*, Vol. 10, No. 1, 2009, pp. 5 - 38.

[3]　阿里研究院：《中国淘宝村研究报告（2009～2019）》，2019，第 21 页。

业人口 0.85 万人，收入水平迅速提高，赵圩村人均纯收入 30121 元，是 10 年前的 10 倍，"家家做淘宝，人人是电商，个个是老板，资产过千万元的不在少数"。在资源整合上，网销带动了产业链的形成和发展，促进板材、物流、家具加工厂、五金配件、网商服务商等上下游产业链形成以及电力、银行、电信等服务环境提升。在农民素质上，从向土地求生存、小富即安的传统农民变为持续学习、开拓创新的农民企业家，农民的格局更大、眼界更宽、追求更高。在乡村的社会文化方面，大量农民工返乡创业，使农村"留守"问题迎刃而解，村民更加幸福，社会治安状况明显改善，乡邻关系更加和谐稳定，村民更加重视教育，80% 以上的村民把孩子送到城里上学。最后，从赋能的逻辑来看，信息技术是淘元镇电商产业发展的龙头，直接带动了电商产业的产生和发展。"淘元模式"的可贵之处在于信息技术不仅促进了当地经济的发展，更赋予了淘元镇农民和企业内生发展的动力和能力。淘元镇电商依靠农民自组织的力量，自发式地萌芽和成长，是一种来自草根的、自下而上的、低成本的信息化应用。网销促进了"农民主体性"的发挥，使农民通过网络直接对接市场，成为电子商务和价值链的主人。网销促进了"包容性增长"，使农民共享发展成果，促进了公平正义。因此，农村电子商务是技术赋能乡村的典型，而淘元镇则是代表性个案。

第四，"淘元模式"具有可复制性。淘元镇曾属于欠发达地区，没有原材料、平台和市场优势，淘元镇电商家具产业完全是由电子商务直接催生的，门槛很低，具有可复制性。目前，"淘元模式"已经扩散到其他农村地区，有的已经开花结果。

第五，被调查对象的可接近性。笔者的家乡在东沿市运河市，紧邻东沿市文博县，无论在地理位置、关系人脉方面，还是方言和地域文化等方面，都为调研的开展和进入现场提供了极大便利。

第六，以"镇"作为调查单位的原因。费孝通先生认为选择调查单位有两个标准：一是可进入性，即"调查者能够亲自进行密切观察"的范围；二是调查单位的大小"应能提供人们社会生活的较为完整的切片"。[①] 电子商务的集群化发展，50 栋多层高标准厂房和 3 万平方米物流园的建立，完整产

---

① 费孝通：《江村经济》，北京时代华文书局，2018，第 8 页。

业链的形成，安置小区的建立，使得淘元镇各行政村的生产生活交叉融合，单独的行政村很难反映农村电商发展的各个面向，因此，以"淘元镇"作为研究单元，可以为乡村技术赋能提供"较为完整的切片"。

（三）调查研究法

本书的调查研究法包括田野调查法和问卷调查法，其中以田野调查法为主，问卷调查法为辅。选择田野调查法作为本书的主要研究方法，是由本书的研究内容决定的。本研究一方面注重对经验事实进行一般化和类型化的分析和提炼，另一方面又会对乡村技术赋能的过程、机制和结果进行深描。乡村技术赋能的复杂性以及"能力"这一要素的不可见性，使笔者认识到，只有深入"田野"中，深入个案所提供的微观场域中，才能深入考察乡村技术赋能的条件、要素和深层困境。在 2019～2023 年，笔者一共 6 次前往淘元镇调研，分别是 2019 年 7 月 15 日至 7 月 21 日和 12 月 12 日至 15 日，2020 年 1 月 19 日至 1 月 22 日和 9 月 1 日至 9 月 5 日，2022 年 9 月 16 日至 23 日，2023 年 7 月 13 日至 15 日。调研既考察了淘元镇电商旺季（12 月）的经营状况，也考察了淡季（7 月和 9 月）的经营状况，既考察了淘宝狂欢节的盛况（"双 12"，即 12 月 12 日），也考察了春节期间淘元镇电商们是如何过年的（1 月 19 日至 1 月 22 日），还调研了疫情冲击后淘元镇电商的经营状况及转型发展（2020 年、2022 年、2023 年）。调研内容涉及乡村精英、政府、企业、电商协会、专家学者和新闻媒体等多元主体在电商产业发展中的角色和功能，信息技术对乡村治理方式的影响（如 12345、"为村"平台、网格化治理），淘元镇电商产业发展过程、现状、上下游产业链发展状况，电商产业发展的影响，包括对农民个人就业、收入、住房、生活方式、知识技能、思想观念等方面的影响，对政府治理方式、企业经营模式和社会组织发展的影响，对乡村社区产业发展、空间规划、人居环境、传统文化、人际关系、教育、养老、医疗等各个方面的影响。调研对象包括政府工作人员，村委会干部，电商办领导，电商协会成员，不同性别、年龄、受教育水平和经营规模的网商，电商上下游产业链从业者和教育领域从业人员，等等。访谈对象基本特征见表 1－5。

表1-5 访谈对象基本特征

序号	姓名编码	性别	年龄段	身份	受教育程度
1	杜继明	男	35~39岁	淘元镇党委组织委员	大学
2	刘峻茂	男	50~54岁	淘元镇电商党支部书记	大学
3	王育德	男	50~54岁	李庄村会计	初中
4	冯允升	男	40~45岁	淘元镇电商办主任	大学
5	马潇然	男	30~34岁	淘元镇电商办职员	高中
6	沙志君	男	35~40岁	产业园中"有店有厂"的网商，淘元镇电商协会副会长	初中
7	蔡潇岚	男	25~29岁	东沿腾辉盛世企业管理咨询服务有限公司职工（负责淘元镇智慧电商产业园管理）	大学
8	王华	男	35~39岁	安能、中通、韵达、顺丰等多个物流淘元镇总代理，李庄村村委会成员	小学
9	徐逸飞	男	35~39岁	电商大户，李庄村村委会成员	初中
10	马建国	男	40~45岁	淘元镇余庄村党支部书记	高中
11	李为民	男	40~45岁	淘元镇顾庄村党支部书记	高中
12	沙卫明	男	45~50岁	淘元镇沙川村党支部书记	高中
13	沙辛夷	男	30~35岁	淘元镇沙川村党支部副书记	高中
14	孙煦	男	35~39岁	淘元镇电商带头人	高中
15	程楚瑜	男	30~34岁	电商大户	中专
16	蔡泽楷	男	35~39岁	电商代表	大学
17	胡凯南	男	20~25岁	电商大户	高中
18	丁一鸣	男	25~29岁	产业园中"有店有厂"的网商	大学
19	靳玉林	男	55~59岁	产业园中"有店有厂"的网商，做全屋定制	高中
20	刘洋	男	30~34岁	产业园中"有店有厂"的网商	初中
21	王博涵	男	30~34岁	"有店无厂"的网商	大学
22	徐惠然	女	35~40岁	家庭作坊式的网商	初中
23	徐岚峰	男	30~34岁	残疾人电商	初中
24	王美贻	女	45~49岁	五金配件厂厂主	初中
25	徐广志	男	50~54岁	东沿景德会计服务有限公司经理	高中
26	曹思宇	男	30~34岁	大麦商业摄影有限公司经理	初中
27	许威	男	30~34岁	中国人民保险公司（文博县淘元镇营销服务部）销售经理	大学
28	张红霞	女	50~54岁	床垫厂厂主	小学

序号	姓名编码	性别	年龄段	身份	受教育程度
29	郑文	女	20～25岁	淘元镇小镇客厅接待人员	大学
30	王德清	男	35～40岁	淘元镇幼儿园园长	高中
31	董亮	男	35～40岁	产业园中"有店有厂"的网商	高中

调查研究是指采用访谈或问卷的方法，从某个社会群体样本里系统地收集资料，通过对资料的分析认识社会现象及其规律的社会研究方法。本研究通过设计出结构合理、内容全面的问卷，对村民进行了问卷调查。一共向淘元镇发放143份问卷，涉及13个行政村，包括：赵圩村31份，淘元社区21份，孙圩村15份，周圩村10份，沈圩村5份，杨圩村10份，王圩村11份，钱圩村10份，冯圩村10份，蒋圩村5份，楚圩村5份，卫圩村5份，陈圩村5份。除去淘元镇无效问卷7份，共获得有效问卷136份。问卷内容主要涉及个人信息、开网店前的收入和生活状况、网店的建设运营情况和影响等几个方面。获得的数据和通过田野调查获得的数据形成补充。该研究方法主要用于第三章第三节、第四章和第五章。

二 研究思路

所谓研究思路，就是从宏观整体上思考和把握研究的全过程，保证研究的连续性、有效性和科学性。本书研究的总体思路如图1-2所示。

本研究主要围绕乡村技术赋能这一核心命题，试图从东沿市淘元镇的个案来阐释乡村技术赋能的条件、要素、困境及其破解，最后说明技术赋能对乡村振兴的意义。

因此，本研究将遵循"总—分—总"的研究思路，将研究内容分为三个部分。

第一部分包括第一章和第二章，主要交代研究背景和理论基础。

第一章为"导论"，主要是对乡村技术赋能的研究概况做简要考察。一方面，从历史境遇、现实环境境遇、社会语境阐述乡村技术赋能研究的三重境遇，从而阐明研究的问题意识及其来源，确定研究目的和研究意义。在对国内外关于"乡村技术应用"和技术赋能的著作文献进行梳理的基础上，确定本书的研究指向。另一方面，确定本书的研究方法以及可能的创

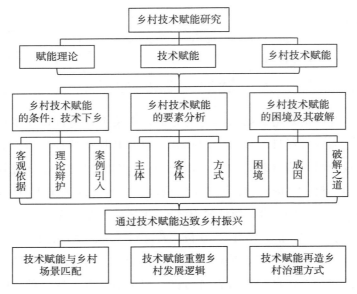

图 1 - 2　本书研究的总体思路

新与不足。

　　第二章，首先，对技术赋能和乡村技术赋能的概念进行界定。其次，对技术与社会关系的演变与发展做简要梳理，确定技术与社会"互构论"的理论立场。再次，系统回顾赋能理论的核心要旨，确定赋能理论的价值取向，赋能的情境、对象、过程和结果等与乡村技术赋能密切相关的分析要素。最后，建构乡村技术赋能理论，提出乡村技术赋能的研究思路。

　　第二部分包括第三章、第四章和第五章，主要是从乡村技术赋能的条件、要素和困境三个方面分析乡村技术赋能的过程和机制。

　　第三章研究了乡村技术赋能的条件，即技术下乡。城乡之间的技术鸿沟和发展能力差异是"技术下乡"的客观依据。乡村振兴战略落地需要技术支持是"技术下乡"的理论依据。东沿市淘元镇是信息技术重构乡村社会的典型个案，贯穿本研究始终。信息技术使淘元镇实现了"基因－细胞－结构"的深层变革，内生力量是淘元镇技术赋能的核心动力。通过研究淘元镇信息技术重构的情境与过程，分析技术与乡村社会的互动机制。

　　第四章分析了乡村技术赋能的要素，即乡村技术赋能的主体、客体和方式。乡村技术赋能的主体是乡村精英、政府、平台、专家和媒体等；乡村技术赋能的客体是农民、组织和社区；乡村技术赋能的方式是结构赋能、资源赋能和心理赋能。通过对乡村技术赋能要素的分析，回答了乡村技术赋能的三大核心问题，即"谁来赋能""为谁赋能""如何赋能"，阐明了乡村技术赋能的过程和机制。

第五章研究了乡村技术赋能的困境及其破解。通过对乡村技术赋能困境及其成因的分析，探讨乡村技术赋能困境的破解之道。

第三部分包括第六章和第七章，回归主题，对乡村技术赋能进行提炼总结。

.第六章总结技术赋能在实现乡村振兴中的价值。在技术赋能与乡村场景匹配的情况下，技术赋能能够重塑乡村发展逻辑，再造乡村治理方式。

第七章对全文进行总结，得出研究结论，阐明可能的创新点与不足之处，并提出下一步研究方向。

第四节 研究的创新与不足

一 研究的创新

（一）学术思想的创新——将技术赋能的前沿理论引入对乡村振兴的思考中

2016 年以来，"赋能"成为国内现象级热词。在组织管理领域，"赋能"被认为是未来组织最重要的功能。随着社会经济的发展，"赋能"得到更广泛的拓展，新技术正在掀起"赋能商业"、"赋能教育"、"赋能媒体"甚至是"赋能乡村"的潮流。技术赋能正在改变着个体和组织的生存环境、生存方式和生存能力。目前，技术赋能研究方兴未艾，但其理论研究并未达到与现实进程相匹配的厚度与深度，且研究主要集中在政务、医疗、教育、商业、媒体和旅游等方面，乡村领域中技术赋能研究相当匮乏，且研究多为宏观探讨和现象描述，缺乏有深度的个案研究和学理探讨。本书将技术赋能这一前沿理论引入对乡村振兴的思考中，通过严谨的理论分析和扎实的田野调查，更好地呈现和解释乡村技术赋能的过程和机理。

（二）学术观点的创新——提出乡村技术赋能的理念与框架

随着现代技术的高速发展以及对社会各个领域的赋能，技术赋能理论

兴起，并在近年来引起学术界的较多关注和研究。然而，截至 2020 年 6 月 10 日，笔者以"中国知网"为平台，以技术赋能为篇名主题词，以 CSSCI 为来源期刊，仅检索到 55 篇论文，且研究主要集中在图书馆、文化产业、政府治理、教育、产业发展和城市治理等领域，乡村领域的技术赋能研究极少，仅有王丹、刘祖云的《乡村"技术赋能"：内涵、动力及其边界》和沈费伟的《乡村技术赋能：实现乡村有效治理的策略选择》两篇文章对乡村领域的技术赋能进行了理论探讨。可见，无论是技术赋能理论研究还是乡村领域的技术赋能研究，都处于起步阶段，且两者是非常重要的理论命题。因此，本书通过对乡村技术赋能系统的理论研究和扎实的田野调查，剖析了乡村技术赋能的过程和机制，分析了乡村技术赋能的条件、要素和困境，提出了相应的破解困境之道，研究出很多富有创新性的观点。例如：技术赋能是影响乡村振兴的关键变量之一，对此，乡村振兴战略的落地需要"乡村技术赋能"的实践支持；乡村技术赋能的条件是促进"技术下乡"，实现技术和乡村场景的匹配；乡村技术赋能是指在多元主体的合作下，现代技术通过结构赋能、资源赋能和心理赋能的方式，为农民、组织和社区赋能；通过认知升级、组织培育、制度创新和价值确认可以破解乡村技术赋能的困境；技术赋能通过与乡村场景匹配，重塑乡村发展逻辑，再造乡村治理方式，成为达致乡村振兴的一种有效方式。这一系列创新性观点的提出，有利于丰富乡村技术赋能理论。

（三）研究方法的创新——采用演绎和归纳相结合的研究方法

首先，从一般理论出发，分析乡村技术赋能的内涵；其次，选择"技术赋能型乡村"进行田野调查，以探究乡村技术赋能的过程和运作机制，分析乡村技术赋能的条件、要素和困境，并提出了相应的破解困境之道；最后，归纳提炼乡村技术赋能的一般理论，补充和丰富既有的理论。如此，就完成了从抽象到具体，再从具体到抽象的演绎与归纳相结合的过程。这一研究回路，既可以弥补"学院派"对现实观照的不足，又可以弥补"经验派"的理论欠缺。

二　研究的不足

第一，本书旨在提出乡村技术赋能这一新的理论命题，并通过理论和经验的双向验证，尝试建构乡村技术赋能理论。因此，在本书的标题中似乎没有呈现一个清晰的研究问题。事实上，本书通过对乡村技术赋能的条件、要素、困境及其破解路径的分析，呈现了乡村技术赋能的现状和问题、过程和机理，回答了"谁来赋能""为谁赋能""如何赋能""赋予哪些能力"等一系列技术赋能子问题，旨在解决"如何更好地让技术为乡村赋能"的问题，为实现乡村技术赋能提供理论依据和经验借鉴。

第二，本研究的乡村技术赋能，主要讨论的是乡村信息技术赋能，因为当今社会，信息技术赋能是技术赋能最重要的领域。与此同时，农业技术、空间技术、环境技术等其他技术，以及在东沿市淘元镇以外存在的大量技术赋能的典型案例，都应该成为乡村技术赋能研究的内容。但是，受写作时间、精力、人脉等条件的限制，本书没有进行多案例的比较研究。在未来的研究中，笔者将针对其他技术进行多案例比较研究，进一步丰富乡村技术赋能理论。

第三，本研究将技术赋能这一前沿理论引入对乡村振兴的思考中，尝试对乡村技术赋能进行理论建构，这既是本研究的创新，也是本研究的难点所在。由于技术赋能理论尚不成熟，可资借鉴的理论元素较少，以及笔者在特定阶段写作能力的限制，本研究在扎实的田野调查的基础上，对乡村技术赋能的理论建构尚显单薄，还需在后续的研究中进一步充实完善。

第二章　核心概念与理论基础

第一节　核心概念的界定

一　技术

关于技术的概念，学术界尚未形成一致的意见。但是对技术概念的追问和探索，却从亚里士多德时代一直延续至今，形成了丰富的内涵。本研究借鉴著名的技术哲学家卡尔·米切姆（Carl Mitcham）在《通过技术思考——工程与哲学之间的道路》一书中的划分方法①，按照技术的功能将现有的技术概念划分为四种类型。第一，将技术定义为一种对象，例如装置、工具、机器等。在以蒸汽机为标志的产业革命爆发后，随着机器和工业应用占据统治地位，技术作为一种工具、机器、设备的概念开始流行。第二，将技术定义为一种知识，例如技能、规划、理论等。古希腊亚里士多德就把技术定义为人类活动的技能。② 法国哲学家丹尼·狄德罗（Denis Diderot）认为技术是为完成特定目标而协调动作的方法、手段和规则的完整体系③；德国哲学家贝克曼（J. Beckmann）认为技术是指导物质生产过程的科学或工艺知识，这种知识"清楚明白地解释了全部操作及其原因和结果"④。第三，将技术定义为一种过程，例如发明、设计、制造和使用等。日本哲学

① 〔美〕卡尔·米切姆：《通过技术思考——工程与哲学之间的道路》，陈凡、朱春艳等译，辽宁人民出版社，2008，第215~316页。
② 陈凡：《论技术的本质与要素》，《自然辩证法研究》1988年第1期。
③ 《狄德罗的〈百科全书〉》，梁从诫译，花城出版社，2007，第140页。
④ H. Lenk, G. Ropohl, "Interdisciplinary Philosoy of Technology," *Research in Philosophy Technology*, No. 2, 1979, pp. 15 – 25.

家三木清指出技术是制作物的行为，技术的本质是"行为之形"①；马克思主义认为技术在本质上"揭示出人对自然的能动关系，人的生活的直接生产过程，以及人的社会生活条件和由此产生的精神观念的直接生产过程"②。第四，将技术定义为一种意志，例如意愿、动机、需要、设想等。德国哲学家马丁·海德格尔（Martin Heidegger）认为技术是一种"解蔽"的方式，技术的本质是"座架"③；美国哲学家赫伯特·马尔库塞（Herbert Marcuse）在《单向度的人：发达工业社会意识形态研究》一书中指出技术是当代资本主义社会的一种新的控制形式，技术已经变成了一种意识形态④；美国哲学家刘易斯·芒福德（Lewis Mumford）认为技术的本质是"巨技术"。⑤ 国内学者赵建军等人对技术有较为全面的定义，他认为，"技术是在利用和改造自然的过程中所掌握的各种活动方式、方法和手段的总和。它既指生产工具和其他物质设备，又指人们所掌握的各种技能和生产工艺知识；既有软件部分又有硬件部分；既表现为知识形态又表现为物质形态"⑥。

　　本书使用的技术是指人们在社会实践过程中所采用的工具和知识的总和，包括两个方面：一是生产工具和其他物质设备；二是生产生活实践的技能和知识。此外，我们需要强调技术具有二重性，即技术的自然属性（物性）和社会属性（人性），它是正确分析技术应用与社会变迁之间关系的前提。技术的客观自然属性是指，技术是建立在一定的物质基础之上的，其产生和发展要遵循一定的自然规律。当技术作为人类行动的工具时，技术的自然属性决定了技术是根据自然规律（而不是人的主观意志）作用于行动对象的。技术的社会属性是指，技术是由人发明、创造和使用的，技术的产生、发展和应用必然是在一定的社会环境中实现的，也必然受到各种社会因素的影响和制约。⑦ 技术的二重性使技术既具有"刚性"，又具有

---

① 〔日〕三木清：《哲学入门》，陈延、裴蕾译，山东画报出版社，2020，第 105 页。
② 中共中央马克思恩格斯列宁斯大林著作编译局编《马克思恩格斯全集》（第 23 卷），人民出版社，1972，第 410 页。
③ 孙周兴选编《海德格尔选集》，生活·读书·新知上海三联书店，1996，第 23～25 页。
④ 〔美〕赫伯特·马尔库塞：《单向度的人：发达工业社会意识形态研究》，刘继译，上海译文出版社，2014，第 122～143 页。
⑤ 吴国盛：《芒福德的技术哲学》，《北京大学学报》（哲学社会科学版）2007 年第 6 期。
⑥ 赵建军、方玉媚主编《科技·理性·创新——哲学视域中的科学技术》，北京科学技术出版社，2014，第 22 页。
⑦ 邵娜：《论技术与制度的互动关系》，《中州学刊》2017 年第 2 期。

"可解释性"和"可选择性",这为我们研究技术赋能的困境及其成因、技术与乡村场景的匹配提供了理论基础。

二 技术赋能

20 世纪 80 年代,积极心理学提出"赋能"概念,指通过言行、态度、环境的改变给予他人(或组织)以"正能量"的过程。"赋能"是"赋权"理论的扩展,二者皆对应英文单词"empowerment"。然而,从"赋权"到"赋能",体现了由赋予"行动资格"向赋予"行动能力"的转变。学者们从不同学科角度阐释了"赋能"的含义及重要作用。组织理论研究者和实践者都认为,"赋能"是未来组织最重要的功能①,是使工作效率最大化的有效方法②,也使个人或组织获得过去所不具备的能力或不能实现的目标。③从社会学角度看,"赋能"是提高人们应对需要、解决问题和获取资源的能力,使人获得对生活的掌控感④;从管理学角度看,"赋能"指在组织内自上而下地全面释放权力,并通过各种服务,尽可能地发挥个人潜能。⑤ 可见,"赋能"就是通过改变组织结构、文化、资源、权力和个人心理等方面,尽可能地发挥个人或组织潜能,提高个人或组织的行动能力和工作效率,促进个人或组织获得过去所不具备的能力或实现过去不能实现的目标。

随着现代技术的发展,尤其是信息技术和数字技术的发展,技术赋能领域开始受到更广泛的关注。关婷等人将"技术赋能创新"定义为"通过应用新兴信息技术,形成一种新的方法、路径或可能性,来激发和强化行动主体自身的能力实现既定目标的创新"⑥。周文辉等人认为数据赋能是资

① 〔美〕埃里克·施密特、〔美〕乔纳森·罗森伯格、〔美〕艾伦·伊戈尔:《重新定义公司:谷歌是如何运营的》,靳婷婷、陈序、何晔译,中信出版社,2015,序言。

② Gretchen Spreitzer, "Giving Peace a Chance: Organizational Leadership, Empowerment, and Peace," *Journal of Organizational Behavior*, Vol. 28, No. 8, 2007, pp. 1077 – 1095.

③ 潘善琳、崔丽丽:《SPS 案例研究方法:流程、建模与范例》,北京大学出版社,2016,第 88 ~ 128 页。

④ E. Hermansson, L. Mårtensson, "Empowerment in the Midwifery Context——A Concept Analysis," *Midwifery*, Vol. 27, No. 6, 2011, pp. 811 –816.

⑤ J. Faulkner, H. Laschinger, "The Effects of Structural and Psychological Empowerment on Perceived Respect in a Cute Care Nurses," *Journal of Nursing Management*, Vol. 16, No. 2, 2008, pp. 214 – 221.

⑥ 关婷、薛澜、赵静:《技术赋能的治理创新:基于中国环境领域的实践案例》,《中国行政管理》2019 年第 4 期。

源赋能的核心，通过提升主体间的连接能力、数据分析能力和信息运用能力促进平台企业的价值共创。① 数字赋能既是一种行为和措施，更注重结果和回报。马基宁（Makinen）认为数字赋能是指通过大数据、移动互联和人工智能等数字化工具对特定的人群进行赋能，使他们获得相应的生活技能和生存能力。② 总的来说，技术赋能就是指通过多元主体的合作，现代技术以结构赋能、资源赋能和心理赋能等方式，赋予个人、组织和社区行动能力或激发其潜能的过程。随着社会经济的发展，赋能得到更广泛的拓展，新技术正在掀起"赋能组织""赋能个体""赋能媒体"，甚至是"赋能乡村"的潮流。

三　乡村技术赋能

乡村技术赋能就是技术赋能在乡村场景中的体现，考察技术如何为乡村赋能。沈费伟从个人技术赋能、组织技术赋能和社区技术赋能来理解乡村技术赋能。其中：个人技术赋能指现代技术可以提升农民的内在素质和外在资源获取能力，促进交互权利发展；组织技术赋能指现代技术可以提升政府组织的管理服务能力、市场组织的配置供给能力以及社会组织的公共服务能力；社区技术赋能指社区利用现代技术完善政策、变革管理体制和优化治理结构，提升社区治理能力。③

本书的乡村技术赋能主要研究的是乡村信息技术赋能，指在乡村场域中，通过多元主体的合作，信息技术以结构赋能、资源赋能和心理赋能的方式，为农民、乡村组织和社区赋能。乡村技术赋能包含三重内涵。第一，乡村技术赋能的主体多元，是农民、政府、市场组织、社会组织、专家学者和新闻媒体等多元主体之间的合作治理。第二，乡村技术赋能的方式包括结构赋能、资源赋能和心理赋能。乡村社会中的结构赋能指信息技术通过破除乡村发展的各种壁垒，比如，打破城乡二元结构，促进城乡要素双

---

① 周文辉、邓伟、陈凌子：《基于滴滴出行的平台企业数据赋能促进价值共创过程研究》，《管理学报》2018 年第 8 期。
② M. Makinen, "Digital Empowerment as a Process for Enhancing Citizens' Participation," *E-learning*, Vol. 3, No. 3, 2006, pp. 381 – 395.
③ 沈费伟：《乡村技术赋能：实现乡村有效治理的策略选择》，《南京农业大学学报》（社会科学版）2020 年第 2 期。

向流动，突破地域限制，加强农村与外部世界的"连接"，改变乡村治理结构，等等，实现农民及乡村发展能力的提升。结构赋能主要表现在资源可得、机会和信息可得、支持可得、正式和非正式权力四个方面。资源赋能指通过"互联互通"，信息技术可以提升农民和乡村组织的资源链接能力。心理赋能是指信息技术的应用可以增强农民的自尊心、自信心、自豪感和掌控感。第三，乡村技术赋能的结果是赋能农民、赋能组织和赋能社区。赋能农民是指信息技术促进农民认知能力和行动能力的提升；赋能组织是指信息技术促进政府观念转变和治理工具的多样化，促进企业组织转型升级和社会组织发育成熟；赋能社区是指信息技术促进社区治理能力现代化。

第二节　理论基础

一　技术与社会互构：一个理论立场

关于"技术与社会关系"问题的争论，形成了"技术决定论"、"社会建构论"以及"技术与社会互构论"三种理论立场。本书的理论立场是"技术与社会互构论"。第一，技术决定论强调技术对社会影响的向度，认为"技术对社会具有决定作用"。第二，社会建构论强调社会对技术影响的向度，认为"社会对技术具有建构作用"。第三，技术与社会互构论是在对技术决定论和社会建构论两大理论立场的批判和反思中形成的一种理论思想，认为"技术与社会是相互建构的"。

技术决定论。该理论强调技术对社会的影响，认为技术决定社会。技术决定论坚持两个核心观点。一是技术自主论（Theory of Autonomous Technology），认为技术遵循自己的法则和逻辑[1]，不承认技术法则之外的任何法则，认为技术本身就是目的，社会及其组成要素都不能决定、控制和支配技术。二是认为技术变迁导致社会变迁、决定历史进程，认为技术是社会发展和变迁的第一动力，论述了技术对政治、经济、社会、文化以及人们的心灵、信仰、价值产生的影响。总的来说，技术决定论持守科学主义、技术理性理念，强调技术的自主性，专注于技术"能做什么""如何去做"，以及对技

---

① Andrew Feenberg, *Questioning Technology*, London：Routledge，1999，p. Ⅷ.

的社会价值、社会后果分析，对技术形成的社会因素视而不见。也就是说，技术决定论仅仅强调了技术的自然属性，即技术发展的客观自然规律，而忽视了技术的社会属性，即无论是技术发明或应用，都是一种社会活动，受多种社会因素制约。社会建构论正是在对"技术决定论"的批判中建立起来的。

社会建构论。该理论认为不是技术决定社会，而是社会影响技术的形成和发展，技术是在社会因素的影响中建构起来的。社会建构论坚持四个核心观点：第一，技术不是自主产生的，而是社会的产物，技术的形成受到各种社会因素的影响；第二，技术的形成路径不是唯一的，它是在多种可能的技术路径中的选择，这种选择受多种社会因素的影响，因此，"选择"是社会建构论的核心；第三，技术是各种利益主体及资源和技术专家相互博弈的经济和政治过程，技术不是一次形成的，而是在反复的互动和博弈中形成的，技术的形成是一个充满"竞争"的过程[1]；第四，社会建构论考察了经济、社会、文化、体制等因素对技术形成的方向和速度、形式和内容的影响。社会建构论还存在诸多理论弱点：一是社会建构论的方法如何保证技术知识的客观性和技术形态的相对稳定性问题；二是社会建构论把技术的形成理解为科学家、工程师以及相关参与者（比如政治家、投资者和消费者）之间协商、妥协的结果，完全忽视了技术作为知识体系的科学性和专业性；三是社会建构论太过强调技术体系之外的社会因素的影响，以至于技术与社会层面的经济、文化和政治在本质意义上没什么差别，结果为了打开技术的"黑箱"，摒弃了技术本来的东西。

技术与社会互构论。该理论既看到了技术对社会的影响，也看到了社会对技术的形塑和改造，认为技术和社会是相互建构的。在"技术与社会互构论"形成的过程中，美国加州大学教授斯蒂芬·R. 巴利（Stephen R. Barley）的技术结构化理论[2]、美国马萨诸塞州阿默斯特大学教授简·E. 芳汀（Jane E. Fountain）的执行技术分析框架[3]、上海大学教授黄晓春关于

---

[1] Mikael Hård, "Beyond Harmony and Consensus: A Social Conflict Approach to Technology," *Science*, *Technology & Human Values*, Vol. 18, No. 4（Autumn 1993）, pp. 408 – 432.

[2] Stephen R. Barley, "Technology as an Occasion for Structuring: Evidence from Observations of CT Scanners and the Social Order of Radiology Departments," *Administrative Science Quarterly*, Vol 31, No. 1, 1986, p. 84.

[3] 〔美〕简·E. 芳汀：《构建虚拟政府：信息技术与制度创新》，邵国松译，中国人民大学出版社，2010，第79页。

技术－结构的时间序列互动分析模型①，以及北京大学邱泽奇教授团队的技术与组织"互构论"② 都具有重要的创新意义。巴利将英国剑桥大学教授安东尼·吉登斯（Anthony Giddens）的结构化理论引入组织研究，探讨了新技术引起的组织结构变迁以及同一技术如何引发不同结构的现象。③ 这一研究被国内学者称为"技术的结构化理论"④。巴利将技术"假定为一种具有触发动力机制的社会性对象"⑤，将技术看作是影响组织变革的、外生的"触发器"，认为技术确实引起了组织结构的变革，但是组织结构具体发生了哪些变革取决于内嵌于其中的特殊的历史过程。⑥ 他认为技术只是影响行为模式的诸多社会因素中的一个，技术只是触发了组织变革而没有决定组织变革，因此，即使同一种技术也可能产生不同的组织变革。⑦ 技术结构化理论为研究技术与组织互动的机制提供了操作性框架和"历时性"视角。简·E. 芳汀的执行技术分析框架为观察技术与组织的互动增加了制度性的分析视角（见图 2 - 1）。她以"技术执行框架"来阐释内嵌于认知、文化、社会以及制度结构的政府行动者特性是如何影响因特网和相关 IT 技术的设计、感知和使用的。技术执行是认知、文化、结构和政治嵌入的结果，类似于"情境的定义"，反映了行动者的感性认识和有限理性，而不是事实本身。因此，技术执行的结果是多样的、不可预知的和非决定性。⑧ 黄晓春在巴利和简·E. 芳汀研究的基础上，建立了技术－结构的时间序列互动分析模型

---

① 黄晓春：《技术治理的运作机制研究——以上海市 L 街道一门式电子政务中心为案例》，《社会》2010 年第 4 期。

② 张燕、邱泽奇：《技术与组织关系的三个视角》，《社会学研究》2009 年第 2 期。

③ 〔英〕安东尼·吉登斯：《社会的构成——结构化理论纲要》，李康、李猛译，中国人民大学出版社，2016，第 23 页。

④ 张燕、邱泽奇：《技术与组织关系的三个视角》，《社会学研究》2009 年第 2 期。

⑤ Stephen R. Barley, "Technology as an Occasion for Structuring: Evidence from Observations of CT Scanners and the Social Order of Radiology Departments," *Administrative Science Quarterly*, Vol. 31, No. 1, 1993, p. 107.

⑥ Stephen R. Barley, "Technology as an Occasion for Structuring: Evidence from Observations of CT Scanners and the Social Order of Radiology Departments," *Administrative Science Quarterly*, Vol. 31, No. 1, 1993, p. 107.

⑦ Stephen R. Barley, "Technology as an Occasion for Structuring: Evidence from Observations of CT Scanners and the Social Order of Radiology Departments," *Administrative Science Quarterly*, Vol. 31, No. 1, 1993, p. 107.

⑧ 〔美〕简·E. 芳汀：《构建虚拟政府——信息技术与制度创新》，邵国松译，中国人民大学出版社，2010，第 79～86 页。

（见图 2 - 2）。该模型包含技术定型期、技术扎根期以及技术成熟期三个阶段，每个阶段的核心议题不同，各个阶段相互影响。在技术定型期，主要是结构对技术的选择和形塑；在技术扎根期，技术和结构相互影响，技术积极调整自身以适应结构的要求，同时，技术也促进结构"微调"；在技术成熟期，技术刚性的一面开始凸显，变革着组织结构。① 信息技术引入提供了变革的可能，通过为组织内关键行动者提供机会、资源，促动组织变革。

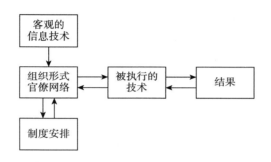

图 2 - 1 执行技术分析框架

资料来源：黄晓春《技术治理的运作机制研究——以上海市 L 街道一门式电子政务中心为案例》，《社会》2010 年第 4 期，第 7 页。

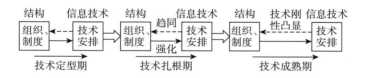

图 2 - 2 技术 - 结构时间序列互动模型

资料来源：黄晓春《技术治理的运作机制研究——以上海市 L 街道一门式电子政务中心为案例》，《社会》2010 年第 4 期，第 26 页。

北京大学邱泽奇教授团队正式提出了技术与组织"互构论"。② 邱泽奇通过对技术与组织关系既有理论模型的考察，认为无论是技术对组织的建构还是社会对技术的建构，均因为忽视了技术的实践性而没有获得技术与

① 黄晓春：《技术治理的运作机制研究——以上海市 L 街道一门式电子政务中心为案例》，《社会》2010 年第 4 期。
② 邱泽奇：《技术与组织：多学科研究格局与社会学关注》，《社会学研究》2017 年第 4 期。

组织关系的机制。技术与组织的关系不是一次形成的，而是技术供求双方相互建构的过程。技术的刚性产生了结构的重组，同时技术也被组织结构形塑和改造，因此，技术和组织之间是相互建构的。[①] 任敏认为在技术和社会相互建构的过程中，人的自主选择是最为核心的因素。技术和社会之间的关系，依据人们的自主选择（当然并不排除在不同的技术、组织背景下，人类的自主选择能力是不一样的）而呈现。因此，技术并没有决定社会，社会也没有决定技术，而是人类在其中选择契合点。[②] 技术和社会的反复互动使得每一回合的作用与反作用都预示着多种可能性。[③] 技术与社会互构论强调技术与社会关系的形成中行动者的作用，强调技术的特征以及社会环境对技术的影响。可见，技术可以改造社会，但技术改造社会的过程和效果受多种条件的影响和制约，且技术本身也会被社会形塑和改造。因此，技术与社会场景的匹配是技术发挥积极作用的条件。

二　赋能理论的基本要义

赋能既是社区工作的价值取向，也是对影响生活质量的决定施加控制的过程和结果的理论模型。[④] 赋能理论提出了在不同背景下测量结构的方法，研究赋能过程，并将赋能与其他概念区分开来，如自尊、自我效能或控制点。美国罗格斯大学教授大卫·梅卡尼（David Mechanic）认为赋能可以被看作一个过程，在这个过程中，个人学会看到他们的目标与如何实现这些目标的意识之间更密切的对应关系，以及他们的努力和生活成果之间的关系。[⑤] 大卫·梅卡尼对赋能的定义是有用的，但仅限于个人层面的分析。康奈尔赋能小组对赋能的定义明确包含人与环境的相互作用，认为赋能是一个以当地社区为中心的，有意的、持续的进程，涉及相互尊重、批

① 邱泽奇：《技术与组织的互构——以信息技术在制造企业的应用为例》，《社会学研究》2005 年第 2 期。

② 任敏：《技术应用何以成功？——一个组织合法性框架的解释》，《社会学研究》2017 年第 3 期。

③ 转引自谭海波、孟庆国、张楠《信息技术应用中的政府运作机制研究——以 J 市政府网上行政服务系统建设为例》，《社会学研究》2015 年第 6 期。

④ D. D. Perkins, M. A. Zimmerman, "Empowerment Theory, Research, and Application," *American Journal of Community Psychology*, Vol. 23, No. 5, 1995, pp. 569 – 579.

⑤ D. Mechanic, "Adolescents at Risk: New Directions," *Journal of Adolesent Health*, Vol. 12, No. 8, 1991, pp. 638 – 643.

判性反思、关心和群体参与，通过这一进程，缺乏同等份额的宝贵资源的人能够更多地获得和控制这些资源。[①] 美国伊利诺伊大学教授朱利安·拉帕彭（Julian Rappapon）将赋能视为个体、组织和社区掌控自己生活的过程，赋能机制可能带来控制感，也可能导致实际的控制，即影响自己生活的实际力量。[②]

赋能针对的是具体的情境和人群，它对不同的人在不同的情境下采取不同的形式。赋能理论的发展需要在个人、组织和社区等多个层次的分析中进行探索和描述。赋能机制包括个人能力和主动行为、自然帮助系统和组织有效性以及社区能力和资源获取。虽然每个层次的分析是单独描述的，但都与其他层次的分析有内在联系，除非对多层次的分析进行研究和整合，否则无法完整了解赋能过程和结果。因此，对赋能理论的理解需要从赋能的情境、对象、过程和结果四个方面进行考察。要想了解赋能的情境、对象、过程和结果，首先要明确赋能理论的价值取向。

（一）赋能理论的价值取向

赋能理论重视价值取向，引导人们关注健康、适应、能力和互助系统，它认为许多社会问题是由资源分配和获取的不平等造成的。个体最好相互帮助、帮助他人或为自己的权利而工作，而不是通过慈善的专业人士来满足他们的需求。[③] 赋能需要一种独特的语言来理解，努力应对压力，适应变化，并影响社区。朱利安·拉帕彭描述了赋能语言如何重新定义专业助手的角色，认为传统语言无意中鼓励了对专业人员的依赖，将人们视为需要帮助的客户，并认为帮助是单向的。专业人员的语言限制了本土资源的发现，减少了人们相互帮助的可能性。赋能的方法将"客户"和"专家"术语替换为"参与者"和"合作者"。专业人员的技能、兴趣或计划不强加于社区；相反，专业人员成为社区的资源。[④] 美国伊利诺伊大学教授詹姆斯·

---

① Cornell Empowennent Group, "Empowennent and Family Support," *Networking Bulletin*, Vol. 1, 1989, pp. 1 – 23.

② J. Rappapon, "Studies in Empowerment: Introduction to the Issue," *Prevention in Human Services*, Vol. 3, Nos. 2 – 3, 1984, pp. 1 – 7.

③ R. Gallant, C. Cohen & T. Wolff, "Change of Older Persons' Image, Impact on Public Policy Result from Highland Valley Empowerment Plan," *Perspective on Aging*, Vol. 14, No. 5, 1985, pp. 9 – 13.

④ J. Rappaport, "The Power of Empowerment Language," *Social Policy*, Vol. 16, No. 2, 1985, pp. 15 – 21.

G. 凯利（James G. Kelly）描述了社区心理学家的几个品质，这些品质与赋能方法是一致的，包括：放弃单一性、包容多样性、有效利用各种资源、建立社区认同。这些品质使得人们有能力了解工作环境，并接受和承认环境的价值。①

（二）基于特定情境的赋能

赋能是对个人知识、决策过程以及人与环境的契合进行生态分析的情境结构。② 加拿大安大略省基奇纳社区研究中心教授约翰·洛德（John Lord）等人的研究证实了用生态术语描述赋能的重要性，没有一个参与者自己获得能力，相反，社会背景和社区生活对于理解个人随着时间的推移所经历的变化至关重要。因此，社区赋能促进个体赋能，个体赋能总是发生在社区的背景下。③ 同时，他们也发现虽然人们将赋能大部分归因于外部资源和人们的支持，但他们也将他们的大部分变化归因于自己。人们对自己的能力和独特的个人特征的信念有助于培养对自己主动改变生活的能力的信心。随着赋能理论得到更充分的发展，它将需要基于公民内部动机与社区和系统中宝贵的社会资源的相互作用。④《美国社区心理学杂志》通过确定居民在社区中发挥掌控作用的环境和条件，进而促进了赋能理论的发展。

美国堪萨斯大学教授斯蒂芬·B. 福西特（Stephen B. Fawcett）等人认为赋能是对个人或群体重要的事件、结果和资源获得某种控制的过程。⑤ 情境行为模式研究了影响赋能行为和结果的个人和环境因素，包括三个维度：个人或群体、环境和赋能水平。该模型假设赋能水平或结果是与个人或群体特征和环境特征之间相互作用的函数，影响赋能行动的环境特征反过来

① J. G. Kelly, "Qualities for the Community Psychologist," *American Psychologist*, Vol. 26, No. 10, 1971, pp. 897 - 903.

② M. Zimmerman, "Taking Aim on Empowerment Research: On the Distinction Between Individual and Psychological Conceptions," *American Journal of Community Psychology*, Vol. 18, No. 1, 1990, pp. 169 - 177.

③ J. Lord, P. Hutchison, "The Process of Empowerment: Implications for Theory and Practice," *Canadian Journal of Community Mental Health*, Vol. 12, No. 1, 1993, pp. 5 - 22.

④ J. Lord, P. Hutchison, "The Process of Empowerment: Implications for Theory and Practice," *Canadian Journal of Community Mental Health*, Vol. 12, No. 1, 1993, pp. 5 - 22.

⑤ Stephen B. Fawcett, Adrienne Paine-Andrews, Vincent Thomas Francisco, et al., "Using Empowerment Theory in Collaborative Partnerships for Community Health and Development," *American Journal of Community Psychology*, Vol. 23, No. 5, 1995, p. 692.

又受到个人和群体行动的影响（见表 2 - 1）。

　　第一，个人或群体因素。个人或一群有共同关切的人，在影响重要事件的能力方面可能相对强大或脆弱。无论是在个人还是在群体层面，这种能力可能受到两种因素的作用①：一是能力和经验；二是身体和生物能力。一方面，能力和经验中的四个因素在很大程度上影响赋能结果。一是知识和批判意识。关于目标和替代办法的知识特别重要，这些信息为个人和团体采取行动提供了机会。批判意识是指对恶劣社会条件产生的原因、变革的可能性以及采取行动改造世界的重要性的意识发展。二是技能。影响预期结果的特别重要的技能包括能够提出问题、领导小组、分析问题、做出决定和实施赋能策略。三是赋能历史。赋能努力的历史以及对这一经验的反思是影响赋能过程的关键因素。四是价值观和信念。对自力更生重要性的认识，可能会对最终实现的控制程度产生影响。同样，对环境是否会受到影响等的信念也可能影响赋能成果。另一方面，身体和生物能力。在个人层面，身体和生物因素也影响赋能效果，一个人的身体和精神健康状况，身体和精神障碍的类型和程度都会影响赋能效果。②

表 2 - 1　赋能模型与相关的战略和策略

模型的要素	赋能战略和策略
个人/群体因素	个人/群体的对策
能力与经验：	增长经验和提高能力：
知识和批判意识	1. 增加关于问题、问题的原因和改变的可能性的知识
技能	2. 促进技能的发展（例如目标设定、解决问题、沟通）
赋能历史	3. 有助于控制环境的早期积极历史
价值观和信念	4. 与赋能相一致的价值观和信念
身体和生物能力：	保护和维持身体和生物能力：
现有健康的程度（如身体、精神）	5. 建立促进健康的计划
现有损害的程度（如行动能力、认知能力）	6. 建立预防伤害的方案

---

①　G. W. Albee, "Preventing Psychotherapy and Promoting Human Potential," *American Psychologist*, Vol. 37, No. 9, 1982, pp. 1043 - 1050.

②　S. B. Fawcett, G. W. White, F. E. Balcazar, Y. S. Balcazar, R. M. Mathews, A. P. Andrews, T. Seekins, J. F. Smith, "A Contextual-Behavioral Model of Empowerment: Case Studies Involving People with Physical Disabilities," *American Journal of Community Psychology*, Vol. 22, No. 4, 1994, pp. 471 - 496.

续表

环境因素	环境方针
压力源和障碍:	消除压力源和障碍:
缺乏机会	7. 发展和加强参与和目标实现机会
歧视	8. 减少对机会平等的歧视和其他障碍
惩罚和过度的行为要求	9. 取消处罚, 减少对行为的过度要求
环境障碍和危害	10. 消除或尽量减少环境障碍和危害
贫困和剥夺	11. 提供经济支持, 减少贫困
支持与资源:	加强支持和资源:
信息和提示	12. 提供有关问题和备选办法的信息, 并提示采取行动
家庭和同伴支持	13. 加强家庭和同伴支持
模式和导师	14. 增强获得积极模式和导师的机会
积极加强	15. 增加对建设性行动的积极强化
可用和可获得的财政和物质资源	16. 加强资源和机会的提供和获取
政策和法律	17. 倡导政策和法律的变革
文化	18. 增强文化的积极方面

资料来源: Stephen B. Fawcett, Adrienne Paine-Andrews, Vincent Thomas Francisco, et al., "Using Empowerment Theory in Collaborative Partnerships for Community Health and Development," *American Journal of Community Psychology*, Vol. 23, No. 5, 1995, p. 692。

第二, 环境因素。环境在各个层面影响赋能的过程和结果, 如微观层面 (如家庭、同龄人)、中间层面 (如邻里组织内的微观系统之间的关系和其他背景)、元系统层面 (如文化、经济系统)。环境因素包括压力源和障碍以及支持和资源。压力源和障碍主要表现在五个方面: (1) 缺乏机会; (2) 歧视; (3) 惩罚和过度的行为要求; (4) 环境障碍和危害; (5) 贫困和剥夺。七种支持和资源影响赋能效果: (1) 信息和提示; (2) 家庭和同伴支持 (同行的人); (3) 模式和导师; (4) 积极加强 (表扬和领导的经济激励); (5) 可用和可获得的财政和物质资源; (6) 政策和法律 (服务、管理活动和提供资源); (7) 文化 (妇女的社会化)。

第三, 干预战略和赋能。表2-1列出了4种战略和18种策略, 以提高个人和群体的赋能水平, 这些战略和策略可以从这一模型中得出。这些策略是根据4项赋能战略组织的, 以解决个人或群体因素和环境因素: (1) 增长经验和提高能力; (2) 保护和维持身体和生物能力; (3) 消除压力源和障碍; (4) 加强支持和资源。

（三）赋能的过程与结果

朱利安·拉帕波特（Julian Rappaport）认为赋能是个体、组织和社区掌握自己生活机制的过程。赋能机制可能带来一种掌控感，也可能导致实际的控制，即影响自己生活的实际力量。① 美国新墨西哥大学教授尼娜·沃勒斯坦（Nina Wallerstein）认为赋能是一个社会行动过程，促进个体、组织和社区参与，以实现加强个人和社区控制、政治效能、提高社区生活质量和社会正义的目标。② 加拿大卡尔顿大学教授伊丽莎白·惠特莫尔（Elizabeth Whitmore）认为赋能是个人实现对其生活各个方面的更多控制并有尊严地参与社区的过程。③ 美国密歇根大学教授马克·A. 齐默尔曼（Marc A. Zimmerman）认为赋能过程是试图获得掌控感、获得所需资源和批判性地理解一个人的社会环境的过程。如果这个过程帮助人们发展技能，使他们能够成为独立的问题解决者和决策者，那么这个过程就是赋能。赋能的过程因分析维度的不同而不同，例如，赋能个体的过程可能包括组织或社区参与，赋能组织的过程可能包括共同领导和决策，赋能社区的过程可能包括可获得的政府、媒体和其他社区资源。④

加拿大安大略省基奇纳社区研究中心教授约翰·洛德等人认为赋能表现在三个层面：在个人层面，赋能是在日常生活和社区参与中获得更大控制和影响力的经验；在小组层面，赋能包括分享经验、分析，以及团队对其自身努力的影响；在社区层面，赋能指利用资源和战略加强社区控制。⑤ 个体赋能的过程包括五个要素，如表 2 - 2 所示。

---

① J. Rappaport, "Collaborating for Empowerment: Creating the Language of Mutual Help," in H. C. Boyte & F. Riessman, eds., *The New Populism: The Politics of Empowerment*, Philadelphia: Temple University Press, 1986, pp. 14 - 38.

② N. Wallerstein, "Powerlessness, Empowerment and Health: Implications for Health Promotion Programs," *American Journal of Health Promotion*, Vol. 6, No. 3, 1992, pp. 197 - 205.

③ E. Whitmore, "Empowerment and the Process of Inquiry," A Paper Presented at the Annual Meeting of the Canadian Association of Schools of Social Work, Windsor, Ontario, 1988.

④ M. A. Zimmerman, "Psychological Empowerment: Issues and Illustrations," *American Journal of Community Psychonogy*, Vol. 23, No. 5, 1995, pp. 581 - 599.

⑤ John Lord, Peggy Hutchison, "The Process of Empowerment: Implications for Theory and Practice," *Canadian Journal of Community Mental Health*, Vol 12, No. 1, 1993, pp. 5 - 22.

表 2 - 2　个体赋能过程的要素

体验无力感	获得新认知	学习新角色	启动参与性	贡献影响力
社会孤立	作用于愤怒	连接他人	加入小组发声	做一个榜样
服务依赖	回应新信息	联系资源	公开	有影响
有限选择	回应新情境	扩大选择/机会	提高参与能力	提高自我效能

资料来源：John Lord，Peggy Hutchison，"The Process of Empowerment：Implications for Theory and Practice，" *Canadian Journal of Community Mental Health*，Vol 12，No. 1，1993，pp. 5 - 22。

一是体验无力感。由于社会处于孤立状态，社会服务系统迟缓，个人体会到了无力感的痛苦。这种无力感既可能是一种"总体"的体验，也可能是一种"情境"体验。作为一个总体性概念，有些人经历了一种完全无能为力的感觉，在一段时间内，他们认为自己没有能力影响他人。对这些个体来说，长期依赖的后果包括低自尊、选择少和有限的决策经验。社会孤立和低自尊的结合影响了他们相信自己和掌控自己生活的能力。作为一个情境概念，少数个体只在生活的某些领域经历了无力感，这些人能够在其他领域保持控制力和自尊。这种自我效能感在赋能过程中至关重要。

二是获得新认知。使个体获得新认知并推动个体赋能的因素包括：卷入危机或"生活转型"，因愤怒或沮丧而行动，回应新信息，以固有的优势和能力为基础。美国密歇根大学教授查尔斯·H. 基弗（Charles H. Kieffer）研究发现，刺激或危机往往使人们对自己的情况有批判性认识[1]，从而获得新机会。具有积极的自我效能以及获得社会支持的人会对危机或生活转型做出最有利的反应，个体也会因沮丧变成愤怒而采取变革行动。同时，新的信息对变革进程也具有重要意义。新信息使个体能够继续他们的生活，并开始为他们的社区、家庭和自己做出贡献。

三是学习新角色。个体通过获得人们的支持和有价值的资源来学习新角色。人们的支持对于扩大个体赋能至关重要，是个体赋能的催化剂，使个体获得更多的掌控感。人们的支持包括实际支持、精神支持和指导三个方面。首先，赋能过程的一个重要方面是获得宝贵资源，获得与其他社区成员相同的宝贵资源和机会对于赋能过程十分重要。其次，"利用人民的力

---

[1]　C. H. Kieffer，"Citizen Empowerment：A Developmental Perspective，" *Prevention in Human Services*，Vol. 3，Nos. 2 - 3，1984，pp. 9 - 36.

量"是促进个体赋能的关键途径之一。最后，指导是赋能过程的重要方面，导师在个体赋能中扮演了重要角色。

四是启动参与性。参与极大地推动了个体赋能过程。事实上，参与过程本身就是赋能，缺乏参与会使个体产生无力感。当人们获得自信时，会寻求更多的参与渠道；参与活动反过来会增强他们的自信和个人掌控感。参与通过三个方面促进了个体赋能。首先，通过参与，减少孤立。个体参与社会团体或社会活动，通常能够体会社会互动的价值和减少他们的社会孤立。赋能不仅需要获得有价值的社会资源，而且还需要获得有价值的社会角色，因为它减少了孤立，增加了社会互动，增强了人的自我价值感。其次，提高参与能力并做出贡献。持续参与社区活动和协会使人们能够不断尝试新事物，提高他们的参与能力和掌控力，从而推动个体赋能进程。①最后，参与的性质。无论人们参与的是怎样的社会团体和活动，作为群体的一部分或为社区做贡献对个体很重要，集体经验提供了对他人的信任和安慰，也是维护自己的工具。尽管团体和组织的类型差别很大，但重要的是，长时间的参与会使人们变得更加活跃。

五是贡献影响力。通过体验无力感、获得新认识、学习新角色和启动参与性等一系列个体赋能的过程，个体增加了与社会的互动，学习了新技能，提高了自我效能，并可能带动其他个体的发展，从而对社会做出贡献。②

赋能结果指的是赋能的运作，试图在他们的社区获得更大的控制，或旨在增强个体能力的干预措施的效果。赋能的结果在不同的分析维度上也不同。当我们关注个体时，结果可能包括特定情境感知的控制、技能和积极主动的行为；当我们研究组织时，结果可能包括组织网络、有效的资源获取和政策杠杆；当我们关注社区一级的赋能时，结果可能包括多元化的证据、组织联盟的存在和可获得的社区资源。赋能的结果体现在四个方面。一是自我效能感提升，比如增强自尊，被重视，获得成就感和自豪感。二是人际关系变化，例如成为更好的父母，拥有更平等的关系，以及更多地同情、理解和接受他人。三是技能提升，例如知道如何获得宝贵的资源，

① C. H. Kieffer, "Citizen Empowerment: A Developmental Perspective," *Prevention in Human Services*, Vol. 3, Nos. 2 – 3, 1984, pp. 9 – 36.

② J. Lord, P. Hutchison, "The Process of Empowerment: Implications for Theory and Practice," *Canadian Journal of Community Mental Health*, Vol. 12, No. 1, 1993, pp. 5 – 22.

拥有更多的政治技能和知识，以及在社区团体中展示领导技能。四是整体生活的改变，例如对个人生活有更多的掌控，对自己和他人的决策有更大的影响力，更多地参与社区生活，以及拥有更多的赋能感。

三 技术赋能理论的主要观点

（一）技术赋能的四维价值取向

技术赋能的价值取向包含能力增长、包容多样性、多元合作和社区认同四个维度。首先，促进能力增长是技术赋能最根本的价值取向。例如：瑞典哥德堡大学教授伊芙琳·赫尔曼松（Evelyn Hermansson）等人认为"赋能"是提高人们应对需要和解决问题的能力[1]；加拿大西安大略大学教授杰恩·福克纳（Jayne Faulkner）等人认为"赋能"尽可能地发挥个人潜能[2]；关婷等人将"技术赋能创新"定义为"通过应用新兴信息技术，形成一种新的方法、路径或可能性，来激发和强化行动主体自身的能力实现既定目标的创新"[3]；芬兰坦佩雷大学教授马里特·莫基宁（Maarit Makinen）认为数字赋能利用数字化工具赋予特定人群生活技能和生存能力。[4] 可见，技术赋能就是通过技术赋予个人、组织和社区行动能力或激发其潜能的过程。"赋予能力或激发潜能"始终是技术赋能的核心价值和根本追求。其次，技术赋能强调包容性。技术赋能对弱势群体具有包容性，信息技术为低收入人群参与经济社会活动提供了渠道和便利，有利于促进机会公平和弱势群体能力提升，让贫困人群能够充分分享经济发展的成果，实现经济社会公平、共享与可持续发展。再次，技术赋能重视多元主体合作，强调以地方为主导的内外部资源的互动。技术赋能将"专家"看作社区的"参与者"和"合作者"，专业人员的技能、兴趣或计划不强加于社区，相反，

---

[1] E. Hermansson, L. Martensson, "Empowerment in the Midwifery Context—A Concept Analysis," *Midwifery*, Vol. 27, No. 6, 2011, pp. 811–816.

[2] J. Faulkner, H. Laschinger, "The Effects of Structural and Psychological Empowerment on Perceived Respect in a Cute Care Nurses," *Journal of Nursing Management*, Vol. 16, No. 2, 2008, pp. 214–221.

[3] 关婷、薛澜、赵静：《技术赋能的治理创新：基于中国环境领域的实践案例》，《中国行政管理》2019 年第 4 期。

[4] M. Makinen, "Digital Empowerment as a Process for Enhancing Citizens' Participation," *E-learning and Digital Media*, Vol. 3, No. 3, 2006, pp. 381–395.

专业人员成为社区的资源。最后，技术赋能强调社区认同。社区文化和居民需求是影响技术应用效果的重要因素。以技术为中心，缺乏社区支持，信息通信技术将不会产生任何影响，并将被视为自上而下的强制执行。因此，在项目实施之前，必须适当了解当地环境和文化对信息通信技术的需求。①

（二）技术赋能的条件：技术与环境匹配

技术赋能理论坚持"互构论"的立场，以情境为导向，强调技术与环境的契合。技术赋能不是技术单方面作用的结果，任何一项技术对于社会的作用是具体的，即技术作用于社会是有条件的。技术赋能的过程和效果受多种条件影响和制约，不能脱离社会系统而独立发展，且技术本身也会被社会形塑和改造。因此，技术和环境的相互作用是技术赋能的重要特征。技术为乡村赋能的效果，很大程度上取决于技术与社会系统的"耦合"程度，即社会为技术的应用提供了怎样的条件，以及技术自身的"嵌入性"。现象学家眼中充满了"相互牵引"的势场。那些表面看起来独立的对象，实际处在一个隐蔽的势场之中，唯有把握住这个势场，这个"预先被给定者"，才能理解这个对象（被给定者）的所是，正如敖德嘉·加塞特（Ortegay Gasset）说"我就是我加上我的环境"②。因此，技术被创造出来，就需要寻找恰当的应用场景，并不断与应用场景互动和调适，以适应特定的经济、政治、文化和自然环境。概而论之，技术与社会场景的匹配是技术赋能的条件。

（三）技术赋能的客体：个体、组织和社区

技术赋能的对象包含个体、组织和社区。美国密歇根大学公共卫生学院教授马克·A.齐默尔曼将赋能的结构划分为三个维度，即个体、组织和社区，并且分析了三者之间的关系。③ 个体层面的赋能以施加控制为中心，与他人共同实现目标，为获得资源而努力，能对社会政治环境进行批判性理解。组织层面的赋能指促进成员参与和提高组织效率从而实现组织目标的过

---

① R. Ramiirez "Appreciating the Contribution of Broadband ICT with Rural and Remote Communities: Stepping Stones Toward an Alternative Paradigm," *The Information Society*, Vol. 23, No. 2, 2007, pp. 85 – 94.

② 转引自吴国盛编《技术哲学经典读本》，上海交通大学出版社，2008，编者前言第 8 页。

③ Marc A. Zimmerman, "Psychological Empowerment: Issues and Illustrations," *American Journal of Community Psychology*, Vol. 23, No. 5, 1995, pp. 581 – 599.

程和结构。社区层面的赋能指通过采取集体行动来改善社区生活质量，以及社区与其他机构之间的联系。然而，组织和社区赋能并不是个体赋能的简单集合。每个层次的分析，虽然是单独描述的，但都与其他层次的分析有内在联系。个体、组织和社区赋能是相互依存、互为因果的。一个层次的分析要素在多大程度上得到赋能，直接关系到其他层次的赋能潜力。同样，一个分析层次的赋能过程有助于其他分析层次的赋能结果。被赋能的个体是发展负责任和参与性组织和社区的基础；很难想象一个被赋能的社区或组织中没有被赋能的个体。因此，必须对个体、组织和社区等不同维度的分析进行整合，才能全面了解赋能的过程和结果。

1. 个体赋能

个人层面的赋能可称为心理赋能。[①] 心理赋能的过程指通过参与决策或解决问题来发挥控制作用，包括参与社区组织或活动、参与工作现场管理团队或学习新技能。应用认知技能（例如决策）、管理资源或与他人合作实现共同目标等过程都可能具有增强心理能力的潜力。

心理赋能的结果表现出个人的掌控感，对环境的批判意识，以及施加控制所必需的行为。这些不同维度的心理赋能可以被识别为个人内部成分、互动成分和行为成分。[②] 个人内部成分是指对能力的感知控制或信念，以影响一个人的生活决定。研究文献从人格、认知和动机等不同维度度量感知控制。人格领域——控制焦点——指的是一个人对一生中成功和失败的原因的信念，包括对一个人行动和结果之间关系的普遍预期。[③] 认知领域——自我效能——指的是一个人对如何能够执行实现预期目标所需行为做出的判断。[④] 感知控制的动机指对环境的掌握满足了影响环境的内在需要。[⑤] 互动成分是

① M. A. Zimmerman, "Toward a Theory of Learned Hopefulness: A Structural Model Analysis of Participation and Empowerment," *Journal of Research in Personality*, Vol. 24, No. 1, 1990, pp. 71 – 86.

② M. A. Zimmerman, "Psychological Empowerment: Issues and Illustrations," *American Journal of Community Psychology*, Vol. 23, No. 5, 1995, pp. 581 – 599.

③ H. M. Lefcourt, *Locus of Control: Current Trends in Theory and Research*, Hillsdale, NJ: Erlbaum, 1976, pp. 31 – 40.

④ A. Bandura, "Self-efficacy: Towards a Unifying Theory of Behavior Change," *Psychological Review*, Vol. 84, No. 2, 1977, pp. 191 – 215.

⑤ R. de Charms, *Personal Causation: The Internal Determinants of Behavior*, New York: Academic Press, 1968, pp. 58 – 60.

指分析和理解一个人的社会和政治环境（即批判性意识）的能力。这种能力包括理解因果关系，即识别有权力的人、他们的资源、他们与相关问题的联系以及影响他们决策的因素。批判性意识还包括知道何时参与冲突和何时避免冲突，以及确定和培养实现预期目标所需资源的能力。行为成分包括参与集体行动、参与自愿或互助组织，或单独努力影响社会政治环境。

2. 组织赋能

组织赋能可为成员提供发展技能和控制感的机会。研究发现，具有共同责任、支持性氛围和社会活动的组织预计比等级组织更具权能。[1] 有研究指出，正式组织可能在增强成员权能方面发挥核心作用。[2] 美国马里兰大学教授肯尼斯·I. 马顿（Kenneth I. Maton）等调查了三个社区组织，描述了赋能组织的四个重要特征：（1）成长文化和社区建设；（2）成员承担有意义和多重角色的机会；（3）一个基于同伴的支持系统，帮助成员发展社会认同；（4）与成员和组织共同领导。[3] 然而，比利时鲁汶大学教授朱迪斯·格鲁伯（Judith Gruber）等认为，如果成员不真正分享决策权，增强组织结构的能力也可能会破坏赋能行为。[4] 有能力的组织是那些能够在竞争中成长，实现组织目标，并提高其有效性的组织。赋能组织可以将其影响力扩大到更广泛的地区和更多样化的受众，并有效地调动资金、设施和成员等资源。[5] 为有效地竞争有限的资源，可以与其他组织建立联盟，分享信息和资源，并建立一个强大的支持系统。具有参与性决策结构的组织可促进心理赋能，参与会带来更大的工作满意度和生产力。[6] 一个为成员提供参与决

① K. I. Maton & J. Rappaport, "Empowerment in a Religious Setting: A Multivariate Investigation," *Prevention in Human Services*, Vol. 3, Nos. 2 – 3, 1984, pp. 37 – 72.

② J. A. Conger & R. N. Kanungo, "The Empowerment Process: Integrating Theory and Practice," *Academy of Management Review*, Vol. 13, No. 3, 1988, pp. 471 – 482.

③ K. I. Maton & D. A. Salem, "Organizational Characteristics of Empowering Community Settings: A Multiple Case Study Approach," *American Journal of Community Psychology*, Vol. 23, No. 5, 1995, pp. 631 – 656.

④ J. Gruber & E. J. Trickett, "Can We Empower Others? The Paradox of Empowerment in the Governing of an Alternative Public School," *American Journal of Community Psychology*, Vol. 15, No. 3, 1987, pp. 353 – 371.

⑤ M. M. Ferree & F. D. Miller, "Mobilization and Meaning: Toward an Integration of Social Psychological and Resource Perspectiveson Social Movements," *Sociological Inquiry*, Vol. 55, No. 1, 1985, pp. 38 – 61.

⑥ K. I. Miller & P. R. Monge, "Participation, Satisfaction, and Productivity: A Meta-Analytic Review," *The Academy of Management Journal*, Vol. 29, No. 4, 1986, pp. 727 – 753.

策机会的组织可被视为赋能组织。社会环境也可能是决定社区组织赋能潜力的因素。

3. 社区赋能

被赋能的社区是发起改善社区、应对生活质量威胁和为公民参与提供机会的社区。美国得克萨斯大学教授艾拉·伊斯科（Ira Iscoe）将公民有技能、愿望和资源改善社区生活的社区称为称职的社区。① 科特雷尔（Cottrell）描述了一个有能力的社区，在多大程度上，社区中相互依存的组成部分共同努力，以有效确定社区需求，制定解决需求的战略，并采取行动满足这些需求。② 加州大学伯克利分校教授梅瑞迪斯·明克勒（Meredith Minkler）认为，共同领导对于发展赋能社区至关重要。③ 社区组织和机构之间的结构和关系也有助于确定社区获得赋能的程度。一个被赋能的社区由具有良好联结的组织（即联盟）组成，它还为公民参与社区预防犯罪、规划委员会和保健等活动提供了环境。这需要不同类型的志愿组织、社区所有成员都能获得资源以及平等的参与机会。

被赋能的社区还包括向所有社区居民提供无障碍资源，包括娱乐设施（如公园、运动场）、保护服务（如警察、消防）、保健（如紧急医疗服务）和一般服务（如媒体、卫生）。社区的赋能进程还包括一个开放的政府系统，该系统认真对待公民的态度和关切，包括强有力的领导、寻求社区成员的建议和帮助。赋能社区强调组织联盟、公民参与和多元领导的重要性。社区网络分析是描述赋能社区的一种有用方法。美国亚利桑那大学教授约瑟夫·戈拉斯克维奇（Joseph Galaskiewicz）研究了社区中的组织网络，并确定了货币、信息和支持性网络。④ 货币网络分布在私营和公共部门。信息网络包括电视台和广播电台、报纸、学院以及商会和联合方等组织。支持

---

① I. Iscoe, "Community Psychology and the Competent Community," *American Psychologist*, Vol. 29, No. 8, 1974, pp. 607 - 613.

② L. S. Cottrell, "The Competent Community," in R. L. Warren & L. Lyon, eds., *New Perspectives on the American Community*, Homewood: Dorsey Press, 1983, pp. 398 - 432.

③ M. Minkler, "Improving Health through Community Organization," in K. Glanz, F. M. Lewis, B. K. Rimer, eds., *Health Behavior and Health Education: Theory, Research, and Practice*, San Francisco: Jossey-Bass, 1997, pp. 257 - 287.

④ J. Galaskiewicz, *Exchange Networks and Community Politics*, CA: Sage Publications, 1979, p. 205.

性网络包括医院和社会服务机构。

总之，个体赋能包括个人的控制感（个人内部成分）、参与决策（行为成分）以及对因果关系（相互作用成分）的理解；组织赋能是指在服务提供和政策过程中，为个人提供发挥控制和组织有效性的机会；社区赋能指的是组织和个人互动的背景，确保社区解决当地的需求和关切。表 2 - 3 概述了个体、组织和社区不同维度的赋能过程和赋能结果。

表 2 - 3　不同维度的赋能过程和结果比较

分析层次	过程（empowering）	结果（empowered）
个体	学习决策技能	控制感
	管理资源	批判性意识
	与他人合作	参与行为
组织	参与决策的机会	有效竞争资源
	分担责任	与其他组织建立联系
	共同领导	政策影响
社区	获得资源	组织联盟
	开放的政府结构	多元化领导
	包容多样性	居民参与技能

资料来源：Marc A. Zimmerman，"Psychological Empowerment：Issues and Illustrations，" *American Journal of Community Psychology*，Vol. 23，No. 5，1995，pp. 581 - 599。

第三章　乡村技术赋能的条件：
技术下乡

　　技术下乡是实现乡村技术赋能的首要条件。技术下乡就是要让技术从城市向乡村转移，并通过技术与乡村的互动实现技术与乡村场景的匹配。城乡之间的技术鸿沟和发展能力差异是技术下乡的动力来源，乡村振兴战略落地需要技术支持是技术下乡的理论依据。东沿市淘元镇是信息技术重构乡村社会的典型个案，贯穿本研究始末。淘元镇技术下乡经历了一个技术寻找场景、适应场景和改造场景的过程。在这一过程中，技术实现了与乡村场景的匹配，并促进乡村"基因-细胞-结构"的深层变革。

第一节　"技术下乡"的客观依据

一　城乡间技术鸿沟与发展能力差异

（一）城乡之间的技术鸿沟

　　当今社会，技术发展速度正在呈指数级增长。从历史来看，农业革命用了上千年的时间来完成其对社会的全面影响，工业革命也经历了几个世纪，但是数字革命仅仅用了几十年。信息技术和生物技术的快速发展，将为人类社会带来革命性变革。正如芯片行业驱动数字技术发展的"摩尔定律"一样，生物技术巨大潜力的背后是 DNA（脱氧核糖核酸）测序能力的超指数增长。《经济学人》把这种效率的飙升称为"卡尔森曲线"。① 雷·库兹韦尔（Roy Kurzweil）提出了更一般意义上的"加速回归定律"（The

---

　　① 〔美〕梅琳达·盖茨、〔美〕丹尼尔·富兰克林：《超级技术：改变未来社会和商业的技术趋势》，黄强译，中信出版集团，2017，序。

Law of Accelerated Return）。该定律描述了技术进化节奏的加快，以及技术进化过程中产物的指数增长。这些产物包括秩序、回报（速度、效率、功耗和进程的综合力量）以及指数增长率。[①]

然而，在当今的"技术性社会"中，城市是技术的"集大成者"。无论是从城市建设、房屋建筑、基础交通、通信设施，还是从"城里人"的衣食住行，到城市管理、社区管理的技术含量来看，城市的技术水平都远远高于乡村。换言之，技术是城市发展最有力的推进器，而反观乡村，其技术水平落后于城市。从历史发展的逻辑来看，技术的应用产生了城市与乡村的分离，城市与乡村在整个社会系统中承担着不同的功能与作用。尽管在西方发达国家中，乡村在数量与地域上明显不占优势，但乡村与城市的技术分野是不呈"代际差异"的。从中国改革开放以来的社会现代化来看，城市的现代化与技术化处于高速发展的状态，而乡村在这一轮社会现代化中明显落后；乡村与城市的技术分野明显具有"代差"，这一城乡间"技术代差"，从拥有的生产生活基础设施的"技术含量"可见一斑，即乡村农民拥有的生产生活基础设施数量还是较少的（见表3-1）。

在现代技术促进城市经济发展、产业升级、空间优化、环境优美与生活便利的同时，乡村社会却并没有充分享受到这一轮"技术革命"的红利。从表3-1可知，乡村被现代技术"遗忘"，主要表现在以下几个方面。第一，农业生产工具即"农机具"的占有率低，农业现代化水平不高。第三次全国农业普查数据显示：在农田灌溉方面，全国仅有16.2%的灌溉耕地面积采用喷灌、滴灌和渗灌设施。[②] 在农用机械方面，除拖拉机占有率稍高之外，其他常用机械均在每百户3台及以下。第二，农村基础设施的技术含量严重不足，基本公共服务设施不健全。当今，绝大多数乡村存在交通系统不发达、物流系统不完备、医疗和教育资源低质、文化服务匮乏、卫生条件落后等问题。第三，农民生活设施的技术含量也比较低，现代生活方式还远没有形成。从表3-1可见，淋浴热水器、有线电视接收、空调等设

---

① 〔美〕雷·库兹韦尔：《奇点临近》，李庆诚、董振华、田源译，机械工业出版社，2011，第19～23页。

② 《第三次全国农业普查主要数据公报（第二号）》，国家统计局网站，2017年12月15日，http：//www.stats.gov.cn/sj/tjgb/nypcgb/qgnypcgb/202302/t20230206_1902102.html，最后访问日期：2023年10月6日。

备占有量每百户刚过半数，小汽车、电脑等的占有量每百户尚不足 1/3。

表 3 - 1　2017 年农民生产生活设施情况

指标	数量	指标	数量
交通系统		**文化教育**	
有火车站的乡镇（%）	8.6	有影剧院的乡镇（%）	11.9
有码头的乡镇（%）	7.7	有体育馆的乡镇（%）	16.6
有高速公路出入口的乡镇（%）	21.5	有幼儿园的村（%）	32.3
能源物流		**医疗和社会福利**	
通天然气的村（%）	11.9	有敬老院的乡镇（%）	56.4
有电子商务配送点的村（%）	25.1	有卫生室的村（%）	81.9
环境卫生		**房屋结构**	
生活污水（部分）集中处理的村（%）	17.4	钢筋混凝土的户（%）	12.5
使用水冲式卫生厕所的户（%）	36.2	竹草土坯的户（%）	2.8
主要耐用品		**农用机械**	
小汽车（辆/百户）	24.8	拖拉机（台/百户）	13.0
淋浴热水器（台/百户）	57.2	耕整机（台/百户）	2.5
有线电视接收占比（台/百户）	57.3	联合收割机（台/百户）	0.5
空调（台/百户）	52.8	播种机（台/百户）	3.1
电脑（台/百户）	32.2	水稻插秧机（台/百户）	0.3

资料来源：《第三次全国农业普查主要数据公报》，第一号至第四号文件，国家统计局网站，http://www.stats.gov.cn/search/s？qt＝第三次全国农业普查主要数据公报，最后访问日期：2023 年 9 月 17 日。

　　值得一提的是，在乡村现代化发展中占主导地位的农业生产，其技术含量也严重不足，现代农业生产方式还远没有成型，这主要表现为以下几点。一是农业生产者结构失当，素质偏低。数据显示，91.7% 的农业从业者为高中以下学历，且 80.9% 的农业从业人员年龄在 36 岁以上[①]，他们对新技术的学习和接受能力较弱，这在一定程度上制约了现代农业技术的推广与应用。二是农业技术工作队伍不强，农技推广不力。数据显示，农技人员占农业人

[①] 《第三次全国农业普查主要数据公报（第五号）》，国家统计局网站，2017 年 12 月 16 日，http://www.stats.gov.cn/sj/tjgb/nypcgb/qgnypcgb/202302/t20230206_1902105.html，最后访问日期：2023 年 10 月 6 日。

口的比重仅为 0.2%，中高级农技人员占比仅为 0.06%。[①] 截至 2016 年底，全国采用温室和大棚技术的农业占比仅为 0.97%。[②]

（二）城乡之间的发展能力差异

由于历史和现实的原因，城乡之间存在巨大的能力差异，这些能力差异直接导致了城乡差距。识别并缩小这些能力差异，是实现城乡一体化和乡村振兴的关键。现有的关于"城乡能力"的研究主要集中在经济发展能力[③]、公共服务能力[④]、治理能力[⑤]和人的知识能力[⑥]四个方面。本书借鉴现有研究的分析维度，从以上四个方面论述城乡能力差异。

1. 经济发展能力差异

刘易斯（Lewis）最早提出"二元经济结构"理论[⑦]，"二元经济结构"是指发展中国家发达的现代工业和落后的传统农业并存的经济结构。中国是城乡"二元经济结构"典型的国家，表现为以社会化生产为主的城市经济和以小农生产为主的农村经济并存。城乡经济发展能力差异体现在以下几个方面。第一，从第一、第二产业的增加值来看，2018 年第一产业增加值为 64734 亿元，占国内生产总值的比重为 7.2%，第二产业增加值为 366001 亿元，占比为 40.7%。由于第一产业主要集中在农村，第二产业主要集中在城市，因此第一、第二产业的增加值可以粗略地反映城乡经济的发展能力。第二，从城乡收入差距来看，2018 年城镇居民人均可支配收入为 39251 元，农村居民人均可支配收入为 14617 元，城乡收入差距依然显

① 《第二次全国农业普查主要数据公报（第二号）》，国家统计局网站，2008 年 2 月 22 日，http://www. stats. gov. cn/sj/tjgb/nypcgb/qgnypcgb/202302/t20230206_1902096. html，最后访问日期：2023 年 10 月 6 日。

② 《第三次全国农业普查主要数据公报（第二号）》，国家统计局网站，2017 年 12 月 15 日，http://www. stats. gov. cn/sj/tjgb/nypcgb/qgnypcgb/202302/t20230206_1902102. html，最后访问日期：2023 年 10 月 6 日。

③ 彭兵：《通向城乡衔接的乡村社区能力建设——自加拿大新乡村建设运动生发》，《社会科学辑刊》2010 年第 4 期。

④ 李葆萍：《我国城乡中小学教师教育技术能力差异及原因分析》，《现代教育技术》2012 年第 4 期。

⑤ 孙施文：《重视城乡规划作用，提升城乡治理能力建设》，《城市规划》2015 年第 1 期。

⑥ 曹丹丹、罗生全、杨晓萍等：《基于互联网运用的城乡青少年认知能力发展》，《中国电化教育》2018 年第 11 期。

⑦ W. Arthur Lewis, "Economic Development with Unlimited Supplies of Labour," *The Manchester School*, Vol. 22, No. 2, 1954, pp. 139 – 191.

著。第三，从城乡消费水平来看，2018 年城镇居民人均消费支出为 26112 元，农村居民人均消费支出为 12124 元，城乡消费差距明显。第四，从城乡就业岗位来看，2018 年末全国就业人员为 77586 万人，其中城镇就业人员为 43419 万人。① 可见，城乡在创造经济财富、提高收入、增加消费和创造就业等方面都存在巨大的能力差异。

2. 公共服务能力差异

首先，在城乡基础教育方面（见表 3 - 2），无论是办学条件还是师资队伍，乡村基础教育资源整体上仍劣于城市。在非义务教育阶段（学前教育和高中），乡村在办学条件和师资队伍的各项指标上都劣于城市。在义务教育阶段，农村在教学仪器设备、实验设备和生均图书数拥有量方面已经和城市很接近，甚至在生均图书数指标上超过城市，但在生均计算机配置方面，乡村仍然明显劣于城市。在师资队伍方面，尽管乡村的师生比优于城市，但是城市专任教师的学历和职称明显优于乡村。这充分说明，虽然乡村在义务教育阶段的基础配备上取得了长足进展，但在生均计算机配置和专任教师学历、职称这些关键变量上都处于劣势，且乡村在非义务教育方面全面落后。

表 3 - 2　2017 年基础教育资源城乡差异

指标		学前教育		小学		初中		高中	
		城市	乡村	城市	乡村	城市	乡村	城市	乡村
办学条件	生均教学仪器设备（台/人）	/	/	0.17	0.12	0.30	0.20	0.49	0.27
	生均实验设备（台/人）	/	/	0.03	0.03	0.07	0.07	0.14	0.10
	生均计算机配置（台/人）	/	/	0.13	0.12	19.20	16.93	0.27	0.17
	生均图书数（本/人）	9.43	6.84	22.51	22.76	34.04	36.51	43.57	34.57
师资队伍	师生比（专任教师）	1:13.53	1:19.95	1:21.67	1:18.00	1:12.83	1:12.35	1:12.7	1:14.07
	专任教师高学历占比（本科及以上）（%）	27.44	18.53	83.07	52.83	91.42	81.06	98.75	97.55
	专任教师高职称占比（高级）（%）	8.83	8.34	59.99	54.93	22.26	17.29	30.68	24.65

资料来源：中华人民共和国教育发展规划司编《中国教育统计年鉴（2017）》，中国统计出版社，2018。

---

① 《2018 年国民经济和社会发展统计公报》，国家统计局网站，2019 年 2 月 28 日，http://www.stats.gov.cn/tjsj/zxfb/201902/t20190228_1651265.html，最后访问日期：2020 年 1 月 28 日。

其次，在城乡医疗资源分布方面（见表 3 - 3），无论是医疗卫生机构床位数、卫生技术人员数、执业医师数，还是注册护士数，城市都是乡村的 2 倍以上，在人均年医疗保健支出方面，城市是乡村的近 2 倍。城乡医疗资源分布明显不均衡。

表 3 - 3　2016 年城乡医疗资源分布差异

	千人床位数（张/千人）	千人卫生技术人员数（人/千人）	千人执业医师数（人/千人）	千人注册护士数（人/千人）	人均年医疗保健支出［元／（人·年）］
城市	8.41	9.70	3.54	4.30	1305.60
乡村	3.91	3.77	1.51	1.31	753.90
城乡比	2.15：1	2.57：1	2.34：1	3.28：1	1.73：1

资料来源：中华人民共和国国家统计局编《中国统计年鉴（2017）》，中国统计出版社，2017。

再次，在乡村基础设施方面（见表 3 - 4），拥有火车站、码头的乡镇均不足 10%，拥有高速公路出入口的乡镇仅有 21.5%，有电子商务配送点的村刚刚达到 25.1%。可见，乡村在与外界连通的交通和物流系统方面仍然十分薄弱。仅有 36.2% 的农户家中有水冲式卫生厕所，还有 26.1% 的村没有实现生活垃圾集中处理，仅有 17.4% 的村实现了生活污水集中处理，仅有 12.5% 的农户住在钢筋混凝土的房子里，还有 2.8% 的农户住在竹草土坯的房子里。在互联网连接方面，截至 2019 年 6 月，我国城镇网民规模为 6.30 亿人，占网民总体的 73.7%，我国农村网民规模为 2.25 亿人，占网民总体的 26.3%，城镇网民数量是农村的 2.8 倍。[1] 截至 2018 年 12 月我国城镇地区互联网普及率为 74.6%，农村地区为 38.4%[2]，城镇互联网普及率远远高于农村。可见，无论是在物理连接还是数字连接方面，乡村都远远落后于城市。这就造成了一个悖论，即乡村最需要提升连接能力去弥补其偏远地理位置劣势，但乡村却是连接能力最弱的地区。因为低投资回报率阻

---

[1] 《第 44 次中国互联网络发展状况统计报告》，中国互联网络信息中心网站，2019 年 8 月 30 日，http://www.cac.gov.cn/2019 - 08/30/c_1124938750.htm，最后访问日期：2020 年 1 月 28 日。

[2] 《第 43 次中国互联网络发展状况统计报告》，中国互联网络信息中心网站，2019 年 2 月 28 日，https://www.cnnic.net.cn/hlwfzyj/hlwxzbg/hlwtjbg/201902/t20190228_70645.htm，最后访问日期：2020 年 1 月 28 日。

止市场在乡村投资新技术。为了获得和城市居民相同的服务，农民需要支付更高的费用。乡村与城市在连接能力方面的巨大差距，使得村民与最新的知识、资源、信息和机会之间横亘着难以跨越的"时空距离"，导致他们难以与市场、客户、专业网络以及同行保持密切联系，从而在信息参与、自我推广、营销以及远程协作方面出现困难，很大程度上导致了乡村的落后。

表 3 - 4 2017 年乡村基础设施建设情况

指标	交通系统			能源物流		环境卫生			房屋结构	
	有火车站的乡镇	有码头的乡镇	有高速公路出入口的乡镇	有电子商务配送点的村	通天然气的村	水冲式卫生厕所的户	生活垃圾（部分）集中处理的村	生活污水（部分）集中处理的村	钢筋混凝土的户	竹草土坯的户
全国占比（％）	8.6	7.7	21.5	25.1	11.9	36.2	73.9	17.4	12.5	2.8

资料来源：《第三次全国农业普查主要数据公报》第一号和第四号文件，国家统计局网站，http：∥www.stats.gov.cn/search/s？qt＝第三次全国农业普查主要数据公报，最后访问日期：2023 年 9 月 17 日。

最后，在城乡生活设施方面（见表 3 - 5），在家用汽车、微波炉、空调、排油烟机、计算机、照相机等进一步提升居民生活品质的耐用品方面，城乡之间还存在明显差距。比如，每百户城市居民拥有的计算机是农村居民拥有量的 2.9 倍，空调是 2.6 倍，相机甚至高达 8.4 倍。生活耐用品只是一个缩影，从中可以窥见现代技术给城乡居民的生产生活带来的差距仍然是巨大的。

表 3 - 5 2016 年城乡居民每百户生活耐用品拥有量

指标	家用汽车（辆）	洗衣机（台）	电冰箱（台）	微波炉（台）	彩色电视机（台）	空调（台）	热水器（台）	排油烟机（台）	移动电话（部）	计算机（台）	照相机（台）
城市	35.5	94.2	96.4	55.3	122.3	123.7	88.7	71.5	231.4	80	28.5
农村	17.4	84	89.5	16.1	118.8	47.6	59.7	18.4	240.7	27.9	3.4
城乡比	2.0∶1	1.1∶1	1.1∶1	3.4∶1	1.0∶1	2.6∶1	1.5∶1	3.9∶1	1.0∶1	2.9∶1	8.4∶1

资料来源：中华人民共和国国家统计局编《中国统计年鉴（2017）》，2017 年 9 月 1 日，http：∥www.stats.gov.cn/sj/ndsj/2017/indexch.htm，最后访问日期：2023 年 8 月 9 日。

3. 治理能力差异

新一代信息技术的发展推动了智慧城市的建设，极大地提升了城市的治理水平。而农村却在市场经济冲击和人口流动的双重夹击中变得越来越"原子化"，难以提升乡村治理能力。一方面，在市场经济浪潮的冲击下，村民更关心物质利益，很少关心村集体的发展情况，也较少参与到村公共事务中去，与村庄的心理联结逐步弱化。另一方面，在社会关系和情感方面，受理性计算和人口流动等因素的影响，村民之间的社会联结变得脆弱，昔日的"情感共同体"难以维系，这也加剧了乡村治理能力的弱化。

4. 人的知识能力差异

城乡居民知识能力的差异也构成了城乡能力差异的重要方面。首先，农民的学历层次普遍较低，表现为初中及以下农业生产经营人员受教育程度占比高达 91.8%。[1] 其次，城市高学历层次人口数量远超乡村。国家教育科学"十五"规划课题研究表明：城市高中、中专、大专、本科、研究生学历人口的比例分别是农村的 3.5 倍、16.5 倍、55.5 倍、281.55 倍、323倍[2]，且这一比例还在不断提高，这充分说明了城乡人才结构的差距。再次，从农村人口结构的变化来看，2016 年中国流动人口数量达到了 2.45 亿人。[3] 在流动人口中，农村青壮年占绝大多数，这使得农村的人口结构以儿童和老人为主，进一步导致农村整体知识能力水平的低下。最后，从城乡非网民数量及其成因来看，2018 年，我国非网民规模为 5.62 亿人，农村非网民占绝大多数，占比高达 63.2%，使用技能缺乏和文化程度较低是限制非网民上网的主要原因，占比高达 87.4%，这说明文化水平阻碍了农民获取新知识和新技能，进一步制约他们知识能力的提升。未来，"数字鸿沟"将不再是网络接入、信息技术缺乏等"硬"鸿沟，而是网络行为、信息使用、知识获取等"软"鸿沟。因此，无论是学历层次、人才结构、人口结构还是对新事物的接受能力，农村都远远落后于城市，这将严重制约乡村发展。

---

① 《第三次全国农业普查主要数据公报（第五号）》，国家统计局网站，2017 年 12 月 16 日，http://www.stats.gov.cn/sj/tjgb/nypcgb/qgnypcgb/202302/t20230206_1902105.html，最后访问日期：2023 年 10 月 6 日。

② 《张平：城乡教育不公是最大最深的不公平》，财新网，2011 年 3 月 10 日，http://china.caixin.com/2011-03-10/100234932.html，最后访问日期：2020 年 2 月 1 日。

③ 肖子华主编《流动人口社会融合蓝皮书：中国城市流动人口社会融合评估报告 No.1》，社会科学文献出版社，2018，第 6 页。

（三）技术在提升乡村发展能力中的作用

1. 技术可以促进乡村经济发展

首先，现代科技促进传统农业升级，促进农业生产效率的提升。在现代科技的加持下，我国农业现代化突飞猛进。机械化使农业大规模生产成为可能，粮食作物耕种收综合机械化率超过 80%，农民不断减少农药、化肥使用量，并且利用无人机喷施农药，利用手机了解技术和市场信息，控制农田管理[①]，粮食产量连续 5 年稳定在 1.3 万亿斤以上。可见，现代科技极大地提高了农业生产效率。

其次，科技与文化的交融，促进创意农业的发展。现代技术与传统产业的联合，带来了创意农业的发展，收获了产业融合的经济乘数效益。2017 年上半年，江东省增加了约 600 个创意农业示范园区和农家乐，举办了 200 多场农事节庆和休闲农业推广活动，江东省接待了 7000 万人次游客，营收额达到 250 亿元以上，给农业农村发展带来了新动力和新的增长点。截至 2017 年底，江东省规模在 1000 亩以上的创意农业园区（含农家乐）超过 8600 个，每年有 1.44 亿人次游客前来观光，每年仅创意农业（含农家乐）一项营收额就达到 430 亿元以上；全省创意农业从业人员达 61.42 万人，其中农民 51.1 万人。[②]

再次，农村电子商务促进产业发展。近年来淘宝村的崛起，更是科技助力乡村发展的明证。电子商务的数字化平台拓宽了市场边界，支持大规模草根创业，创造了大量就业机会，淘宝村成为乡村振兴先行者。第一，农村电子商务的发展极大地提高了农民收入。全国淘宝村镇网店年销售额合计超过 7000 亿元。[③]《中国淘宝村研究报告（2009～2019）》显示，2018 年我国农村网络零售额为 1.37 万亿元。江东省文博县 2018 年共有 3.37 万名网商，4.62 万家网店，创造 286 亿元的网络零售额，淘元镇农民人均纯收入由 10 年前的 2000 多元增长到 2018 年的 23318 元。第二，在创业就业上，2018 年，全国活跃网店数达到 244 万家，带动就业机会超过 683 万个，

---

① 操秀英、韩长赋：《农业科技进步贡献率达到 58.3%》，搜狐网，2019 年 9 月 27 日，http://www.sohu.com/a/343873485_612623，最后访问日期：2020 年 2 月 8 日。

② 刘祖云等：《江苏新农村发展报告 2017》，中国农业出版社，2018，第 154 页。

③ 阿里研究院：《中国淘宝村研究报告（2009～2019）》，2019，第 21 页。

仅文博县电商就创造了近 20 万个工作岗位。第三，在产业发展上，淘宝村集群化的发展极大地促进了企业发展和产业升级。在超大型淘宝村集群中，电商每年能够创造数十亿元甚至上百亿元的销售额。截至 2018 年底，江东省文博县培育了 168 家纳税电商家具企业，近 200 家电商家具企业通过了 ISO9001 质量管理体系认证，获得近 1000 件电商专利授权，共有 4339 个注册商标，其中 13 件为市级以上著名、知名商标。第四，淘宝村持续助力减贫脱贫。2019 年，国家级贫困县淘宝村年交易额接近 20 亿元。2017 年菏泽全市电商受益贫困群众 2.5 万人，菏泽 43 个贫困村成为淘宝村，整村脱贫。① 在文博县，农民超过 50% 的人均收入增量来自电商。② 淘宝村的裂变式扩散、集群化发展，促进当地产业发展、企业转型、农民增收、人才返乡，其多样化的经济社会价值日益显著。

最后，直播平台助力农产品上行。随着抖音、快手等短视频平台的火爆，通过短视频销售农产品变得流行起来，农产品直播成为科技赋能"三农"的绝佳体现。直播能带给消费者真实、直观、新鲜的体验，吸引消费者购买，因此，很多农民开始直播卖农产品。相比于电商，直播操作简单，一键下单，加上我国发达的物流系统，使得买卖双方很容易达成交易。第一，视频直播有利于打开农产品销路，帮助农民增收致富。通过直播，大量新鲜的蔬菜、水果、海鲜不断刷新交易量。在云南，某淘宝主播一场直播就销售了 3000 万元的农产品。阿里巴巴打造的丰收节，3 小时直播销售了 2640 万元的农产品。截至 2019 年 9 月 23 日，阿里巴巴助力 8 亿件农货上行，举办 37 万场丰收节直播。第二，视频直播有利于监督农产品生产过程，倒逼农民科学种植、精细管理，提升农作物品质。为了提高农产品质量，一些直播平台和地方政府合作，通过开通政务号，让种植户用短视频记录农产品的真实生产过程，政府和企业发布相关视频展示农产品的生产、销售全产业链。视频直播既为产品做了广告，又监督了产品生产。城市消费者通过观看农产品的生产、种植过程，在体验田园生活乐趣的同时，又对乡村人物产生兴趣，从而产生基于信任的消费行为，可见，直播、短视

---

① 阿里研究院：《中国淘宝村研究报告（2018）》，2018 年 11 月 12 日，http：//www. 100ec. cn/detail － 6479912. html，最后访问日期：2020 年 2 月 10 日。
② 阿里研究院：《中国淘宝村研究报告（2018）》，2018 年 11 月 12 日，http：//www. 100ec. cn/detail － 6479912. html，最后访问日期：2020 年 2 月 10 日。

频等平台已经深刻地改变了消费场景和消费模式。第三，视频直播还成为扶贫的新工具。2019 年以来，快手平台已经为 500 万贫困县区人口赋能，使他们通过直播增加了收入，且最先开展网络直播的数十位带头人的产值已经突破千万元。可见，互联网技术正在重塑"三农"。正如阿里巴巴集团副总裁方建生所言："手机变成了新农具，直播变成了新农活，数据变成了新农资。"①

2. 技术可以改善乡村公共服务

首先，乡村网络基础设施、交通设施和物流系统等现代技术的发展，可以直接提升乡村与外界的连接能力，方便农村与外界进行物质、信息、知识等方面的交换，极大地改善农民的生产生活状态。早在 1962 年，加拿大多伦多大学教授马歇尔·麦克卢汉就指出科技将以"地球村"的形式，使人类和经济更加紧密地联系在一起。② 技术增强乡村的连接能力，预示着"距离的死亡"。技术可以消除时空限制："新的通信系统从根本上改变了人类生活的基本维度——空间和时间。地方从其文化、历史、地理意义中脱离出来，重新融入功能网络。"③ 技术革命导致了"世界的缩小"和"时空压缩"④，打破了人员、商品、资本和文化流动的传统时空，带来了新的工作形式和新的虚拟地理环境，形成了不依赖于物理空间的新的交流社区，使农民有可能进入更远的劳动力市场。⑤ 技术还可以促进创意经济的发展。互联网对文化产品的巨大需求，导致了创造性经济的增长。宽带连接成为农村创意从业者业务增长和可持续的关键。总的来说，宽带缩短了时空，减少了"距离的惩罚"，对于社会连接、自我推广和营销方式至关重要。宽

① 《手机变成了新农具，数据变成了新农资 网红带货，直播为啥成了"新农活"》，企查查，2019 年 9 月 25 日，https://news.qichacha.com/postnews_375f4267f45bbf71e66b73ba2bfe1bed.html，最后访问日期：2020 年 2 月 10 日。

② Kate Oakley, "Not So Cool Britannia: The Role of the Creative Industries in Economic Development," *International Journal of Cultural Studies*, Vol. 7, No. 1, 2004, pp. 67–77.

③ M. Castells, *The Rise of the Network Society*, *The Information Age: Economy, Society and Culture*, *Vol. I*, Oxford: Blackwell, 1998, p. 357.

④ J. Agnew, "The New Global Economy: Time-Space Compression, Geopolitics, and Global Uneven Development," *Journal of World-Systems Research*, Vol. 7, No. 2, 2001, pp. 133–154.

⑤ S. Muhammad, H. F. L. Ottens, D. Ettema, and T. de Jong, "Telecommuting and Residential Locational Preferences: A Case Study of the Netherlands," *Journal of Housing & the Built Environment*, Vol. 22, No. 4, 2007, pp. 339–358.

带连接不仅提供对知识和资源的访问，而且使乡村创意实践者与远程合作伙伴和同行保持联系和协作。[①]　其次，通过普及污水处理、垃圾处理和厕所改建等技术，可以极大地改善农村的环境质量，提升农民的生活品质和满意度。最后，通过在教育和医疗中引入信息技术，不仅可以改变乡村教育和医疗在硬件设施方面的落后状态，还可以通过远程教育、远程医疗等方式弥补乡村在师资和医疗资源方面的不足，提升乡村的教育质量和医疗水平，解决农民在教育和医疗方面的"老大难"问题，切实提升乡村的公共服务能力。在新冠疫情出现初期，由于疫情严重，病毒的传染性高，全国各级各类学校（高校、中小学、中职学校、幼儿园、托育机构）延迟开学。其间，各级教育行政部门和各级各类学校充分发挥在线教育平台和网络媒体作用，为学生提供辅导、答疑等线上教育教学活动，实现停课不停学。通过在线教育，无论是城市还是农村的学生，都能够共享优质课程。疫情给我们带来了深重的灾难，而在疫情防控期间得到快速发展的网络课程和远程医疗，也许会在疫情结束之后给教育、医疗等领域带来大的变革，为农村享受更加优质的教育和医疗资源带来机遇，从而将城乡"数字鸿沟"转化为"数字红利"。

3. 技术可以提升乡村治理能力

腾讯的"为村"平台是数字技术提升乡村治理能力的典型。"为村"平台以"互联网＋乡村"的模式，为乡村连接情感、信息和财富。通过"为村三式"——移动互联网工具包、资源平台、社区营造工作坊，引导乡村基层管理者和乡村党建领导者跨越数字鸿沟。截至 2019 年 9 月 29 日，14228 个村庄加入"为村"平台，251 万名村民和 15.7 万名党员在线[②]，实现了党务、村务、事务、商务等社区关联的"上下交互"，创造了各类行动主体真实或虚拟的"共同在场"。

第一，通过网络公共空间再造社区，促进共同行动。信息技术为重构村民间的连接，制造共同在场提供了技术支持。"微信群"、"公众号"、App 等技术手段将分散在不同地域的村民聚合到网络公共空间，重构社会连

---

①　L. Townsend, C. Wallace, G. Fairhurst, A. Anderson, "Broadband and the Creative Industries in Rural Scotland," *Journal of Rural Studies*, Vol. 54, 2017, pp. 451 – 458.

②　郭芳：《"为村"十年：乡村振兴的数字化实验和变革》，《中国经济周刊》2019 年第 19 期。

接，实现"网络共在"。村民在网络公共空间中就共同关心的话题进行讨论和互动，达成"舆论共识"，并通过网络整合村庄内外资源，开展"共同行动"。例如，贵阳市黎平县铜关村通过微信公众号公开村级财务，完成村寨通知下发、投票调查、活动召集等工作，提高了乡村治理效率。可见，网络为分散的村民提供了参与村务的有效平台，降低了村民参与成本，提高了集体行动效率，并在这一过程中重塑了乡村规范，重铸乡村精神。

第二，通过数字社区建设提升村民的参与意愿和能力，建构乡村内生秩序。信息技术所构建的公开透明、互联互通的交流环境，激发了村民平等、参与、权益等现代意识，而信息化、网络化的生产和交往手段，为村民实现其意志、利益和价值提供了有效途径和可靠手段。公民意识和能力的提升，成为基层民主政治发展极其重要的内在推力。[①] 此外，由信息技术构建的数字社区使身处不同时空的村民也可以参与村务，开展公共生活，采取共同行动。因此数字社区成为村民表达内生话语的重要场域，强化了村民的社会关联，建构了村庄内生秩序，逐步实现村民"自我管理、自我教育、自我服务"。例如，甘肃省陇南市康县城关镇冯村通过微信群"冯家大院"开展关于"村庄发展问题大讨论"，提升了村民参与社区治理的权利和能力。微信群让在外打工的冯村人聚合到网络空间中，密切了村庄与村民之间的联系。冯村人通过"冯家大院"微信群学习"心灵鸡汤"文章，改变了传统乡村社会中仅由精英阶层制定村规民约的惯例。微信群里还经常开展一些"批判运动"，涉及村庄的公共卫生、孝顺父母等多种话题，成为纠正村民思想的公共空间。冯村通过"冯家大院"微信群多次组织公益行动，成为开展公共行动的重要空间。基于微信群的媒介行动整合了村庄内外部资源，促进了村庄协作。

第三，通过社区情感认同，增强乡村的内聚力。"淘宝村"的发展创造了更多的就业机会，促进农民返乡，实现家庭团聚，重新建立起"在家"的感觉和归属感。他们在乡村中重新找到了发展的机会，在由工薪层转变为管理者的过程中，获得了充分的认可和荣耀。重新出现的完整的家庭单位和重新点燃的家庭情感、自尊、自由感和成就感，共同重塑了他们对乡村的情感认同。例如，赵圩村、军埔村、大集村等淘宝村的发展使村民有

---

① 梁润冰：《电子信息方式下的乡村治理》，《深圳大学学报》（人文社会科学版）2008 年第 3 期。

尊严地返乡创业，实现了从"农民工"到"乡村精英"的蜕变，养老、教育以及社会伦理等问题迎刃而解。

4. 技术可以丰富村民的知识和思想

第一，技术拓宽了农民获取信息的渠道，提升农民主动学习的意识和能力。在传统的乡土社会中，时空相对固定，社会变迁缓慢，人们接受的知识大多来自父辈的经验。[①] 现代技术带来了新的信息系统，拓宽了个体认识现实的渠道。手机、数字电视和宽带等设备使农民及时掌握各类农业科技信息和市场资讯，为农民的生产决策提供依据，降低农村经济生产活动的交易成本、信息搜寻成本和日常生活中的信息传播成本，而且电视和互联网上丰富的信息和知识开阔了农民的视野，使他们能够学习各种新知识和新技能。

第二，技术改变了农民的思维方式。新技术将工业社会的逻辑应用于乡村社会，直接改变了农民的认知方式乃至世界观。农村对技术的需求变大，农业生产越来越需要按照经济和技术的准则来管理，更加强调风险意识、竞争意识、合作意识和时间观念等，而不是父辈的经验与对土地的"感觉"。现代社会的价值理念和行为方式已经深入人心。现代农业的精细化、标准化和专业化促进了农民的分工与协作，劳动分工和专业化打破了"农民个人主义"，使农民走向分工与协作。

第三，技术促进农民由身份向职业的转变。随着机械化大生产的推进，技术通过赋能农业把农业变成"很酷"的事，吸引更多的知识群体下乡创新创业，近年来，已有约130万名科技人员和中高等院校的毕业生下乡创业。[②] 从整体上提升了乡村的知识能力，农民正在向农业产业工人转变。"理性小农"理念逐渐取代"生存伦理""安全第一"的观念，农民越来越专业化和职业化。

二　乡村技术落后的原因

技术要想为乡村赋能，首先必须促进技术下乡。然而，乡村却在相当

---

① 刘学坤：《"科技下乡"的现代性语境及其教育功用：功能主义的解释》，《求实》2012 年第 8 期。

② 王浩：《农民工返乡创业人数达 450 万人》，人民网，2016 年 12 月 2 日，http://society.people.com.cn/n1/2016/1202/c1008 – 28918909.html，最后访问日期：2020 年 2 月 15 日。

长的时间内被现代技术"遗忘"。① 乡村之所以被现代技术"遗忘",可以归结为技术"供给不足"和乡村"承接不力"两个方面的原因。

（一）技术"供给不足"

1. 政策不利

从新中国成立之初一直到 2003 年,我国长期施行"以农业支持工业"的发展政策,不断从农村汲取资源支持城市和工业发展,导致我国农业发展长期得不到资金支持,农村地区的机械化和科学化发展滞后。尽管在1978 年我国实行农村改革,并在 1982 年至 1986 年连续下发了五个以"三农"为主题的中央一号文件,给农业农村发展带来了活力,但是在长期执行优先发展重工业的国家战略下,农村发展长期得不到资金、政策和技术的支持,农业技术投入更是严重不足,城乡差距持续拉大。尽管党的十六大以来,中共中央通过颁布一系列惠农政策统筹城乡发展,促进城乡一体化,但是中国农村在过去 50 多年为城市化和工业化做出了巨大贡献和牺牲,以及在技术发展上的落后状态短时间内很难扭转,加之资本的逐利性以及乡村在地理位置上的劣势,乡村技术仍远远落后于城市。

2. 地理障碍

一方面,农村地理位置的偏远影响了农业技术下乡。根据技术扩散理论,空间的邻近性和语言相通有利于促进技术扩散,空间距离越短,越能促进技术创新扩散②,技术扩散强度和城市规模等级相关,技术在城市之间梯度扩散,因此,加强城乡之间交通和信息基础设施建设有利于促进技术扩散。③ 除了空间邻近性以外,产业联系与技术扩散呈正相关,技术差距与技术扩散呈负相关。④ 根据这一理论研究,技术在城市尤其是大城市更容易创新和扩散。因为城市人口居住的密度高,空间距离小,产业集聚性高,城市居民统一使用普通话,语言相通性高,

① 刘祖云、王丹:《"乡村振兴"战略落地的技术支持》,《南京农业大学学报》(社会科学版) 2018 年第 4 期。

② M. Mac Garvie, "The Determinants of International Knowledge Diffusion as Measured by Patent Citations," *Economics Letters*, Vol. 87, No. 1, 2005, pp. 121 – 126.

③ 徐雪琪、程开明:《创新扩散与城市体系的空间关联机理及实证》,《科研管理》2008 年第5 期。

④ 周密:《非均质后发大国技术空间扩散的影响因素——基于扩散系统的分析框架》,《科学学与科学技术管理》2009 年第 6 期。

城市的交通更发达，网络信息建设更完善，更有利于信息和知识的传递以及创新思维的激发。而农村恰恰相反，大多地处偏远地带，与城市的空间距离大，且交通网络稀疏，网络信息建设滞后，因此城市的技术创新总是最晚传播到农村。此外，农村的人口密度低，产业零星分散，农民的受教育水平不高，农村的方言千差万别，语言的相通性低，这些都严重阻碍了农村技术的创新和扩散。

另一方面，自然环境差导致农村技术可连接性差。我国地形类型多样，平原仅占12%，山地、高原、盆地、丘陵占到了88%。城市大多建在平原地带，农村多处在山地、丘陵和高原地区。受自然地理条件的限制，首先，在农业生产方面，这些地区不仅人均耕地面积很小，而且不适合使用机械，不利于机械技术的传播和农业规模化生产。其次，在基础设施建设方面，由于山地、丘陵、高原等地的施工难度大，施工成本高，公路、铁路、互联网等基础设施的可接入性差，农村往往是技术接入最慢的地区。最后，在本地技术创新方面，这些地区教育落后，人口稀疏，因此，也很难激发本地技术创新效能。

3. 市场因素

农村地区缺乏数字连接的根本原因在于电信市场。在实践中，电信市场往往存在国家垄断或寡头垄断。[1] 在农村地区部署网络，即在人口密度低的地区建立长距离的连接，这些农村地区的高成本市场使电信公司难以实现规模经济或获得投资回报。[2] 虽然农村潜在的需求和市场潜力已经被充分地认识到[3]，但学者们认为这不会影响公司的投资行为。[4] 新的技术和创新的投资

---

[1] T. M. Valletti, "Is Mobile Telephony a Natural Oligopoly?" *Review of Industrial Organization*, Vol. 2, No. 1, 2003, pp. 47 – 65; R. D. Atkinson, "Economic Doctrines and Network Policy," *Telecommunications Policy*, Vol. 35, No. 5, 2011, pp. 413 – 425.

[2] T. H. Grubesic, "Efficiency in Broadb and Service Provision: A Spatial Analysis," *Telecommunications Policy*, Vol. 34, No. 3, 2010, pp. 117 – 131; V. Glass, S. K. Stefanova, "Economies of Scale for Broadband in Rural United States," *Journal of Regulatory Economic*, Vol. 41, No. 1, 2012, pp. 100 – 119; V. Glass, S. K. Stefanova, "An Empirical Study of Broadband Diffusion in Rural America," *Journal of Regulatory Economics*, Vol. 38, No. 1, 2010, pp. 70 – 85.

[3] G. Madden, S. J. Savage, G. Coble-Neal, P. Bloxham, "Advanced Communications Policy and Adoption in Rural Western Australia," *Telecommunications Policy*, Vol. 24, No. 4, 2000, pp. 291 – 304.

[4] E. A. Mack, T. H. Grubesic, "Forecasting Broadband Provision," *Information Economics and Policy*, Vol. 21, No. 4, 2009, pp. 297 – 311.

将继续发生在城市地区。[1] 即使农村地区对电信公司来说是有利可图的，但城市地区仍然具有更高的投资回报率。[2] 这使得农村地区的市场吸引力下降，并使城市成为市场决策的焦点。[3] 新开发的技术很可能以城市为主导，以无处不在的互联性为基础，设计时不考虑农村需求，这导致了城乡"数字鸿沟"的长期存在。

电信市场表明，自由市场的基本原理可以确保有效利用有限的资源，即在人口稠密地区把资源用于有利可图的市场，但它不能确保在所有地区平等地提供服务，这使农村地区得不到充分的服务。[4] 自由市场的规模经济导致农村的劣势，甚至"农村的惩罚"。[5] 在供应方面，部署和管理电信网络的复杂性和高成本成为进入农村市场的障碍。[6] 在需求方面，消费者需要家庭和商业活动的联系。因此，这种连接必须提供给特定的家庭或企业，而不是提供给村庄中的单一商店或中心。如今，数字连接正变得与天然气、水和电力等其他公用事业一样重要。现阶段，仅靠市场无法有效地提供数字连接，政府有必要进行干预，以实现普遍接入。[7] 20 世纪 80 年代末信息通信技术和网络发展以来，研究人员一直关注技术的多样性、成本和可用性[8]，

① N. R. Velaga, M. Beecroft, J. D. Nelson, D. Corsar, P. Edwards, "Transport Poverty Meets the Digital Divide: Accessibility and Connectivity in Rural Communities," *Journal of Transport Geography*, Vol. 21, 2012, pp. 102 – 112.

② T. H. Grubesic, A. T. Murray, "Waiting for Broadband: Local Competition and the Spatial Distribution of Advanced Telecommunications Services in the United States," *Growth and Change*, Vol. 35, No. 2, 2004, pp. 139 – 165.

③ T. J. Oyana, "Exploring Geographic Disparities in Broadband Access and Use in Rural Southern Illinois: Who's Being Left Behind?" *Government Information Quarterly*, Vol. 28, No. 2, 2011, pp. 252 – 261.

④ T. M. Gabe, J. R. Abel, "Deployment of Advanced Telecommunications Infrastructure in Rural America: Measuring the Digital Divide," *American Journal of Agricultural Economics*, Vol. 84, No. 5, 2002, pp. 1246 – 1252.

⑤ E. J. Malecki, "Digital Development in Rural Areas: Potentials and Pitfalls," *Journal of Rural Studies*, Vol. 19, No. 2, 2003, pp. 201 – 214.

⑥ T. H. Grubesic, A. T. Murray, "Waiting for Broadband: Local Competition and the Spatial Distribution of Advanced Telecommunication Services in the United States," *Growth and Change*, Vol. 35, No. 2, 2004, pp. 139 – 165.

⑦ L. Holt, M. Galligan, "Mapping the Field: Retrospective of the Federal Universal Service Programs," *Telecommunications Policy*, Vol. 37, No. 9, 2013, pp. 773 – 793.

⑧ B. L. Egan, "Bringing Advanced Technology to Rural America," *Telecommunications Policy*, Vol. 16, No. 1, 1992, pp. 27 – 45.

尤其关注的是农村地区缺乏可得性和由此产生的技术限制。尽管社会越来越多地假设先进的信息通信技术和网络的可用性，但由于带宽限制，服务不足的农村地区在获取和保持电子卫生保健和交通等商品和服务方面仍然存在问题。当谈到最新技术的可用性时，农村地区普遍处于相同的情况，即不断追赶城市地区。[①] 虽然此处探讨的是数字技术，但是其他技术下乡同样受到市场逐利性的影响，可能导致市场机制的失灵，因此，需要政府提供各种政策支持，促进技术下乡，缩小城乡间的"技术鸿沟"。

（二）乡村"承接不力"

1. 个体层面

相关研究表明，性别、年龄、收入、教育水平、知识、技术使用经验、对技术有用性和易用性的认知共同制约了农民对技术承接的愿望和能力。[②] 谢海先博士使用定量研究的方法，根据从河北省农村地区收集来的数据，对宽带采纳者与非采纳者在人口学方面的差异以及宽带采纳行为意向模型进行了检验。研究发现，年轻的、学历高的、收入高的农村地区居民更容易安装宽带。[③] 王雅凤等人基于福建省 241 个农户的调查数据，得出性别是影响农户对新技术采纳意愿的重要因素，男性农户采纳农业新技术的意愿高于女性。[④] 郭锦墉、肖剑、汪兴东基于拓展的技术接受模型，以江西省 192 个农户为研究样本，实证分析农户农产品电子商务采纳行为意向的影响因素。结果表明，感知有用性和感知易用性与农户对农产品电商的采纳意向显著正相关。[⑤]

在个体层面，我国农民技术承接不力主要是由以下三个方面原因导致的。其一，农业生产者年龄偏大，学历偏低（见表 3 - 6）。数据显示，36 岁以上的农业从业人员占比为 80.9%，小学（37.0%）和初中（48.4%）

① T. H. Grubesic, "The Spatial Distribution of Broadband Providers in the United States: 1999 - 2004," *Telecommunications Policy*, Vol. 32, No. 3, 2008, pp. 212 - 233.

② A. Michailidis, M. Partalidou, S. A. Nastis, A. Papadaki-Klavdianou, C. Charatsari, "Who Goes Online? Evidence of Internet Use Patterns from Rural Greece," *Telecommunications Policy*, Vol. 35, No. 4, 2011, pp. 333 - 343.

③ 谢海先：《我国农村地区居民采纳宽带的影响因素研究》，博士学位论文，南开大学，2013，第 1 页。

④ 王雅凤、郑逸芳、许佳贤、林沙：《农户农业新技术采纳意愿的影响因素分析——基于福建省 241 个农户的调查》，《资源开发与市场》2015 年第 10 期。

⑤ 郭锦墉、肖剑、汪兴东：《主观规范、网络外部性与农户农产品电商采纳行为意向》，《农林经济管理学报》2019 年第 4 期。

学历的农业从业人员占比为 85.4%①。他们对新技术、新方法、新观念的学习和接受能力较弱，这在一定程度上制约了现代农业技术的推广与应用。其二，受农村人口"流动 + 留守"的影响，农业生产者结构失当，农业生产主力军外出务工，不利于农业技术的承接。20 世纪 90 年代以来，改革开放释放出巨大的经济发展红利，很多青壮年劳动力离开家乡前往东南沿海地区务工，但是受城乡二元结构体制的限制，大部分外出务工的农民工并不能实现举家向城市迁移，于是出现了青壮年外出务工，妇女、儿童、老人留守乡村的现象。2018 年，我国农民工数量为 28836 万人。2015 年，留守人员总数超 1.5 亿人。② 可见，随着青壮年劳动力进城务工，留守在农村的人群主要是妇女、老人和儿童，这一群体恰恰是对技术最不敏感的群体，因此，他们主动学习和应用新技术的意愿较低。其三，家庭较低的收入水平影响农村对技术的承接。在我国广大农村地区，受农业生产能力、农民受教育水平和人多地少等条件的制约，农民家庭收入和人均可支配收入远远低于城市。而农业技术更新需要的大量成本投入是很多农民家庭无力承担的，导致农村地区技术水平普遍较低。

表 3 - 6 2016 年农业生产经营人员数量和结构

单位：万人，%

总数	性别构成		年龄构成			受教育程度构成				
	男性	女性	35 岁及以下	36 ~ 54 岁	55 岁及以上	未上过学	小学	初中	高中或中专	大专及以上
31422	52.5	47.5	19.2	47.3	33.6	6.4	37.0	48.4	7.1	1.2

资料来源：《第三次全国农业普查主要数据公报（第五号）》，国家统计局网站，2017 年 12 月 16 日，http://www.stats.gov.cn/sj/tjgb/nypcgb/qgnypcgb/202302/t20230206_1902105.html，最后访问日期：2023 年 9 月 17 日。

2. 组织层面

"外引"的技术需要乡村组织来承接。相对于城市社会与工业社会而

① 《第三次全国农业普查主要数据公报（第五号）》，国家统计局网站，2017 年 12 月 16 日，http://www.stats.gov.cn/sj/tjgb/nypcgb/qgnypcgb/202302/t20230206_1902105.html，最后访问日期：2023 年 10 月 6 日。

② 《民政部中国农村空心化日趋显著 留守人员总数超 1.5 亿》，人民网，2015 年 6 月 2 日，http://politics.people.com.cn/n/2015/0602/c70731 - 27093835.html，最后访问日期：2020 年 3 月 6 日。

言，乡村组织及其协作与集体行动的能力是薄弱的，换言之，乡村社会的"组织技术"也是大大地滞后了。[①] 其表现在以下三个方面。

第一，农技工作队伍不强，农技推广不力。数据显示，我国农技人员占农业人口的比重仅为 0.2%，中高级农技人员占比仅为 0.06%。[②] 农技工作人员的缺乏以及素质的偏低使得他们在农技推广中常常走过场，浮于表面，对新技术的研究不透彻，不能向农户阐明新技术的价值和便捷的使用方法，无法激起农民使用新技术的愿望。此外，农技人员通常采用传统的课堂授课方式推广技术，不能结合农业生产实践，也不能有效回应农民生产过程中遇到的难题，使技术推广过程枯燥乏味，农民的参与感低，对新技术缺乏直观的感知。[③]

第二，农业生产的组织化程度不高，影响新技术的采用。孙小燕、刘雍基于对河南、山东、安徽、河北、江苏 5 个小麦产量大省 1126 个农户的调研数据，发现土地托管不仅可以提高有绿色生产意愿的托管农户从事绿色生产的可能性，而且还可以向有生产性服务需求但绿色生产意愿不明的托管农户导入绿色生产理念，带动无绿色生产意愿农户农业生产方式转变，而且土地托管对小农户的带动效果更好。[④] 张瑞娟等人研究认为土地经营规模对种粮大户采纳新技术具有显著的正向影响。[⑤] 刘乐等人研究认为，无论是从农户家庭经营层面还是地块经营方面，土地规模经营和农户采取环境友好型技术之间呈现稳健的倒"U"形关系，适度扩大土地规模有利于农户秸秆还田，合作社有助于个体农户跨越农地规模限制，提高采纳水平。[⑥] 郑适等人对吉林省 812 份样本调研数据的研究显示，农户实际耕种面积、加入

① 刘祖云、王丹：《"乡村振兴"战略落地的技术支持》，《南京农业大学学报》（社会科学版）2018 年第 4 期。
② 《第二次全国农业普查主要数据公报（第二号）》，国家统计局网站，2008 年 2 月 22 日，http://www.stats.gov.cn/tjsj/tjgb/nypcgb/qgnypcgb/200802/t20080222_30462.Html，最后访问日期：2020 年 3 月 6 日。
③ 朱月季、高贵现、周德翼：《基于主体建模的农户技术采纳行为的演化分析》，《中国农村经济》2014 年第 4 期。
④ 孙小燕、刘雍：《土地托管能否带动农户绿色生产？》，《中国农村经济》2019 年第 10 期。
⑤ 张瑞娟、高鸣：《新技术采纳行为与技术效率差异——基于小农户与种粮大户的比较》，《中国农村经济》2018 年第 5 期。
⑥ 刘乐、张娇、张崇尚、仇焕广：《经营规模的扩大有助于农户采取环境友好型生产行为吗——以秸秆还田为例》，《农业技术经济》2017 年第 5 期。

合作社等因素对植保无人机技术认知和采纳水平有显著正向影响，并且制约植保无人机技术采纳的规模门槛约为 30 亩。[①] 李小建等人认为组织化的农户更有利于技术扩散，专业化生产带来的激烈竞争倒逼农户学习新技术，而分散的小农户不利于采用新技术，单个农户对技术风险承受能力低，而专业合作社对风险的承受能力高，更倾向于采用新技术。[②] 通过以上学者们的研究可以发现，适度的土地规模经营和合作社对农户技术采纳具有正向影响。《第三次全国农业普查主要数据公报（第二号）》数据显示：2016 年，全国农业经营户 20743 万户，其中规模农业经营户 398 万户。全国农业经营单位 204 万个。2016 年末，在工商部门注册的农民合作社共有 179 万个，其中，以农业生产经营或服务为主的合作社 91 万个。[③] 可见，我国的规模农业经营户和农民合作社的数量太少，不利于农户采纳新技术。应该发挥合作社在科技推广中的作用，通过土地流转或者土地托管等方式，适度扩大土地经营规模，促进农业新技术的采用。

第三，村民之间的社会网络连接弱化不利于技术传播。研究表明，农户的社会网络规模、对邻里和村委会的信任程度、农户间互助和共享行为等能够显著影响农户技术采纳意愿。[④] 社会网络可以降低农户的技术生产和交易成本，促进农户采纳新技术。[⑤] 农户在社会网络结构中的位置对其创新信息获得时间点存在显著影响，中心度越高的农户越早接触到农业创新相关信息，进而越早采纳农业创新；作为传播源，最初接受培训的农户对社会规范的服从度不仅对其自身决策有影响，对创新在社会网络中扩散的整体进程也存在显著影响。[⑥] 在改革开放和市场经济时期，受理性计算和人口流动等因素的影响，村民之间的社会联结变得脆弱，农户之间的交流、互

---

① 郑适、陈茜苗、王志刚：《土地规模、合作社加入与植保无人机技术认知及采纳——以吉林省为例》，《农业技术经济》2018 年第 6 期。

② 李小建、时慧娜：《务工回乡创业的资本形成、扩散及区域效应——基于河南省固始县个案的实证研究》，《经济地理》2009 年第 2 期。

③ 中华人民共和国国家统计局：《第三次全国农业普查公报》，中国统计出版社，2018，第二号。

④ 汪建、庄天慧：《贫困地区社会资本对农户新技术采纳意愿的影响分析——基于四川 16 村 301 户农户的调查》，《农村经济》2015 年第 4 期。

⑤ 季柯辛、乔娟、耿宁：《农户技术采纳的一个关键影响因素：技术扩散模式》，《科技管理研究》2017 年第 23 期。

⑥ 朱月季：《社会网络视角下的农业创新采纳与扩散》，《中国农村经济》2016 年第 9 期。

助、共享和信任行为大大减少，不利于农户采纳新技术。

三 技术下乡的支持因素

（一）政策利好

21世纪以来，国家对"三农"问题高度重视，对涉农政策做出重大调整。2006年，国家全面取消农业税，并且进行社会主义新农村建设，开始向农村大规模转移支付财政资金，国家对农政策实现了由"索取型"到"给予型"的战略转变。从新农村建设、精准扶贫政策到乡村振兴战略都为农村发展提供了重要的政策支持。从2003年到2020年，中央连续出台了18个一号文件，聚焦"三农"问题，并且把"科技兴农"作为解决"三农"问题的抓手。此外、党的十八大、十九大、十九届四中全会等重量级会议中都对"科技兴农""数字治理"等进行了重要论述，并出台了《乡村振兴战略规划（2018—2022年）》《数字乡村发展战略纲要》等一系列重要政策文件保证落实。数字农业农村发展得到了国家的高度重视，技术赋能乡村得到了政策话语的支持。具体政策文件及内容见表3-7。

表3-7　支持"技术下乡"的政策文件

时间	政策文件	政策内容
2012年	《中共中央国务院关于加快推进农业科技创新持续增强农产品供给保障能力的若干意见》	加大科技创新，提升农业技术推广能力，加强教育科技培训
2012年	中共十八大报告	以"互联网＋技术"驱动现代农业向信息化和智能化发展
2013年	《中共中央 国务院关于加快发展现代农业进一步增强农村发展活力的若干意见》	促进"四化"同步发展，建设社会主义新农村
2014年	《中共中央 国务院关于全面深化农村改革加快推进农业现代化的若干意见》	强化农业支持保护制度，推进农业科技创新，加快发展现代种业和农业机械化
2015年	《中共中央 国务院关于加大改革创新力度加快农业现代化建设的若干意见》	加大科技驱动力度，健全农业科技创新激励机制
2016年	《中共中央 国务院关于落实发展新理念加快农业现代化 实现全面小康目标的若干意见》	建设和实施现代农业产业科技创新中心和创新工程，推进"互联网＋"现代农业
2016年	《中华人民共和国国民经济和社会发展第十三个五年规划纲要》	发展智慧农业，推广现代农业大数据信息服务平台，实现农业的智慧化和精准化

续表

时间	政策文件	政策内容
2016 年	《中共中央 国务院关于深入推进农业供给侧结构性改革加快培育农业农村发展新动能的若干意见》	推进农村电商发展
2017 年	中共十九大报告	实施乡村振兴战略，坚持农业农村优先发展，加快推进农业农村现代化
2018 年	《乡村振兴战略规划（2018—2022 年）》	构建乡村振兴新格局，强化农业科技支撑
2018 年	《中共中央 国务院关于实施乡村振兴战略的意见》	政策内容：强调加快建设国家农业科技创新体系，深化农业科技成果转化和推广应用改革。大力发展数字农业，实施智慧农业林业水利工程，推进物联网试验示范和遥感技术应用。强调发挥科技人才支撑作用。
2019 年	《创新驱动乡村振兴发展专项规划（2018—2022 年)》	农业农村现代化的关键在科技进步，创新是实现乡村振兴战略的支撑
2019 年	《中共中央 国务院关于坚持农业农村优先发展做好"三农"工作的若干意见》	夯实农业基础，加快突破农业关键核心技术；实施数字乡村战略
2019 年	《数字乡村发展战略纲要》	加快推进农业农村现代化，构建乡村数字治理新体系，弥合城乡"数字鸿沟"，培育信息时代新农民
2019 年	《中共中央关于坚持和完善中国特色社会主义制度推进国家治理体系和治理能力现代化若干重大问题的决定》	把"科技支撑"作为核心议题纳入社会治理体系的建设内容
2020 年	《中共中央 国务院关于抓好"三农"领域重点工作确保如期实现全面小康的意见》	强化农村补短板保障措施，强化科技支撑作用
2020 年	《数字农业农村发展规划（2019—2025 年)》	以数字技术与农业农村经济深度融合为主攻方向，用数字化引领驱动农业农村现代化

资料来源：笔者根据政策文件自行整理。

（二）资源禀赋

物质资源方面，农村基础设施的改善吸引更多"新技术"投入乡村。相比于 10 年前，农村的道路、水、电、信息通信设备和物流等基础设施都得到了极大改善（见表 3-8），农村基础设施的改善为更多新技术下乡提供了基础。性能成熟而价格低廉的智能手机的普及使我国农村网民的数量激增。相比电脑，手机携带方便，更容易操作且价格低廉，更受农民的喜爱。

截至 2019 年 6 月，我国有手机网民 8.47 亿人，占网民总数的 99.1%。其中，农村网民规模为 2.25 亿人，较 2018 年底增长 305 万人。乡村道路、通信和宽带等基础设施的普及增强了乡村和外部世界的连接，更多的技术和人才流入乡村。互联网的连接，使得淘宝、天猫、京东、拼多多、快手、抖音、微信和趣头条等电商平台、短视频平台和社交媒介在乡村快速发展，不断改变乡村的生产经营方式和人际交往方式。此外，收入增长使人们更愿意以开放的态度对待新技术。2008 年农村居民人均纯收入 4761 元①，2018 年，农村居民人均可支配收入 14617 元②，比 10 年前增长了 2 倍。收入的增长使人民更愿意也有能力承担运用新技术所带来的风险。最后，技术本身的升级使其更容易克服地理障碍应用到乡村场景中。履带机等耕作机械的发明使得山地、丘陵地区的机械化操作成为现实。越来越人性化、智能化的植保无人机，在雷达避障、精准喷洒方面不断升级，在复杂地形下更安全，更有效率，成本更低，有利于农民采纳新技术。

表 3 - 8　2006 年和 2016 年农村基础设施建设情况对比

指标	通公路的村	通村道路为水泥路的村	村内道路为水泥路的村	通电的村	通电话的村	装有线电视的村	生活垃圾集中处理的镇	有电子商务配送点的村
2016 年全国占比（%）	99.3	76.4	80.9	99.7	99.5	82.8	90.8	25.1
2006 年全国占比（%）	95.5	35.2	27.7	98.7	97.4	57.4	36.7	0
十年增幅（个百分点）	3.8	41.2	53.2	1.0	2.1	25.4	54.1	25.1

资料来源：《统计局：农村基础设施明显改善 基本社会事业全面进步》，央视网，2017 年 12 月 15 日，http://news.cctv.com/2017/12/15/ARTIti7n0SNkNjdPEgSEY4rw171215.shtml，最后访问日期：2019 年 5 月 3 日。

　　人力资源方面，随着九年义务教育的普及，以及人们对教育越发重视，

① 《中华人民共和国 2008 年国民经济和社会发展统计公报》，国家统计局网站，2009 年 2 月 26 日，http://www.stats.gov.cn/tjsj/tjgb/ndtjgb/qgndtjgb/200902/t20090226_30023.html，最后访问日期：2019 年 5 月 3 日。

② 《2018 年国民经济和社会发展统计公报》，国家统计局网站，2019 年 2 月 28 日，http://www.stats.gov.cn/tjsj/zxfb/201902/t20190228_1651265.html，最后访问日期：2019 年 5 月 3 日。

农民受教育水平普遍提高，农民的知识和技能水平相应提高，加之电视、手机的普及和互联网的发展，以及外出打工经历，使农民更愿意接受新技术，也更有能力习得新技术，这极大地促进了"技术下乡"。文博县淘元镇电商家具产业兴起的过程正是农民主动学习和应用新技术的鲜明写照。

（三）市场引导

中国是一个有着5亿多农民的农业大国，但农业机械化、技术化水平偏低，农村市场规模很大、可以赋能的人口很多，但在技术上较落后、较粗糙，乡村具有广阔的"技术赋能空间"和市场潜力。随着交通和电信等基础设施的普及，中低端通信市场的成熟以及人们收入的增长，农村将吸引越来越多的"新技术"投入。农业其实可以变成一件"很酷"的事情。我国的农民非但不保守，反而可能更相信科技。只是需要科技公司做出赋能的姿态，为他们提供更易懂的产品。随着一、二线城市移动用户的饱和，三、四线城市及以下地区成为新的增长点，中国的互联网公司敏锐地捕捉到农村巨大的消费潜力，纷纷布局抢占农村市场份额。农村基础设施的普及为农村市场的开发提供了基础条件。截至2022年12月31日，中国有333个市级行政区划单位，有2843个县级行政区划单位，有38602个乡级行政区划单位。① 农村开始成为互联网企业瞄准的下一波红利的增长点。而拼多多和快手等企业的异军突起说明农村才是中国互联网企业的下一个"战场"，真正广大的市场还是在农村。历史经验表明，获得最广大劳动人民的信赖和支持是成功的关键。中国的县域力量更强大，县域市场拥有更庞大的人口和更鲜明的中国特色，为中国企业预留了广阔的施展空间。如：阿里巴巴提出让农村消费者买到物美价廉的商品，享受和城里人一样的品质生活；京东2019年初宣布要渗透低线市场；拼多多通过"多多农园"等推动新鲜农产品直达城市社区；苏宁易购则利用苏宁农村电商学院培养农村电商人才。以阿里巴巴为例，截至2019年3月底，淘宝天猫77%的移动月活跃新增用户来自三线城市及以下地区。阿里的物流末端已经遍布全国一半以上的乡镇，天猫、淘宝、聚划算等阿里系平台也都积极开展涉农业务，无论是电商、物流还是技术，阿里在下沉市场开启了"全方位多角度全链

---

① 《中华人民共和国二〇二二年行政区划统计表》，民政部网站，http://xzqh.mca.gov.cn/statistics/2022.html，最后访问日期：2023年9月17日。

路”的赋能服务。商务部数据显示，2018 年，全国农村网络零售额达到
13679.4 亿元，占全国网上零售额的比重提升至 15.18%。在淘宝、抖音、
快手等平台当上主播的农民也越来越多，粮食、瓜果、蔬菜、鸡鸭鹅、保
健茶饮等各种农产品直接呈现在买家眼前，农产品有了上行的新通道。
2018 年，全国农产品网络零售额达到 2305 亿元，同比增长 33.8%。2019
年 4 月，阿里巴巴启动“淘宝村播”计划，助力打造农村“网红”播主。
易观国际数据显示，未来下沉市场的移动用户增速将全面领先一、二线城
市，预计 2020 年会逼近 6 亿户。因此，对互联网巨头来说，拥有占整体
网民 26.3% 的 2.25 亿农村网民及其背后的广阔市场将是电商们下一个
“盛宴”。①

第二节　“技术下乡” 的理论辩护

一　乡村振兴战略的政治宣示

第一，“乡村振兴”国家战略的提出。一般而言，在政治过程中，国家
战略要想得到最广泛的社会共识与支持，“政治宣示”是一个最好的手段。
在中国共产党的执政实践中，政治宣示也是最常用的执行方式之一，它体
现了中国共产党对某种社会价值、执政理念及发展方式的确认，通常而言，
中国共产党的“政治宣示”是通过三个途径来完成的：一是，政治领袖在
公开的政治场合表达；二是，在重要政治活动或重大政治事件中被表述；
三是，在重要的政治文献中被表述并记载。②

“乡村振兴”国家战略的出台，就是一次典型的“政治宣示”。这一国
家战略是在 2017 年 10 月 18 日召开的中国共产党第十九次全国代表大会上，
习近平同志代表第十八届中央委员会向大会作报告时确认的。报告指出，
“要加快推进农业农村现代化”，并首次提出“实施乡村振兴战略”。

第二，“乡村振兴”国家战略的社会响应。在政治实践中，政治领袖及
领导集体与社会各界的互动，是政治过程的重要组成部分。在政治互动中，

---

① 《中国互联网企业“淘金”乡村》，新华社，2019 年 10 月 9 日，http://www.sd.xinhuanet.
　com/news/2019 - 10/09/c_1125083778.htm，最后访问日期：2020 年 1 月 10 日。
② 刘祖云：《十大政府范式：现实逻辑与理论解读》，江苏人民出版社，2014，第 39 页。

政治领袖代表领导集体发出政治宣示，并且通过调动各种政治资源以引导社会各界对这一政治宣示做出响应。当社会各界对于这一政治宣示做出积极响应时，政治宣示的效果就达到了，因此，也就完成了一个初步的政治动员。在政治互动的过程中，最先表现出来的就是社会语言的变化，即社会各界对于某种特定语汇的高度关注，从而使这个特定的语汇转变成一个主流的社会语汇。

在"乡村振兴"这一国家战略上，在经过政治宣示、社会响应与政治互动这一系列的复杂过程后，"乡村振兴"这一特定的语汇，由一个"冷词"经过温、暖、热的升温过程后，逐渐转变成一个"社会热词"，并逐渐演变成一个主流的社会语汇。因为，在高度的政治关注之后，这一语汇得到了广泛的"传媒关注"和"学术关注"。

从社会传播的角度看，"传媒关注"体现的恰恰是这一社会语汇传播与认可的广度，而"学术关注"体现的却是这个社会语汇传播与理解的深度。两条途径相得益彰，互为影响，促使"乡村振兴"这一国家发展战略获得了广泛的社会共识。[①]

那么，乡村振兴这一国家战略如何落地呢？

二　乡村振兴战略落地的技术支持

从历史上看，中国传统的社会治理主要表现为"经验治理"，社会治理的理性化、科学化、技术化程度不高，而且在改革开放以后，这一治理方式在中国的大多数乡村地区仍然占据主导地位。黄仁宇先生曾深刻地认识到，"当一个人口众多的国家，个人行动全凭儒家简单粗浅而又无法固定的原则所限制，而法律又缺乏创造性，则其社会发展的程度，必然受到限制，即便宗旨是善良，也不能补助技术之不及"[②]。对此，他在《资本主义与二十一世纪》一书中提出："今日中国趋向现代化，必须彻底解决此根本技术问题。"[③]

而从世界范围来看，伴随着现代化、工业化的飞速发展，社会治理的

---

① 刘祖云、王丹：《"乡村振兴"战略落地的技术支持》，《南京农业大学学报》（社会科学版）2018年第4期。
② 黄仁宇：《万历十五年》，生活·读书·新知三联书店，1997，第245页。
③ 黄仁宇：《资本主义与二十一世纪》，生活·读书·新知三联书店，1997，第27页。

技术化程度也越来越高，同时，"技术治理"也发展成社会治理的一种新模式，并逐渐演化成从 20 世纪 20 年代初开始发端，到 40 年代末 50 年代初结束的"技术治理运动"。"技术治理"是指将科学技术应用于社会发展与社会治理中，以提高社会运行效果的一种新型的社会治理方式。"技治主义"（Technocratism）坚持两条基本原则："原则 1，科学管理，即用科学原理和技术方法来治理社会；原则 2，专家政治，即由接受了系统的现代自然科学技术教育的专家来掌握政治权力。"① "技术治理运动"试图通过组建一个由科学家、建筑师、教育工作者、经济学家与统计学家等组成的"技术联盟"，通过教育与培训等手段使人们能够掌握基本的技术操作与技术工具，以满足"技术性社会"在生产生活与管理等方面的要求，同时，它也提出了一些具体的治理措施，比如社会测量、社会统计、社会调查以及专家库建设等，这些措施已成为当今社会治理的基本技术。

　　现实地看，在"美丽乡村"建设过程中，已有一些地方及相应的案例在引入"技术"这一重要的治理要素。2014 年由农业部发布的中国"美丽乡村"十大创建模式中，我们可以看到无处不在的"技术力量"——空间技术、农业技术、信息技术等。比如，通过运用苗圃园艺、花卉种植、特种水产养殖等先进的农业技术，促进了农业增产增效。以文化传承为特色的河南省洛阳市孟津县平乐镇平乐村利用空间规划技术，加强整体规划，建设牡丹画创意园区，打造集绘画、销售、旅游等于一体的全产业链，取得了较好的规模效益。② 近年来，信息技术比如"互联网＋"、物联网及智慧农业等先进技术的引入，也成为乡村建设与发展的重要力量。比如 2019 年，全国共有 4310 个淘宝村，全国淘宝村镇网店年销售额超过 7000 亿元，占全国农村网络零售额的一半左右，活跃网店数达到 244 万个，带动就业机会超过683 万个，全国超过 800 个淘宝村分布在各省级贫困县，63 个淘宝村位于国家级贫困县③，电子商务技术成为推动乡村建设与发展的动力。

　　因此，"乡村振兴"国家战略要想落地，需要走"战略＋技术"的组合模式。一方面，乡村振兴国家战略的宣示，确定了中国社会建设的方向与

① 刘永谋：《技术治理的逻辑》，《中国人民大学学报》2016 年第 6 期。
② 《美丽乡村建设模式典型案例推介》，2014 年 5 月 28 日，http://www.aqswzys.gov.cn/show.php? Id = 602，最后访问日期：2020 年 2 月 29 日。
③ 阿里研究院：《中国淘宝村研究报告（2009～2019）》，2019，第 7、21～22 页。

目标，改变了改革开放以来的"城市中心主义"的发展模式，给乡村建设与发展预留了很大的政治与政策空间。正如美国学者戴维·奥斯本（David Osbome）、彼得·普拉斯特里克（Peter Plastrik）认为的，要先从考虑战略出发，而不是先考虑操作性计划，"我们所说的战略，是指利用关键的杠杆作用支点进行变革，使得变革的'涟漪'波及整个组织，并影响其他方面"①。正是这种对"战略"的理解，他们在《摒弃官僚制：政府再造的五项战略》一书中把"五项战略"定位为改变"政府的DNA"。战略制定可以被视为政治与管理活动的"高端任务"。② 因此，战略是确定方向的。另一方面，战略是需要落地的。那么，"乡村振兴"国家战略如何落地？这其中除了出台一系列的规划、计划与政策，以保证"乡村振兴"国家战略的实现外，在乡村社会这个层面上，最重要的因素之一就是"技术下乡"。

第三节　淘元镇：信息技术重构乡村社会的个案

一　信息技术重构的情境和过程

（一）淘元镇信息技术重构的情境

1. 宏观条件

第一，万亿级网络消费市场的形成。中国电商市场高速发展，提供了万亿级网络消费市场。1997年，中国电子商务开始起步。20世纪初，中国电子商务以每年超过50%的增长率快速增长，电子商务交易额由2001年的1088亿元增长到2006年的11000亿元，在5年时间内增长了约9倍。③ 根据艾瑞咨询数据，2010年，我国网络零售交易额为4980.0亿元，到了2018年底达到了9万亿元，其中农村网络零售额达到13679.4亿元。

第二，可靠的网络交易平台的出现。2003年，淘宝网创建，仅用了两年时间就成为中国最大的在线零售网站。在淘宝网上，卖家只需要缴纳

① 〔美〕戴维·奥斯本、〔美〕彼得·普拉斯特里克：《摒弃官僚制：政府再造的五项战略》，谭功荣、刘霞译，中国人民大学出版社，2002，第30页。
② 〔加〕亨利·明茨伯格、〔加〕布鲁斯·阿尔斯特兰德、〔加〕约瑟夫·兰佩尔：《战略历程（修订本）》，魏江译，机械工业出版社，2006，第8页。
③ 杨琴：《中日电子商务发展现状比较》，《贵州大学学报》（社会科学版）2008年第4期。

1000 元保证金就可以免费开店。此外，淘宝网的信用评价体系、"支付宝"支付工具和"阿里旺旺"即时通信工具，为在线交易保驾护航。且在初创期，淘宝平台为了充分引流，几乎采用完全开放的态度，这给卖简易拼装家具起家的孙煦开设了绿色通道。另外，淘宝网可以帮助新卖家免费推广产品 3 个月，降低了网商的宣传成本。淘宝网较低的准入门槛和创业成本为农村电商的兴起创造了条件。此外，淘宝网不仅提供了交易平台和安全的交易环境，还充当裁判的角色，明确交易规则，维护交易秩序。在问卷调查中，82.35% 的赵圩村网商认为，电商平台为他们提供网销的机会是他们取得成功的重要原因。

第三，信息基础设施建设提速。信息基础设施建设的提速为农村电子商务的发展提供了有利的技术环境。2009 年，我国就建成了光缆网络 826.7 万公里。到了 2019 年 6 月，我国光缆总线路长度已达到 4546 万公里，且每年以两位数的速度增长。2009 年，接通互联网的乡镇和行政村占比分别高达 99.1% 和 92%，接通宽带的乡镇占比为 95.6%，2019 年，我国行政村光纤和 4G 网络通达率均超 98%，互联网普及率达到 61.2%，中国拥有了 8.54 亿名网民。此外，伴随中国电信 3G、4G 业务的不断优化以及价格低廉的智能手机性能日益成熟，手机替代电脑成为新的交易终端。2019 年，我国 4G 用户渗透率为 77.6%，而根据调查数据，全球 4G 用户渗透率仅为 47.4%，我国的远高于世界平均水平。2010 年，我国农村网民规模达到 1.25 亿人，占整体网民的 27.3%。到了 2019 年，我国农村网民规模达到 2.25 亿人，占整体网民的 26.3%。这些技术的飞速发展为农村电子商务的开展提供了强有力的保障。

第四，物流和支付系统更加便捷。2008 年，中国电子商务就产生了 5 亿多件包裹。随着网上银行和第三方支付平台的发展和完善，支付不再是电商发展的瓶颈。根据易观国际数据，2009 年底，中国网银用户达到 1.89 亿人次，其中，个人网银创造了 38.53 万亿元的交易额。2010 年，我国第三方电子支付交易额达到 1.01 万亿元。2018 年上半年，第三方电子支付交易额达到 113.7 万亿元，其中移动支付额达 98.5 万亿元，互联网支付达 15.2 万亿元。

2. 中观条件

第一，交通便利。淘元镇是江东省东沿市文博县的东大门，和商羽市一河之隔，向西距离东沿市区 100 公里、文博县城 20 分钟车程，向东距离商羽市区 15 分钟车程，交通非常便利。

第二，重商传统。淘元镇的商业传统历来浓厚，村民多经营各种副业。从食品作坊、养猪业、废旧塑料回收加工再到网上淘宝，淘元镇人不断变革着生存方式。20 世纪八九十年代，淘元镇一半的农民从事废旧塑料回收加工产业。村民对从事商业活动的积极性，以及商业敏感度对农村电商产业的创新发展起到了重要的推动作用。正是这种商业精神使得孙煦网上开店赚了钱之后，淘元镇其他农民能够敏锐地嗅到商机，并迅速模仿跟进，促进淘元镇电商的裂变式增长。缺乏区域商业底蕴导致难以形成淘宝村的反面案例是农民网创始人王小帮的故乡，当地并未因为出现了一个王小帮而诞生出一个淘宝村，这与当地缺乏商业文化有很大的关系。

第三，社区文化。淘元镇的村民有着"不安分""不守旧"的精神特质，以及"正能量的嫉妒心"。"正能量的嫉妒心"就是淘元镇人不甘人后的上进心。当村民看到孙煦通过淘宝赚了钱，就想"他能开网店，我为什么不能呢？"，就是这样不甘人后的进取精神推动淘元镇人纷纷加入网店经营。淘元镇人特别具有拼搏精神，淘宝店店主王博涵告诉我们：

> 我依然记得最开始做的时候，一听到淘宝的叮当声就像打了鸡血一样。晚上睡觉的时候，我的电脑就放在床旁边，凌晨三四点听到叮当声，噢的一下爬起来，就像触电一样。95% 以上的电商都是这样的，有一种正能量激励我们，每一天都向前。（20190717 王博涵）

正是靠着这样的艰苦奋斗精神，淘元镇家具网销产业不断发展壮大。

3. 微观条件

网商带头人优秀的个人特质是技术赋能的关键原因。

首先，网商带头人都很有经商头脑并富有"创造性"。孙煦父母和陈震父母的职业都和商业有关，孙煦和陈震从小生长在经商的家庭氛围里，很早就懂得了做生意，具有敏锐的经商头脑。比如：孙煦在移动营业厅通过倒卖手机和充值卡小赚了一笔，还把剩下的充值卡通过网络很快销售掉了；陈震在东沿市农业干部学校读书时，就通过卖鞋、招生、卖 VCD 磁带赚了不少钱，还通过在夜市卖烧烤当上了学生老板，经营网店之前，他在淘元镇开的婚纱摄影与录像店也经营得有声有色；夏雨在做中学美术老师之余，还做网络培训、开网吧、开网店，说明他也是个有商业头脑的人。这说明，网商带头人都是很有商业头脑且富有"创造力"的人。

其次，网商带头人都属于知识青年。虽然孙煦只读到高中，但是他从小学三年级就到县城读书，初中和高中都就读于当地非常有名气的学校，这使得他接受过较高质量的教育。辍学后，他在上海、南京等大城市打工的经历也开阔了他的眼界。陈震毕业于东沿市农业干部学校，中专学历，在读期间经营各种小生意，到上海进过货，毕业后到广州开过店。接受了不错的教育，在经商上积累了丰富的实战经验，并且到大城市拓宽了眼界，这些都是他的"知识技能储备"。夏雨毕业于某高等师范学校，在中学当美术老师，还参加自学考试，本身就是一名"知识分子"。因此，网商带头人都具备较好的知识技能。

再次，网商带头人都是"不安分"和"爱折腾"的人，极具"个性"。孙煦读了一年半高中换过三所学校，辍学后在南京当过保安、卖过化妆品，参加过炒股培训，又去上海当过搬运工、干过群众演员，在文博县移动公司当过业务员。在网上开网店后，孙煦卖小商品、电话灯、小礼品和净水器等。从孙煦的经历可以看出，他从来都是不安分的，"折腾"似乎贯穿了他成长的整个过程，他敢于尝试、不惧失败，这些都助力他日后成为淘元镇电商的领头羊。陈震在读中专期间，不停地折腾各种小生意，当上了学生老板。他毕业后当过厨师，卖过服装，干过婚纱摄影和录像，也是个"生命不息，折腾不止"的知识小青年。夏雨在做中学教师的同时经营多种生意，也是"不安分"的，在教师行列里也堪称"有个性"了。

最后，网商带头人具有敢想敢干、不怕吃苦的行动力。孙煦和陈震有意向在网上卖家具后，他们便立刻到上海考察，结果锁定了简易拼装家具。而为了寻找质优价廉的木材，他们跑遍全国各地，有时为了节约成本，甚至在木材厂的棺材里过夜。为了找到能做这种家具的木匠，他们更是跑遍了周边地区，找了二三十家，终于找到周木匠把产品做了出来。后来周木匠把产品卖给别人，他们又果断自己开办淘宝家具厂，正式开启了淘元镇的"淘宝时代"。可见，正是孙煦和陈震的行动力使他们抓住了商机，而他们敢想敢干、不怕吃苦的精神又为他们的行动提供了有力的精神支撑。而夏雨在一次和淘宝讲师的交流中，讲师建议他把赵圩村淘宝"曝光"出去，这样对产业链发展有好处。一次普通的交流，也许放在别人身上听听就算了，但是，夏雨听后立刻请朋友出主意，并且通过淘宝店小二（淘宝客服工作人员）联系到 28 名记者采访了赵圩村，多家媒体相继报道，连中央电视台《新闻联播》都进行了报道。正是由于夏雨的努力，淘元镇这个默默无闻的小镇，走进了大众的视野，成为"互联网时代的小岗村"。可见，网商带头人敢想敢干、不怕吃苦的行动力在淘元镇电商家具产业的形成和产业链的发展方面起到了关键作用。综上，正是网商带头人所拥有的"知识技能"、"个性"、"创造力"和"行动力"使得他们能够有效承接信息技术赋予的机遇，开创电商家具产业并促使其被传播、被知晓。

（二）淘元镇信息技术重构的过程

1. 电子商务在淘元镇的萌芽

美国农村社会学家埃弗里特·M. 罗吉斯（Everett M. Rogers）等人指出，引起社会系统变迁的新要素 90% 是从系统外部导入的。① 同样的，技术下乡就是通过外部技术的引入促进乡村发展。然而，技术下乡不是技术单方面作用的结果，技术进入乡村需要一些内外部条件支持。电子商务之所以能较早地进入赵圩村和淘元镇，正是内外部条件支持的结果。

首先，赵圩村电子商务的兴起赶上了电商平台发展与网购市场红利爆发的窗口期。电商平台提供的低准入门槛、直接对接大市场的机会以及淘宝网初创期的红利都为农民从事电商创造了非常便利的条件。2006 年是淘元镇电子商务萌芽之年，这一年正值淘宝网起步和快速发展阶段，网购规模持续增长，且这一时期经营网店不需要推广、运营费用，只要做出产品放到网上，就很容易卖出去，且有可观的利润。网商靳玉林告诉我们：

> 当时生意好做，只要能做出来，价格还高，在网上卖，一个简易床，成本总共 100 元，能卖到 800 元。2013 年我只用了 6 个月赚了几百万元。（20190717 靳玉林）

正是这样的示范效应，带动了一批批农民投入网络销售的大潮，赶上

---

① 〔美〕埃弗里特·M. 罗吉斯、〔美〕拉伯尔·J. 伯德格：《乡村社会变迁》，王晓毅、王地宁译，浙江人民出版社，1988，第 251~278 页。

了淘宝网发展的红利期。

其次，相对完善的基础设施与便利的交通也是电子商务能够进入赵圩村的重要原因。淘元镇位于东沿市文博县东部，和商羽市接壤，距离商羽市区仅18公里，区位优越，交通便利。2006年，淘元镇已经接通了宽带，这为年轻人"触网"创造了条件。便捷的物流和支付系统，以及淘元镇地处经济发达地区的地缘优势都为电商的萌芽提供了外部资源支持。

最后，带头人自发的创新是将电子商务引入赵圩村的关键力量。孙煦、陈震等年轻人的开放和探索精神，不仅使他们很早就"触网"，而且使他们不断尝试新产品，最终找到了网销简易拼装家具这片"蓝海"。他们有着执着的学习和拼搏精神，常常工作到凌晨两点。创业之初，为了寻找质优价廉的木材，他们更是跑遍全国各地。正是在这样的精神驱动下，淘元镇家具网销业产生并发展壮大。

2. 电子商务在淘元镇的传播与发展

电子商务在乡村的传播大致经历以下三个阶段。

第一阶段，自下而上的草根创业阶段。这一阶段，企业经营以家庭小作坊为主，依靠当地农民的创新和拼搏精神，以及农村熟人社会网络的传播效应，电商产业从小到大，形成了一定规模。在中国农村的熟人社会中，村民之间是没有秘密的。当孙煦、陈震通过在网上卖家具赚了大钱，这个消息在村里迅速传播，村里先知先觉的活跃分子率先模仿跟进。比如，王华率先跟随孙煦学会了电子商务的业务流程，然后再传给更多的早期跟进的农户，最后传播到保守的后知后觉者。在这一过程中，农民对技术有用性和易用性的感知很大程度上影响农民是否从事电子商务。此外，乡村的人力资本和社区文化等地方资源在电子商务进入乡村的过程中发挥了重要作用。淘元镇淘宝店店主王博涵用"正能量的嫉妒心"和"一带一路"很好地阐释了淘元镇电商裂变式增长的原因。"正能量的嫉妒心"就是淘元镇人不甘人后的上进心。虽然一开始淘元镇网商连打字都不会，就是靠着一根手指戳着键盘和顾客交流，经过长期勤奋的练习，现在他们都能熟练地和顾客交流。王博涵所说的"一带一路"就是依靠淘元镇的熟人关系网络，你教会我，我再教别人，这样一个人带动另一个人，走出一条家具电商致富路。这一阶段，网商主要利用自家的宅基地或房前屋后的空地从事生产经营活动，表现为前店后厂、前厂后居、厂住结合等生产经营形态，工作人员主要是自家人，这时场地只有几十平方米大小，设备只有几万元，主要为自家网店供货，以生产板式家具为主。

第二阶段，多元主体的合作促进淘元镇电商的集群化发展。首先，新闻媒体的宣传报道促进淘元镇电商的传播。在淘元镇网商还只是"闷声发大财"的时候，新闻媒体的介入彻底地将淘元镇农民开淘宝店的事迹暴露在公众的视野中，吸引了各方资源的注入，尤其是政府的关注和扶持，促进了淘元镇产业链的发展。其次，政府的服务和规制促进了电商集群化发展。一方面，政府通过基础设施建设和一系列政策、资金的投入，帮助解决电商发展中的资金、土地、品牌和人才等方面的问题；另一方面，针对电商无序发展，电商产业存在"散、乱、差"等特点，在环保、消防和产品质量上存在隐患，政府进行一系列监管和规制，促进电商产业从无序向有序发展。再次，专家的智力支持促进淘元镇电商的推广和转型。专家学者提出了"淘元模式"和"文博经验"等，为淘元镇电子商务的发展建言献策，贡献智慧；通过一系列高级别的会议推动"淘元模式"得到社会各界的广泛关注；通过推动政校合作，为淘元镇电商发展培育人才。最后，平台企业在淘元镇电商的推广上功不可没。阿里巴巴将赵圩村认定为全国首批淘宝村，在第七届网商大会上授予淘元镇"最佳网商沃土奖"，和中国社会科学院信息化研究中心紧密合作，推动"淘元模式"研究和推广。阿里巴巴董事局主席曾到淘元镇参观考察时表示全力支持"淘元模式"。淘宝村高峰论坛曾在文博县举行，来自全国各地的专家、学者和媒体会聚淘元镇，将淘元镇放到了聚光灯下，吸引了全国的关注。

在多元主体的推动下，淘元镇电子商务得到裂变式增长，并且由家庭作坊式的小生产者变成大规模企业化生产。2011 年底，淘元镇政府在原赵圩村网商一条街的基础上，启动建设电子商务创业园，建成标准厂房 4 万平方米、物流厂房 2.5 万平方米和 5000 平方米配套用房，进行生产加工、仓储物流、产品经营和产品展示。投入近亿元建设道路、下水管网、绿化等，全国大型物流公司和首批 20 家销售额超过 3000 万元的电商企业进驻园区。电商产业园等基础设施的建设，极大地促进了淘元镇电商产业集聚和产业链的发展完善。2016 年，全镇电子商务销售额达到 75 亿元，物流快递营业额突破 11 亿元。全镇共有网店近 1.6 万个，家具生产企业 1693 家[1]，带动五金配件、会计服务等上下游产业链的发展，实现了电子商务的产业集聚。

第三阶段，淘元镇电子商务的品牌化发展。淘元镇电子商务在经历井喷式增长和集群化发展之后，面临同质化恶性竞争、缺乏知名品牌等一系列问题，淘元镇家具成了"劣质"的代名词。淘元镇电商家具产业亟待转型升级。2012 年的"专利风波"[2] 曾带给淘元镇电商深刻的教训，网商的知识产权保护意识开始增强，他们积极开发新产品并申请专利，保护自己的知识产权，建立自己的品牌。截至 2018 年 9 月，全县电商领域专利授权数达 580 件，电商领域注册商标达 3592 个；有省著名商标 1 件、市知名商标 7 件、市级名牌产品 6 件。为了进一步打造淘元镇家具的知名度，淘元镇政府和南京林业大学合作，成立了淘元镇家具设计研发院，镇政府出钱，专门开发新产品，免费给商户使用。镇政府一年投资几十万元进行家具设计。截至 2020 年 9 月，已为电商家具企业设计出四大套系共 116 款产品，申请专利并完成打样 10 款产品。淘元镇电商协会还牵头申请注册了"淘元镇"集体商标，淘元镇网商生产的产品必须送到国家木制家具及人造板质量监督检验中心检验，合格了才能贴"淘元镇"集体商标。淘元镇政府还与淘宝平台建立了"淘元镇官方旗舰店"，镇政府利用自身的投资平台，找到淘宝店小二，注册了股份有限公司，招聘 50 名员工，包括运营人员、客服等，聘请第三方公司进行店铺运营。"淘元镇官方旗舰店"使用淘元镇家具设计研发院设计的产品，提供产品的生产商是使用"淘元镇"集体商标的十几家企业。淘元镇政府对这些产品统一定价，起到领航作用。镇政府投资 7000 万元的智能家居、1 亿元的中研科技、7000 万元的全铝家居、6000 万元的物流、10 亿元的互联网家居产业园、10 亿元的创新家居产业园等项目。大型项目的引入可以在思想和技能上培训淘元镇农民，把淘元镇品牌和标准建立起来，建立地方特色。淘元镇本地的十几家家具生产规模企业也在努力创设自己的品牌。例如，2012 年，孙煦主动从淘宝平台上撤退，将店铺转到京东商城和天猫。2015 年初，他花 30 万元年薪聘请高级管

---

[1]　淘元镇政府数据，2019 年 7 月。

[2]　专利风波是指淘元镇网商徐逸飞 2012 年在北京集中注册了几百个家具外观专利，几乎囊括了当时赵圩村销售的所有家具外观样式，要求卖家必须向他支付专利费用才能继续在淘宝上销售这些被注册外观专利的产品，他开出每户收专利费 3 万元的价码。

理人员为产品推广和销售铺路。他还成立自己的设计团队，每月推出 20 款新品。他旗下的家具公司已入驻天猫、京东等多个主流电商平台，年销售额超过 1 亿元。2020 年，他联合 3 家企业，投资 5 亿元成立全屋定制产业联盟。

但是，目前淘元镇网商之间尚未形成发展合力，仍然面临无序化发展的情况。如何发挥协会等社会组织的作用，将网商组织起来，形成行业发展的"规矩"，是实现淘元镇电商品牌化发展的重要一环。虽然淘元镇这一阶段还没有到来，但是出现了一些迹象。比如，淘元镇淘宝店店王博涵说：

> 打价格战也是必经之路吧。从打价格战变成小团体，每个小团体再形成大的团体。说不定有一天时势造英雄，出现一个整合资源的人。现在本地已经出现了很多小团体，一开始大家各自为战，但是一个人再进步，总有看不到的地方，也许我看不到的你看到了，互相交流，就有更多想法。我们会定期进行思想碰撞，比如在淘宝上有没有发现好的方向、产品，一起交流。（20190718 王博涵）

因此，淘元镇网商需要一个成长过程，需要逐步建立产权意识、合作意识、契约意识和规矩意识。在这一过程中，政府的宣传和引导，带头人的号召和示范以及电商协会发挥重要作用。

3. 电子商务对淘元镇的改造

2006 年之前，淘元镇是苏北默默无闻的小镇，经济结构以传统的种养业和废旧塑料回收加工业为主，村民年人均纯收入仅有 2000 多元，远远低于江东省 5813 元的年人均纯收入。2006 年，赵圩村村民孙煦在淘元镇开了第一家淘宝店，试销简易拼装家具获得成功。这个消息很快在赵圩村甚至淘元镇传播开来，越来越多的乡亲开始"触网"，放下锄头，拿起鼠标，淘元镇家具网销业在没有原材料、平台和市场的情况下发展起来，呈现裂变式增长态势。

截至 2021 年底，淘元镇有 13100 名网商，有 16500 家网店，有家具生产企业 1300 家，并形成了包括物流快递、原材料销售、床垫加工、摄影和3D 设计、油漆销售、会计服务、新媒体营销在内的完整的产业链。2021 年电子商务销售额达到 135 亿元。电商产业的发展让农民找到了致富的新路

子，2021 年淘元镇农民人均纯收入为 27359 元①，是 10 年前人均纯收入的
10 余倍。淘元镇从"破烂镇"变身为"中国淘宝第一镇"，成为信息化时
代中国农村的"电商王国"，电子商务赋予淘元镇全新的发展动能。

二 信息技术与乡村社会的互动机制

技术下乡是技术赋能的先决条件。技术下乡就是要让技术从城市向乡
村转移，并让技术与乡村场景匹配。从理论上看，技术进入乡村场景之后，
会与乡村场景相互适应和改造，技术通过打通乡村旧场景的边界，重新界
定乡村场景，甚至创造一个新的场景，而新的乡村场景反过来又让技术的
潜力爆发，促进技术升级，由此实现技术和乡村场景的协同。技术与乡村
匹配的过程实际就是处理"技术与乡村社会关系"的问题。理论界对"技
术与社会关系"的研究由来已久，最经典的理论莫过于"技术决定论"和
"社会建构论"。技术决定论认为技术决定社会；社会建构论强调社会形塑
技术，主张技术的形成是通过社会因素建构起来的。20 世纪 80 年代以后，
学者们试图跳出单纯的决定论，开始用更为综合的理论视角研究新技术和
社会的关系。研究者倾向于把技术与社会看成相互构造的两种力量，形成
了一种"互构"的分析思路。

技术与社会互构论比较有代表性的学者和理论是斯蒂芬·R. 巴利的技
术结构化理论、简·E. 芳汀的执行技术分析框架、黄晓春关于技术 – 结构
的时间序列互动分析模型，以及北京大学邱泽奇教授团队的技术与组织
"互构论"。总的来说，技术与社会互构论坚持三个核心观点：一是技术与
社会是相互建构的；二是技术与社会的互构是在一个反复"切磋和试错"
的过程中完成的，是多阶段复合的过程，每个阶段技术与社会互动的路径
和特点不同；三是人类的选择和行动在技术与社会互动的过程中发挥了重
要作用。同样的，技术下乡也是技术和乡村社会反复互动的过程。一旦技
术被创造出来，就需要寻找恰当的应用场景，并不断与应用场景互动，在
互动的过程中，技术通过调整和修正自身以适应特定的经济、政治、文化
和自然环境，并对社会环境进行"微调"，最终实现与应用场景的匹配，真
正在乡村扎根，继而充分发挥自身的潜能，实现对乡村的改造。具体来说，

---

① 数据来源：淘元镇政府，2020 年 9 月。

技术与乡村社会互动的过程包括三个阶段（见图3-1）：第一阶段是"寻找场景"，技术和乡村的关系体现为技术和乡村的相互选择和适应，技术需要寻找适宜的乡村场景，同时乡村也要选择合适的技术；第二阶段是"适应场景"，技术和乡村相互影响，技术调整自身以适应乡村社会的要求，同时技术也促进乡村社会"微调"；第三阶段是"改造场景"，技术已完全"融入"乡村社会，其刚性的一面日益凸显，改变着乡村社会的生产生活方式和农民的思想观念，并推动着乡村社会变革。技术会被乡村社会修改，乡村社会也会因技术的刚性而产生结构重组，从而形成技术和乡村社会之间的互构。这种互构不是自动生成的，农民的选择和行动在其中发挥着重要作用。可见，"技术下乡"并不是将技术简单植入乡村的过程，它涉及各种复杂的过程。技术下乡后，要和乡村进行多轮的"切磋及试错"，最终在农民的主动选择和行动中，方能实现与乡村场景的协同，更好地为乡村赋能。

图3-1　技术与乡村社会的互动机制

（一）寻找场景：适宜的乡村场景是技术下乡的前提

技术与社会互构论提醒我们，技术赋能不是技术单方面作用的结果，而是认知、文化、结构和政治嵌入的结果。因此，寻找和技术应用相适应的场景，并实现技术和场景的匹配，是实现技术赋能的前提。

1. 自下而上的草根创新不失为技术进入乡村的一种有效方式

在我国的乡村建设中，政府惯用的方式是自上而下的行政推动。在中国，信息技术下乡的过程同样面临因农民主体性的缺场而遭遇阻滞的问题。自2004年中央首次在一号文件中提出加强农业信息化建设，历年的中央一号文件都对农村信息化非常重视。政府强化面向农村的信息服务平台和工程建设，建立国家、省、市、县四级农业信息网络互联中心，积极推动信息服务进村入户。然而，这种只靠政府自上而下推广的信息化，虽然加强了农村的信息基础设施建设，向农民普及了网络知识，但由于农民看不到学习互联网的好处，学习的积极性不高，使得国家花费了大量的人力、物力推进农村信息化，但实际效果并不理想。电子商务被认为不适合农村。

而淘元镇电子商务的发展打破了电子商务不适合农村的论断，也探索出了不同于自上而下的行政推动的另一种或许更有效的技术下乡方式，即自下而上的草根创新。农民自发地将电子商务与日常生产生活联系起来，将电子商务与自己的切身利益相连接，极大地激发了其他农民接触进而投身电子商务的热情，改变了在自上而下的行政推动中农民因看不到利益而消极应付的局面，变被动为主动，从而使电子商务在农村以低成本高效益的方式迅速传播，并将自下而上的草根创新与政府自上而下的信息基础设施建设对接起来，激活了政府前期在基础设施建设中的巨大投入，变为实实在在的经济效益。

我们无意否定政府自上而下的行政推动在技术下乡中的作用。事实上，政府自上而下的信息基础设施建设是电子商务发展的前提和基础。而且在中西部经济欠发达地区，由于基础设施薄弱和农民创新观念不足，难以像东部沿海地区一样，依靠乡村自下而上的创新自发发展起电子商务。在中西部地区，不仅需要政府营造电商发展氛围，促进电商产业专业化和规模化发展，也需要政府积极联合市场组织，通过专业化机构陪伴式引导和扶持，促进健全的商业生态系统的形成。在这一发展模式中，最成功的要数河南省洛阳市孟津县的"政府＋服务商"模式。政府通过财政支持营造电商发展氛围，并通过基础设施建设促进产业集聚，服务商通过选择培育对象并进行全程陪伴式服务促进电商产业发展。

可见，无论是自上而下的外部推动还是自下而上的内生发展都可以促进乡村技术赋能，关键是要寻找与乡村场景匹配的技术下乡方式。由于过去我国长期依赖自上而下的政府推动方式促进技术下乡，忽视了自下而上的草根创新和内生发展力量，尤其是面对信息技术这种看似和农民相距甚远的"高科技"时，更是低估了农民的创新性和创造力，没有激发农民的主体性，技术下乡受阻。而淘元镇电子商务的发展无疑有力地说明了农民的主体性所能创造的巨大价值。因此，在技术下乡的过程中，要充分发挥农民的主体性，并根据具体的乡村场景选择合适的技术下乡方式。

2. 适宜的乡村场景是技术落地的有利条件

淘元镇的电子商务之所以发展迅速，这与淘元镇适宜的乡村场景密不可分。"天时、地利、人和"为电子商务在淘元镇的落地提供了适宜的土壤。

　　首先，"天时"体现在淘宝网初创期的红利为淘元镇电商创造了丰厚的利润。"天时"也就是技术下乡的时机和市场大环境。而技术下乡的过程本质上也是农民创业的过程，是农民利用新技术改变产业结构和生产生活方式的过程，因此，技术下乡的"时机"很大程度上决定了技术下乡的成效。淘元镇创业者赶上了淘宝网初创期的红利是淘元镇电商成功的重要因素。淘宝网初创期的低准入门槛和巨大的流量使得网商能够获得巨大利润，满足了农民的利益诉求，吸引农民争相加入。淘宝网初创期对中小卖家提供了很多优惠条件。比如为新卖家提供3个月的免费推广扶持政策，卖家可以免费开店（只需要缴纳1000元保证金），从而大大降低了网商的营销成本。淘宝网创建初期，为了吸引客户，对网上销售的产品监管薄弱，这给卖简易拼装家具起家的孙煦开设了绿色通道。另外，淘宝网初创期较低的准入门槛和创业成本为淘元镇电商的兴起创造了条件。即使是妇女、老人、残疾人等弱势群体，也被包容在电商发展的过程中。农民即使不会操作电脑，也能够通过一根手指敲着键盘，从包容性增长中得到实惠。此外，2005年，淘宝网已经成为中国第一大网络零售网站，拥有中国最大的流量池，像目前淘宝的主要竞争对手京东于2004年刚刚涉足电商，还不足以和淘宝竞争，而拼多多（成立于2015年）在当时还没有出现，现在的抖音、快手等直播平台更无从谈起，所以当时的淘宝成了中国最大的网络消费市场，吸引的流量最多。对当时的网商来说，只要做出产品放到网上，就很容易卖出去，而且还有相当可观的利润。正是因为淘宝网和农民的利益直接挂钩，带动了一批批农民投入网络销售的大潮。如今淘元镇电商家具销售额占淘宝网简易拼装家具销售额的80%。可见，有利的时机是促进技术落地的关键要素。

　　其次，"地利"表现在淘元镇交通便利、商业文化浓厚与政府支持。第一，交通区位条件是促进技术下乡的基础和前提。区位是自然地理区位、经济地理区位和交通地理区位在空间地域上的有机结合。淘元镇地处江东省北部平原地带，是某经济区中心城市东沿市的东大门，并且和商羽市接壤，距离商羽市区仅有18公里，和乡镇企业发达的东沙镇仅有一河之隔。因此，淘元镇的自然地理区位和经济地理区位具有一定的优势。而淘元镇最大的优势在于其交通地理区位。交通状况是一个地方"连通性"的表征，在信息社会来临之前，人们主要通过"交通"这一"物理连接"实现与外部世界的物质和信息交换。因此，在传统社会，一个地方的交通状况很大程度上决定了其经济发展状况，而城市经济发展远远优于乡村的一个重要原因是城市的集聚效应和交通的便利性，促进了商品交换和专业分工。而乡村因其偏远、分散和交通落后，长期处于闭塞和孤立的状态，严重阻碍了技术传播，乡村发展远远落后于城市。信息社会的到来打破了乡村孤立、闭塞的状态，利用互联网的"信息连接"促进乡村和外部世界信息交换；然而，"信息连接"离不开"物理连接"这一载体，就如电子商务的发展离不开发达的物流体系一样，物流体系犹如电子商务的"血管"，而物流体系严重依赖于交通条件。因此，便利的交通条件依然是"技术下乡"不可或缺的基础和前提。淘元镇位于东沿市文博县东部，和商羽市接壤，西距东沿市100公里，区位优越，交通便利。得天独厚的地理位置使赵圩村不再是一个相对封闭的村庄，促进了信息流、物质流和资金流的传播，为电商带头人接受新事物创造了条件，更为电子商务的发展提供了物流支撑。第二，社区文化是技术传播和扩散的内驱力。淘元镇积极进取的社区文化为电商发展提供了持久动力。淘元镇的村民有着"不安分""不守旧"的精神特质，以及"正能量的嫉妒心"。凭借着艰苦奋斗、拼搏进取的精神，通过艰苦练习、不断摸索和持续学习，淘元镇"人人会淘宝，家家是电商"，打造了"信息时代的电商王国"。此外，淘元镇浓厚的经商氛围促进了电商传播。而中国也不乏出现了电商带头人，却没有诞生出淘宝村的地区，主要是因为当地缺乏区域商业底蕴。第三，有为政府的有效支持能够极大地促进技术传播、产业集聚和专业分工。淘元镇政府的支持作用主要表现在三个方面：一是促进淘元镇废旧塑料回收加工产业向电商产业转型，形成淘元镇电商家具产业的规模效应；二是为淘元镇电商产业发展提供基础设施和公共服务；三是对淘元镇电商家具企业进行规制和监管，为电商产业发展保驾护航。

最后，"人和"体现在淘元镇青年的知识创新。"人和"指在技术下乡过程中，行动主体的主动性和能动性发挥关键作用。淘元镇青年的知识红利是电子商务能够在淘元镇迅速发展的重要条件。不同于"工业社会"是一个由大企业、大集团、大规模的技术开发项目主导的时代，"信息社会"是一个中小企业、风险企业，以经营者的个性、才能和创造力为武器，堂堂正正地与大企业分庭抗礼的时代，"信息社会"赋予"农二代"一个崭新的机会，而农民个体是否具有"个性"和"创造力"也决定了其能否把握住信息社会的红利和机会。事实证明，淘元镇知识青年用创造力抓住了信息技术的红利。在淘元镇电子商务萌芽的过程中，诸多因素发挥着重要作用。然而，在宏观背景相同的条件下，很多地区的条件比淘元镇优越得多，却没能发展起电子商务，这充分说明了带头人的创新精神在电子商务萌芽过程中的关键作用。淘元镇电商带头人都是"不安分"的人，很有"个性"和"创造力"，他们三个知识青年的返乡/在乡创业，为信息技术的落地和电子商务的萌芽提供了知识基础。

3. 合适的产品是技术落地的有效载体

技术下乡最终产出的是"产品"，而这些"产品"能否满足市场需求和客户期待，决定了这项技术能否被最终采纳。因此，选择和生产满足市场需求的产品，提供满足客户期待的服务是技术落地的有效方式。

淘宝网是众多卖家的聚集地，如何在千帆竞发的"卖方市场"上找到一片"蓝海"，需要智慧，也需要运气。幸运的是，在经历了小商品、电话灯、小礼品和净水器等一系列产品的试错之后，淘元镇电商终于寻找到了简易拼装家具这片"蓝海"。简易拼装家具具有市场需求大、门槛低、生产和交易流程简单易学、适合长途运输和满足用户动手组装的乐趣等优点，使得其一进入市场就得到了广大消费者的青睐。具体来说，首先，简易拼装家具市场需求大。中国有着庞大的中产阶级家庭和农民工群体，他们有些生活在大城市狭小的居住空间里，租住房屋，因此，他们对节省空间、功能性强、时尚简约而又便于运输的家具颇为青睐，而淘元镇简易拼装家具正符合这些需求。其次，简易拼装家具具有门槛低，生产和交易流程简单易学等特点。孙煦和陈震当初选择简易拼装家具，就是因为做简易拼装家具的生产技术是农村木匠的手艺能够企及的，且简易拼装家具便于运输，适合网上销售。事实上，没有生产家具手艺和经验的淘元镇村民确实在极短的时间内掌握了家具生产的核心技术。再次，简易拼装家具拆卸方便，体积较小，不易损毁，方便长途运输。最后，简易拼装家具满足了年轻人"创作"的乐趣，也满足了年轻人要亲手布置小家的"情怀"。可见，正是选对了简易拼装家具这个满足市场需求的"产品"，才使得淘元镇电商迅速发展壮大。

（二）适应场景：乡村社会中的技术"嵌入"与自我调适

电子商务成功为淘元镇赋能，不仅是因为淘元镇具有承接信息技术的适宜土壤，也是因为信息技术"巧妙"地嵌入淘元镇的乡村场景中，"恰如其分"地对农民进行赋能和改造，符合了农民对技术的接受条件，赋予了农民从事工业生产的素质和能力，并成功地对村庄功能进行了现代性改造。

1. 技术对乡村的"嵌入"

（1）电商平台的"有用性"和"易用性"符合农民的技术接受意愿

1989 年，美国学者弗雷德·D. 戴维斯（Fred D. Davis）提出了技术接受模型（Technology Acceptance Model，简称 TAM）。该模型认为感知的有用性（perceived usefulness）和感知的易用性（perceived ease of use）是决定人们是否采用计算机的两个主要决定因素，其中，感知的有用性反映了个体对使用新技术能够在多大程度上提高工作业绩的看法，感知的易用性反映了个体对技术难易程度的看法。① 而电商平台的"有用性"和"易用性"恰恰符合了农民的特征以及农民的技术接受意愿。

一方面，电商平台具有"易用性"。淘宝网为农民开网店提供了完善的网络生态系统，而农民接入这个强大的生态系统却只需要一个程序接口。对于农民来说，只需要通过一个程序接口，进入这个网络协同生态，就能随时获取几百种不同的第三方服务，以及由淘宝网提供的全套基础设施服务，比如旺旺工作流、各种营销服务等。可见，电子商务平台为农民提供了一个门槛低、成本低和服务好的网络创业途径，释放了草根创新力，从而实现为农民赋能。对淘元镇网商来说，网店的交易流程也简单易学，有设计、生产、网销、配送、收款等环节，而对于只从事网络销售，没有办工厂的网商来说，他们只需要紧跟供应商的产品更新、拿货、配送、收款就行，对于有着经商头脑的淘元镇人来说，这并不困难。

另一方面，电商平台具有"有用性"。网络协同生态可以赋予农民信息化的能力。农民通过互联网直接对接市场，减少了中间环节，克服了信息不对称，降低了资源获取成本和交易成本。网络协同生态使农户掌握了信息权、订单权和定价权，掌握自己的产业发展方向。同时，网络协同生态还可以赋予农民市场化的能力。农民可以利用互联网低价获取各种资源和

---

① Fred D. Davis, Richard P. Bagozzi, Paul R. Warshaw, "User Acceptance of Computer Technology: A Comparison of Two Theoretical Models," *Management Science*, Vol. 35, No. 8, 1989, pp. 982 – 1003; Fred D. Davis, "Perceived Usefulness, Perceived Ease of Use, and User Acceptance of Information Technology," *MIS Quarterly*, Vol. 13, No. 3, 1989, pp. 319 – 339.

服务，获得更多的信息和知识以及全国乃至全球的客户资源，从而获取市场化的能力。可见，电商平台完美地实现了"有用性"和"易用性"的结合，农民自然愿意接受这种技术，并被技术赋能。

（2）互联网和社会网络的"双网融合"加速了技术传播

电子商务在淘元镇实现裂变式增长，得益于电子商务将"互联网"这一虚拟网络同熟人社会关系这一"社会网络"紧密地联系起来，利用线下社会网络推动了线上互联网技术的传播。由亲缘、血缘、地缘形成的熟人社会关系的"情面"极大地促进了淘元镇电商裂变式增长。淘元镇电商王博涵把这种传播线条称为"一带一路"。"一带一路"是指亲戚朋友之间，你教我我教他，一个带一个，就走出了一条致富路。电商产业沿着地缘和亲缘关系向外扩散蔓延。从宏观方面来看，电商产业以赵圩村为核心，向淘元社区和钱圩村等周边村扩散，随后又向周边乡镇扩散，最后从文博县的东南向西北方向扩散。从微观方面来看，做电子商务的技能首先在近亲和朋友之间传播。例如，孙煦首先教会了住在他家对面的好朋友王华，王华又教会了他的弟弟王耀。刘峻茂把他的几个兄弟都带动起来做电商。尽管孙煦曾试图和几位早期电商签订"保密协议"，承诺以后不再教其他人做电商，但在农村，"保密协议"终究敌不过"情面"，当亲戚找上门来，该教的还是得教。不止别人，孙煦自己教了两个妹妹。可见，根深蒂固的传统亲朋观念，为推动电子商务的传播立了大功。

2. 技术的自我调适

电商平台也在不断地调整规则，以适应农村电商不同发展阶段的需求。在电商平台发展初期，电商平台基本是无为而治，持完全开放的态度，吸引各种卖家进驻，以打造卖家和买家共赢的生态，并为卖家提供一系列的优惠条件，如免费开店（只需要缴纳1000元保证金），为新卖家免费推广3个月，对上架的产品和进驻的商家几乎不设监管，等等。淘元镇电商在这一阶段获得了较高的利润。当电商平台上集聚了较多的卖家，网商经营的产品种类繁多、产品质量参差不齐，影响市场生态的健康发展时，电商平台果断出击，开始调整淘宝商城原有规定，新规定要求入驻淘宝商城需预先缴纳五六万元的保证金，达到一定的交易量，淘宝商城会将这笔钱的大部分返还给卖家，淘宝商城将众多无力支付这笔保证金的小微卖家排除在外，进驻的卖家都是具备一定资质的企业，从而实现了对进驻卖家的筛选。

如今，随着京东、苏宁易购、拼多多等电商平台的发展和竞争，淘宝网的流量分流，卖家需要花费时间和精力去推广以增加公司的权重，才能获得优先展示权。此时，电商平台也在积极适应场景的变化，主动寻求方案突破买家流量的制约，通过"技术升级"提高交易的精准化，按照产品品类和产地等多个维度组织分配货源、优化平台界面、引导买家流量，降低买卖双方时间和金钱的交易成本，提升交易效率。面对淘元镇电商同质化恶性竞争的无序状态，淘宝也试图实现和淘元镇电商整体对接；面对"有限资源无限竞争"的矛盾，电商平台也在努力调整规则，使农村网商有更多的机会实现快速成长；面对网商失信的行为，电商平台也在尝试和政府一道建立线上线下一体的征信系统，以实现对网商更强有力的监管。可见，电商平台也在随着乡村场景的变化不断地调整自身的规则，不断进行"技术升级"，以解决农村电商发展中存在的一系列问题。

（三）改造场景：技术促进乡村社会发展和变革

技术进入乡村并影响乡村是个多阶段复合的过程。在第一阶段，技术主要寻找适宜的乡村场景，并根据场景的特征选择合适的进入方式和载体。在第二阶段，技术和乡村进行不断互动与调适，技术以其自身的灵活性适应乡村场景的要求，同时也在提高效率的基础上促进乡村社会的"微调"，最终实现技术和乡村场景的匹配。在第三阶段，技术已经成功"打入"乡村的内部，技术的刚性开始凸显，技术成为乡村内部结构的一部分，开始改造乡村，推动乡村的变革方向。在淘元镇，电子商务发展起来后，便开始对乡村的各个方面进行重构。电子商务为农民赋能，提高了农民的认知能力、行动能力和心理能力；为政府组织赋能，不断地迭代政府组织的观念，转变着政府组织的思维方式，赋予政府治理更多的抓手，升级政府组织的工作方式，使得政府组织更"有为"、更"智能"、更"以人为本"；为企业组织赋能，促进淘元镇简易拼装家具业的产生和发展，推动产品迭代、营销手段升级和生产设备智能化；为社会组织赋能，对社会组织的发育提出了新需求，并为其发展提供资金支持；为社区赋能，提高社区的经济发展能力、人才吸引能力、社会治理能力以及促进社区商业文化的形成。总之，当技术扎根于乡村之后，便开始了对乡村的改造进程，促进乡村的发展和变革。

三 "结构 - 细胞 - 基因" 的深层变革

汪向东认为，农村电子商务对农村经济社会转型的意义是深刻的，可以概括为：改变了"结构"，赋能于"细胞"，转变了"基因"。[①] 本部分借鉴汪向东的用法，深度分析电子商务给农村带来深层变革的机制。其中：改变了"结构"指信息技术赋能推动了农村经济社会转型，改变了农村的深层结构；赋能于"细胞"指信息技术赋予了农民信息化和市场化的能力，农民成为农村社会的新"细胞"；转变了"基因"指信息技术赋能就像转基因工程，转变着农村经济社会的发展模式。

（一）改变了"结构"：促进农村经济和社会结构的深刻变革

1. 电子商务促进淘元镇产业结构转型，带来社会财富快速增长

电子商务发展直接促进了淘元镇的产业转型，使淘元镇由"破烂镇"变为"中国淘宝第一镇"，成为信息化时代的"电商王国"，淘元镇人则由"农民工"实现了向"淘元镇精英"的身份转变。电子商务的直接价值体现在促进产业兴旺、收入增长、增加就业和减少贫困等方面。

在从事电子商务之前，淘元镇人以种养业和外出务工为主，仅赵圩村每年外出务工人员就达到 1500～2000 人。此外，废旧塑料回收加工业是当时的主导产业，废旧塑料回收加工企业有 1200 多家，从业人口近 2 万人，年产值 15 亿元。然而，这种落后、粗放的生产模式对当地的环境造成了严重破坏，村民的房前屋后、道路两侧堆满了垃圾，空气中弥漫着难闻的塑料气味，河水的颜色都被污染成了紫色，有的农民因从事该产业患上了癌症和血液病。电子商务的发展为淘元镇产业转型提供了新选择和新动力。有 850 家废旧塑料回收加工企业迅速转型为电商家具企业，淘元镇的垃圾山没了，淘元镇的环境变好了。如今淘元镇电商已经从单纯的网络销售，发展为集产品设计、加工、销售、客服、运营于一体的公司化运作模式。

淘元镇电商产业的发展，促进了经济增长和结构优化、创造了更多就业岗位，实现了农民增收致富。具体来说，2021 年电商销售额达到 135 亿

[①] 汪向东：《农村经济社会转型的新模式——以淘元电子商务为例》，《工程研究——跨学科视野中的工程》2013 年第 2 期。（已匿名处理）

元，"双 11"单日销售额达到 10.01 亿元，创造就业岗位 3.15 万个，农民的收入水平显著提升，赵圩村和淘元镇的农民人均纯收入分别为 30121 元和 27359 元，是 10 年前收入的 10 余倍，远远高于文博县农民的 19256 元的人均纯收入。电商劳动力市场蓬勃发展。截至 2019 年底，电子商务上下游产业链带动 78 个低收入家庭创业，带动 2280 名低收入群体就业，月平均工资 3000 元。另外，电子商务的发展为"党建＋电商"的扶贫模式创造了条件。淘元镇党委开展"百企帮千户"活动，设立"扶贫驿站"，发动全镇 1000 余家实体企业、1 万多家电商，为贫困但有劳动能力的群众提供就业岗位和创业平台。2016 年至 2018 年全镇脱贫 1644 户 4701 人，其中，通过电商产业扶贫脱贫 816 户 2483 人。[①] 电子商务极大地提高了农民收入，让农民过上了有尊严的生活，很多农民实现了由"农民工"向"淘元镇精英"的转变。电子商务带动了淘元镇农村经济的发展，改变了传统的经济空间布局，使淘元镇实现了由"破烂镇"到"中国淘宝第一镇"的华丽转变，形成由电子商务驱动的地方特色产业新生态，带来大量就业机会，形成良性循环的商业生态。

2. 淘元镇电子商务带来了社会结构的深刻变革

首先，淘宝村给农民带来了更高的幸福指数，农村家庭结构重新完整化。电子商务的发展提供了一条"就业本地化"的新路径，带动了 90% 以上的农民返乡创业，"留守"问题迎刃而解，农民的幸福感更强了。其次，年轻人的回归使乡村重现生机与活力，镇上原本无事可做的年轻人都忙碌了起来，社会治安也明显转好，乡村生活和谐有序。再次，电子商务促进了弱势群体的价值实现。电商向农民提供了平等参与的机会，所有村民都能参与到现代化产业链条中，增强了弱势群体的脱贫能力。老人、妇女、残疾人等这些传统上被认为与网络相去甚远的群体也参与到电商产业中，使女性这一群体的生产力得以释放，使残疾人在平等的劳动中获得尊重，实现人生价值，增加了老年人的工作机会和收入，使老年人的晚年生活更充实，更有保障。最后，电子商务提升了社区治理能力，提升了社区的环境治理能力和空间规划能力并促进社区商业文化的形成。

---

① 数据来源：淘元镇政府，2020 年 9 月。

（二）赋能于"细胞"：赋予农民信息化和市场化的能力

农民网商是农村经济社会的新"细胞"。电子商务为农民赋能的核心在于：利用互联网生态，赋予农民信息化和市场化的能力，这种信息化和市场化的能力反过来促进当地制造业、服务业和商业的发展，从而形成地方特色产业新生态，带来大量就业机会，形成良性循环的商业生态。互联网技术和生态为农民赋能的机制主要体现在以下三个方面。

首先，通过平台赋能，赋予农民对接大市场的能力。电商平台为农民提供了一个复杂的网络协同生态。对于农民来说，只需要通过一个程序接口，进入这个网络协同生态，就能随时获取几百种不同的第三方服务，以及由淘宝提供的全套基础设施服务，比如旺旺工作流、各种营销服务等，这就是"面"和"体"对"点"和"线"的赋能。电商平台从交易、物流、金融等方面，为草根创业者赋能。在电子商务平台的作用下，乡村地区得以突破地理障碍，参与到全国甚至全球的大市场中，极大地促进经济社会发展。

其次，通过结构赋能，赋予农民信息化的能力。家庭联产承包责任制实施以来，始终存在分散的小农户如何对接大市场的结构性难题。在电子商务出现之前，农民要么单独和市场对接，要么通过中介公司和市场对接。这两种模式都存在信息不对称的缺陷，农户处于弱势地位。而"网络＋公司＋农户"具备了与传统模式完全不同的意义。在信息技术的赋能下，农民具有了信息化的能力，获得了平等对接大市场的机会，摆脱了中间商赚差价的局面，真正获得了收益和实惠。

最后，通过资源赋能，赋予农民市场化的能力。网络协同生态赋予了农民市场化的能力，扩大了他们的交易半径和交易规模，让越来越多的草根农村网商可以足不出户地与远方的生意伙伴交易，获得全国乃至全球的客户资源。此外，农民可以利用互联网低价获取各种资源和服务，获得更多的信息和知识，从而降低交易成本和学习成本。

（三）转变了"基因"：转变着农村经济社会的发展模式

信息技术赋能对农民发展理念和素质的改变，堪称农村的转基因工程，转变着农村经济社会的发展模式。信息技术赋能提升了农民的认知能力、行动能力和心理能力，增强了农民的自尊心、自信心和自豪感，让农民过上了有尊严的生活。对农民来说，电子商务已不是外部强加给他们的可有可无的东西，而是他们自主选择的生计方式和生活依靠。电子商务赋予了他们前所未有的能力，不仅可以使他们低价或免费学习到很多知识和获得很多信息，而且使他们在对接市场上获得了订单权和定价权，享受到一种全新的交易自由。电子商务让农民看到了网络带来的全新机会，获得前所未有的感悟和自信，他们坚信，无论市场如何变化，只要掌握了电商技能，都可以从容应对，体现了中国农民在现代技术的洗礼下所收获的全新的发展观、资源观和价值观。此外，电子商务的发展使得乡村文化由注重"经验"向注重"科学"转变，由重视"情感"向重视"理性"转变，由"落后保守"向"开放创新"转变，由"讨生活"向"干事业"转变。信息技术赋能给中国农民所带来理念和能力的改变，将深刻影响中国农村经济社会发展。

四　信息技术重构的内生动力

不同于政府自上而下的行政推动，淘元镇电商发展的可贵之处在于，它源自自下而上的草根创新。在乡村发展的过程中，政府自上而下的行政推动是非常常见的一种乡村发展模式，虽然能在一定程度上促进乡村发展，但常常伴随高成本、低成效、低参与度和可持续性差等弊端，更适合于基础设施较差、资源匮乏、人口流失严重的中西部村庄。乡村精英的自发创新是淘元镇电子商务发展的内生动力。"信息社会"赋予"农二代"崭新的机会，农民的"个性"和"创造力"决定其能否把握住信息社会的红利和机会。淘元镇电商带头人都是"不安分"和"爱折腾"的人，极具"个性"和"创造力"，且都接受过高中以上文化教育，具有"敢想敢干""不怕吃苦"的"行动力"。三个知识青年的返乡创业，促进了信息技术的落地和电子商务的出现。如果说乡村精英的带动点燃了淘元镇电商发展的星星之火，那么，淘元镇的"重商传统"和"社区文化"则促成了电商发展的燎原之势。淘元镇历来有浓厚的商业传统，村民多经营各种副业。从开食品作坊、养猪、废旧塑料回收加工再到网上淘宝，淘元镇人不断变革着生计方式。村民从事商业活动的积极性，以及商业敏感度对农村电商产业的创新发展起着重要的推动作用。正是这种商业精神使得电商带头人网上开店赚了钱之后，淘元镇其他农民能够敏锐地嗅到商机，并迅速模仿跟进，促进淘元镇电商的裂变式增长。同时，淘元镇"积极进取""不甘人后"

"勇于拼搏"的社区文化促使淘元镇人在电商经营中"比、学、赶、帮、超",促进了淘元镇电商产业的裂变式增长。

可以说,电商带头人用自发创新开启了淘元镇的"淘时代",而众多知识青年的返乡则为淘元镇电商产业发展接力。电商带头人的创新实现了"从0到1"的突破,而众多知识青年的接力则实现了"从1到N"的增长。过去,村里青年、文化程度较高的劳动力都在外面打工,现在电商家具产业的快速发展,他们纷纷选择返乡创业,使知识经济在故乡生根发芽。截至2021年底,电子商务创造了3.15万个就业岗位,吸引高层次人才910人。[①] 更可喜的是,在"80后"电商不断自我突破和革新的同时,"90后",甚至"95后"和"00后"的电商已经在淘元镇电商产业发展的洪流中勇立潮头。不同于前三次的调研,后面几次的调研,笔者感受到最明显的变化是,第一波明星电商口中讲述的已不再是"当年勇",而是对"后浪"们的赞不绝口。他们一边感慨自身的知识技能赶不上电商发展需求,一边赞叹新一代年轻电商的"魄力"和"创新"。

淘元镇最早具有专利意识的网商大户徐逸飞,忍不住感慨:

> 现在做电商的小青年,刚创业的大学生,创新能力比我们更强,想得更多、更远。他们脑子灵活,脑子稍微动一动,就比我们的产品好卖。我遇到一个年轻人,他把我的一款床样式改一下,改完之后感觉非常好。他们的想法接地气、靠谱。南林大设计得太前卫了,不接地气,只能欣赏,不好卖。(20200903 徐逸飞)

曾经的"塑料大王",淘宝大户,如今淘元镇十几家物流的一级代理王华也对"90后"网商称赞有加:

> 我们这边的农村小伙子比其他地方的农村小伙子见识要广,不管是国家层面的,还是个人生计层面的。我们这边的人胆子比较大,出来一种新事物,都立马去投,一投都是几十万元或几百万元,眼都不眨。现在干淘宝这块主要都是"90后","90后"学历高,思想灵活,

----

① 数据来源:淘元镇政府,2022年9月。

干淘宝能干得轻松一些，做淘宝能做起来的，基本上都是"90后"。他们虽然进入得晚，但是他们有学历，基本上都是上过大学回来的，对淘宝规则接受能力强。他们也经常出去学习。（20200903 王华）

新一代网商从小经历了淘元镇电商产业的裂变式增长，以及近年来的转型升级。他们在亲戚朋友经营电商的耳濡目染下长大，受到淘元镇积极进取的社区文化熏陶，接受过更好的教育，身边都是可以学习的榜样和资源，且在淘元镇已有的产业基础和品牌知名度上开始创业，因此，对新一代电商来说，他们具有相较于父辈更优越的电商经营条件。事实上，"90后""00后"新一代电商已经成长为淘元镇电商的中流砥柱。

总之，虽然政府、企业、专家学者、媒体、社会组织等在淘元镇电商发展中起到了重要作用，但淘元镇人不甘人后、敢于创新的精神以及拼搏进取的社区文化始终是淘元镇电商发展的内生动力。因此，可以说，内生力量是淘元镇技术赋能的核心动力。

本章小结

本章重点考察了乡村技术赋能的条件，即技术下乡。阐述了技术下乡的客观依据，并对技术下乡进行理论辩护，最后导入本研究的个案——信息技术重构乡村社会的典型案例——东沿市淘元镇。

技术下乡的客观依据在于城乡之间的技术鸿沟与发展能力差异。城乡之间的技术鸿沟表现在改革开放以来城市的现代化与技术化处于高速发展的进程中，而乡村在技术现代化的进程中明显落后了，乡村与城市的技术分野明显具有了"代差"。此外，由于历史和现实的原因，我国城乡之间存在着巨大的能力差异，主要表现在经济发展能力、公共服务能力、治理能力和人的知识能力四个方面，识别并缩小这些差异，是实现城乡一体化和乡村振兴的关键。乡村技术落后的原因在于技术"供给不足"和乡村"承接不力"。技术"供给不足"主要缘于政策不利、地理障碍和市场的逐利性。乡村"承接不力"主要受我国农业从业人口特征和乡村组织弱化的影响。目前，国家的政策创新、乡村物质资本和人力资本的提升以及交通和电信等基础设施的完善为技术下乡提供了坚实基础。

党的十九大提出"实施乡村振兴战略",乡村振兴战略落地除了需要一系列规划、计划与政策出台,在乡村社会层面,最重要的因素之一就是"技术下乡"。历史地看,中国传统的社会治理主要表现为"经验治理",社会治理的理性化、科学化、技术化程度不高,造成了巨大的治理困难;从世界范围来看,伴随着现代化、工业化的飞速发展,社会治理的技术化程度越来越高,"技术治理"成为社会治理的一种新模式;现实地看,我国在乡村建设过程中,已有一些地方在引入"技术"这一重要的治理要素。因此,"乡村振兴"国家战略要想落地,离不开"战略 + 技术"的组合模式,促进"技术下乡"。

东沿市淘元镇是信息技术重构乡村社会的典型案例。技术下乡本质上是一个寻找场景、适应场景和改造场景的过程,最终实现技术与乡村场景的匹配。首先,适宜的乡村场景是技术下乡的前提。淘元镇自下而上的草根创新成为技术下乡的有效方式,"天时、地利、人和"为技术下乡提供了适宜的土壤,合适的产品成为技术落地的有效载体。其次,技术自身要更好地"嵌入"乡村场域中,并在与乡村互动的过程中进行自我调适。最后,技术改造了乡村社会,给淘元镇带来"结构 - 细胞 - 基因"的深层变革。信息技术改变了"结构",促进农村经济和社会结构的深刻变革;信息技术赋能于"细胞",赋予农民信息化和市场化的能力;信息技术转变了"基因",转变着农村经济社会的发展模式。而信息技术改造淘元镇的内生动力来自淘元镇人不甘人后、敢于创新的精神以及拼搏进取的社区文化。

第四章　乡村技术赋能的要素分析

根据《现代汉语词典》（第 7 版）的解释：要素指构成事物的必要因素。"谁来赋能"、"为谁赋能"以及"如何赋能"是乡村技术赋能研究必须要回答的问题，对应的主体、客体和方式构成了乡村技术赋能的分析要素。乡村技术赋能的主体包括乡村精英、政府、平台、专家和媒体等；乡村技术赋能的客体是农民、组织和社区；乡村技术赋能的方式是结构赋能、资源赋能和心理赋能。

第一节　乡村技术赋能的主体

"技术提供了变革的可能，并被组织内不同的行动者赋予不同的期望和意义，这些行动者借助技术的引入——更确切地说，通过设定技术发挥作用的方式——而延续着以前组织内不同部门、力量间的相互角力。从这个意义上说，信息技术本身并不能直接引发变化，它通过为组织内关键行动者提供机会、新的资源而促动组织的变革。"[1] 可见，行动者在技术和组织的互动中发挥着关键作用。同样的，多元主体的选择和行动在乡村技术赋能的过程中也发挥着重要作用。"技术下乡"并不是将技术简单植入乡村的过程，它涉及各种复杂的过程。技术下乡后，要和乡村进行多轮的"切磋及试错"，最终在多元主体的主动选择和行动中，方能实现与乡村场景的协同，更好地为乡村赋能。"多元主体的选择和行动"在技术赋能中发挥着关键作用，决定着技术赋能的成效。而乡村技术赋能的过程本质上是各种利益主体及资源和技术专家相互博弈的经济和政治过程，是多种利益主体通

---

[1]　黄晓春：《技术治理的运作机制研究——以上海市 L 街道一门式电子政务中心为案例》，《社会》2010 年第 4 期。

过平等的讨论和协商，化解利益冲突，达成共识，最终实现合作共赢的过程。正如新内源性发展理论所主张的：任何地方发展都是外源性力量和内源性力量动态建构的过程，地方行动者要积极参与内外互动的发展过程，充分发挥人力资本的作用，以增强地方发展能力。可见，只有多元主体采取集体行动、合作共治，才能尽可能发挥技术赋能的效用。否则，各个行动主体之间混乱甚至相反的行动，则会阻碍技术赋能的实现。在淘元镇电子商务发展的过程中，正是乡村精英、政府、企业、专家和媒体等多元主体在电商发展的不同阶段合作共治、相互配合，朝着共同的目标充分发挥各自的作用，才使得电子商务的效能得以充分发挥，促进了淘元镇经济社会的发展和农民的成长。

一 乡村精英：赋予内生动力

乡村精英指"那些在乡村中具有显著资源优势，其社会影响力远远超过一般村民的那类人"①。乡村精英可分为政治精英、经济精英和社会精英。本书此处所讲的精英指经济精英。村庄经济精英指在村庄经济生活领域取得一定成果、经济实力明显高于一般村民、对村庄生活产生影响的精英人物，包括私营企业主、养殖种植大户等致富能手。在淘元镇电子商务萌芽的过程中，诸多因素发挥着重要作用。然而，在宏观背景相同的条件下，很多地区的条件比淘元镇优越得多，却没能发展起电子商务，这充分说明了乡村精英的创新精神在电子商务萌发过程中的关键作用。

在淘元镇技术赋能的过程中，经济精英发挥了关键作用。淘元镇网商带头人（孙煦、陈震、夏雨）开启了淘元镇的"淘时代"。正如上文所说，创始人孙煦和陈震是极"不安分"和"爱折腾"的人，他们不断尝试新职业和新鲜事物，并且善于发现新机会、敢闯敢干，有着敏锐的商业头脑。而开创电商简易拼装家具这片"蓝海"正是他们不断探索的结果。孙煦曾尝试在网上卖义乌小商品、电话灯、小礼品和净水器等，但都因为赚钱少、没有市场或者其他一些原因而没有达到他的预期，他在不断寻找着新的产品。一次，在和陈震的交流中，孙煦灵机一动，是否可以在网上卖家具呢？两人一探讨，立马来了精神。后来孙煦和陈震夫妇共同到上海考察家具市

---

① 贺雪峰：《新乡土中国》，广西师范大学出版社，2003，第56~58页。

场，他们看上了一些家具的简约和自行组装的特点，既是老家木匠的手艺能够做得到的，又可以解决物流瓶颈。他们买了一个收纳架当样品，然后满世界地找木材和木匠。为了寻找质优价廉的木材，他们跑遍全国各地，有时为了节约开支，甚至在木材厂的仓库里过夜。而为了找到能做的木匠，他们更是跑遍了周边地区，找了二三十家，终于有个姓周的木匠把产品做了出来。孙煦和陈震与周木匠口头约定，产品只能卖给他俩，不能卖给别人。他们把产品放到网上，一下就引起了顾客的注意，成本59元的收纳架他们卖了100元，利润率接近100%，这样一天能赚3000~4000元，而且还很容易。就这样干了3个月，网上就出现好几家卖同款家具的，原来是周木匠把产品卖给了别人。孙煦和陈震一怒之下自己干，于是，陈震第一个在淘元镇大街开办了淘宝家具厂，孙煦第一个在赵圩村开办了淘宝家具厂。陈震在带动着淘元镇，孙煦在带动着赵圩村，就这样，淘元镇开启了"淘时代"。

可见，在技术赋能的过程中，行动主体尤其是带头人的探索和创新精神发挥关键作用。在这一过程中，带头人"摸着石头过河"，进行反复的尝试，并可能面临多次失败，这不仅需要带头人的智慧和创新精神，也需要带头人的勇气、魄力、坚持和吃苦耐劳的精神。带头人孙煦曾尝试过多种职业，也在淘宝上尝试销售过多种产品，最终选定了简易拼装家具，体现了他不断探索的精神。孙煦和陈震选择在网上销售家具的过程既有一闪而过的灵感和智慧，也有些运气的成分，但是在决定销售简易拼装家具这一品类时，却是经过了深思熟虑的考量。他们将网上销售简易拼装家具的想法付诸实践的过程，充满了艰辛和挫折，这需要他们具备坚韧不拔和吃苦耐劳的精神。当周木匠违背约定，将家具卖给别人后，孙煦和陈震果断决定自己开家具生产厂，则体现了他们的勇气和魄力。可见，乡村精英的创新和艰苦奋斗精神是淘元镇电商出现的关键。

在农村，世代人都居住、劳作在同一片土地上，彼此之间非常熟悉。农村社会中是没有秘密的。当电商带头人通过网络销售赚了钱之后，消息迅速在周边村民中传播开来。这时，进取的社区文化和熟人关系网络发挥了重要作用。淘元镇人"不安分""不守旧"的精神特质以及熟人社会网络在电商扩散过程中发挥了重要作用。淘元镇积极进取的社区文化表现在勤奋、有志气和不甘于人后的上进心。淘元镇淘宝店店主王博涵告诉我们：

一个地方会形成一个地方特有的气场。淘元镇的气场加上淘宝的红利，在那一刹那，各种因素（天时、地利、人和）①融合在一起，（促进了电商发展）。我们的上一辈，大家都不安心务农。因为淘元镇地理位置较好，是东沿市的东大门，有省道穿过，旁边就是商羽市，没有去不到的地方，所以接触的东西较多，淘元镇人骨子里想创业，心里都渴望成功，风气就形成了。从上一辈开始，言传身教。在干电商之前，我们这有的做废旧塑料回收加工，还有的在内蒙古自治区做装修。我们这边的人有头脑，最主要是勤奋，不甘于人后，生活节奏快。人，要有一种正能量的嫉妒心。（20190718 王博涵）

　　此外，农村的熟人关系网络促进淘元镇电商的裂变式增长。孙煦在网上卖家具赚了钱的消息很快在村里传播开来。才干了 3 个月，网上就出现了好几家模仿者。王博涵说：

　　　　首先有个人把这个东西（电子商务）带进来，带进来之后，再加上我们这边人比较上进，比较能接受新事物，有一部分大胆的人开始尝试，最先做的那批人都赚到钱了。我们老百姓嘛，不是说嫉妒他们，而是跟他们学，让他们教我们。问成功的人，他们也会告诉怎么做。亲戚朋友之间，你教我我教你，传授基本知识，有新的想法思路一起交流沟通，像滚雪球一样慢慢变大。（20190718 王博涵）

　　就这样，淘元镇电商家具生意就像一张网，从网商带头人这里出发，越织越大。在淘元镇，作为网商带头人之一的夏雨教过自家叔叔。孙煦教会了王华，王华又教会了他的弟弟王耀，王耀再教给别的朋友。刘峻茂跟随孙煦学会之后教会了自己的兄弟以及邻居。外地人施爱华教会了十几个前来投奔自己的老乡。王育德在外打工的儿子回家跟自己的朋友学习如何做家具电商。东沙镇大众村的邱凯是通过自己的小伙伴学会的，而小伙伴则是在赵圩村的一位亲戚那里学的，邱凯自称对他帮助最大的是淘元镇赵圩村的刘峻茂。可见，乡村精英的带动促进淘元镇电商产业不断壮大。

---

①　文中访谈部分括号中的内容都是笔者根据前后意思补充的。

二　地方政府：提供服务与监管

乡村技术赋能离不开政府的扶持和引导。在淘元镇电子商务发展的过程中，各级政府的关注和支持发挥了至关重要的作用。一方面，淘元镇得到了国家和省部级重要领导人的关注和批示。时任国务院总理温家宝批示："要注意总结淘元镇经验"；时任江东省委书记批示"按总理要求总结淘元镇经验，促进专业化、信息化，致富农民"。时任中央政治局常委汪洋莅临淘元镇调研指导，充分肯定了农民网商的创业精神；时任江东省领导以及省发改委、商务厅、经信委等主要领导均到淘元镇调研电子商务发展。另一方面，淘元镇政府的服务和监管为电商健康发展保驾护航。政府扮演着"导师型"的角色。当地政府"不越位""不缺位"，既不过分干预电子商务的发展，又能为电商发展提供必要的引导和支持。在电商发展的初期，淘元镇政府采取"放水养鱼""无为而治"的策略。因为淘元镇电商本来就是农民自下而上发展的结果，政府在初期不干预、不打扰农村的创新活动，使淘元镇电商在农村熟人社会的关系网络中学习、模仿和复制，自发地成长、壮大。当淘元镇电子商务发展到一定规模，面临土地、资金、环保等一系列约束时，政府一改不过度干预的治理策略，开始积极作为，为电商健康可持续发展提供服务和监管。

首先，政府为电商发展提供各种支持，充分发挥好服务的功能。一是政府通过加强宣传等方式，营造电商舆论氛围。在淘元镇，随处可见这样的标语："在外东奔西跑，不如回家淘宝""工作不用去远方，家乡就是好地方""不离土、不离乡，网上赚钱奔小康"。此外，政府还通过树立网商带头人的典型事迹，对村民产生示范效应，带动村民创业。二是政府为电商提供各种知识技术培训。引进淘宝大学和高端师资，开展网络创业培训，举办电商沙龙活动，开展残疾人培训、新型职业农民培训，组织网商走出去参观现代化大型企业，学习企业现代化经营理念和方式。三是政府提供了强基建。政府建设交通基础设施、确保供水饮水安全、铺设管网雨污分流；为解决家具电商产品质量、企业诚信、产品设计研发、品牌包装等问题，政府打造了9万平方米的淘元镇智慧电商产业园，涵盖了"产业孵化中心""新经济培育中心""淘元镇官方旗舰店""电商创业园"等几大板块，全要素地构建了电子商务发展生态圈。淘元镇累计建设50栋多层高标准厂房和 3 万平方米的物流园，进行生产加工、仓储物流、产品经营和产品展示；建设了 2 万平方米的电商综合服务中心，集政务与电子商务于一体，打造一点式服务平台；投资 5000 万元建设新网商一条街，投资 800 万元建设电商扶贫示范园，建设 5 万平方米城镇商贸综合体和 3 万平方米高品质花园洋房住宅；政府还投资上亿元铺设道路、下水管网和绿化，电子商务园区道路框架全部建成，有纬一路至纬五路五条东西主干道和经一路、经二路、农民网商一条街三条南北主干道。四是政府在软件配套方面的支持。积极帮助企业申请著/知名商标，已申报江东省著名商标 1 件、东沿市知名商标 7 件、东沿市名牌产品 10 个；开展政校合作，与西安交通大学等多所高校建立全国电子商务和电子政务联合实验室，与南京林业大学联合成立淘元镇家具设计研发院，共有 30 多款原创产品面世，有效地提升了淘元镇家具的设计研发能力；牵头设立了"淘元镇"集体商标，统一品牌、服务和管理；成立"淘元镇官方旗舰店"，提高"淘元镇"品牌知名度。引进大型国际企业，加强对淘元镇的品牌引领。对接金融部门，开发出"网商助力贷"等低息或免息贷款；引来上下游配套企业，延长产业链。截至 2021 年底，淘元镇内已经拥有 1300 家家具生产企业，254 家物流快递企业，73 家床垫加工企业，50 家实木原材料销售企业，52 家五金配件企业，38 家板材原材料销售企业，30 家摄影和 3D 设计公司，19 家会计服务公司，23 家油漆销售企业，16 家电商服务机构，等等。引进其他电商平台，比如，京东、苏宁易购、1 号店，以及短视频平台，如抖音、快手等。通过多渠道、多平台合作，促进本地电商发展。五是吸引人才。淘元镇政府采取开放的心态，提出多项优惠政策欢迎优秀企业和人才来淘元镇发展。截至 2021 年底，淘元镇已吸引高端人才 910 人。

其次，政府为电商发展提供各种规制和监管，促进电商健康可持续发展。2014 年，镇政府取缔了对生态环境污染严重的废旧塑料回收加工产业，其中，近 850 家废旧塑料回收加工企业成功实现了向电商家具企业的转型，壮大了电商家具产业的队伍，促进电商家具产业实现跨越式发展。此外，在发展过程中，淘元镇电商家具产业遭遇了"散乱污""低次廉"等问题，严重制约了产业发展。为了促进产业长远发展，镇政府开展家具质量提升、"散乱污"企业整改活动，成立由环保、市场监管等多部门组成的工作小组，帮助企业联系环保设备，申请整改所需的贷款；建设高标准厂房，引导符合标准的企业入园；建立了两个喷涂中心，从产业链中剥离污染较大的喷涂环节，到喷涂中心集中统一喷涂；建立了国家木制家具及人造板质量监督检验中心，为淘元镇及周边地区的电商家具企业提供检测服务，每年可检测 800 个批次的木制家具产品。不达标产品不能在网上销售，从源头上把控产品质量。政府还给企业补贴检测费用，每次 3000～4000 元的检测费，企业只需要出几百元。总之，政府积极整治"散乱污"和露天喷漆，定期进行环评和安监，要求企业安装除尘和消防设备，为淘元镇企业安全、绿色生产保驾护航。

三　企业、专家和媒体：给予资源支持

（一）企业的网络协同生态是电商发展的"孵化器"

经济领域的孵化器是指通过提供共享设施与服务支持，降低企业的创业风险和成本，提高企业成活率的一种新型社会经济组织。对淘元镇电商家具企业来说，阿里巴巴等互联网企业的网络协同生态就是其发展的孵化器，为其成长和发展提供共享设施、服务和知识，降低其创业风险和成本，促进淘元镇电商家具企业的发展。

一方面，互联网企业为农民提供了强大的网络协同生态，赋予农民信息化和市场化的能力。以淘宝为例，如果淘宝上各种各样的角色（如软件设计师、图片摄影师、直播网红、客服、物流等）是一个个"点"，那么每个淘宝店铺就是一条"线"，它们通过零售业务把一个个"点"连接起来；无数条纵横交错的"线"，就构成了淘宝购物这个"面"；而支付宝、阿里云，又和淘宝购物一起，构成了一个"体"。点、线、面、体共同演化，构成一个复杂的网络协同生态。其中，强大的"面"和"体"，可以对"点"和"线"进行赋能，让其快速发展。因此，对于农民来说，只需要通过一个程序接口，进入这个网络协同生态，就能随时获取几百种不同的第三方服务，以及由淘宝提供的全套基础设施服务，比如旺旺工作流、各种营销服务等，这就是"面"和"体"对"点"和"线"的赋能。在这一过程中，农民被赋予了信息化和市场化的能力。

另一方面，互联网企业在淘元镇电商发展过程中给予了很多具体的支持。2009 年，阿里巴巴定义了淘宝村，并且将赵圩村认定为全国首批淘宝

村，这对赵圩村乃至淘元镇起到了很好的宣传推广作用。在淘元镇电商闻名全国的过程中，2010 年 9 月在杭州举办的第七届网商大会的推广作用也功不可没。大会将唯一的"最佳网商沃土奖"授予了淘元镇，使淘元镇享誉全国。此外，阿里巴巴研究院和中国社会科学院信息化研究中心紧密合作，也推动了"淘元模式"的研究和推广。2016 年 10 月，阿里巴巴董事局领导来到淘元镇参观考察时表示全力支持"淘元模式"，阿里巴巴愿意把淘元镇电商的产品推广到全国乃至世界。2018 年淘宝村高峰论坛在文博县举办，来自全国各地的专家、学者和媒体会聚淘元镇，再一次将淘元镇放到了聚光灯下，吸引了全国的关注。

（二）专家学者是电商发展的"助产士"

专家学者在淘元镇电商发展过程中起到了"助产士"的作用。淘元镇电商产业经过草根孕育、政府扶持以及企业平台的孵化之后，形成了一定的规模。但这一时期，淘元镇电商发展还处在自发阶段，产业发展存在"小、散、乱"等特点，知名度不高。专家学者成了"淘元模式"的"助产士"，通过专家学者的提炼、总结、升华，自下而上自发成长起来的淘元镇电商产业被提炼为"农户＋公司＋网络"的"淘元模式"，在全国引起巨大反响。具体来说，专家学者的"助产士"作用主要体现在以下三个方面。

第一，专家率先将"淘元现象"提炼为"淘元模式"，助推了"淘元模式"的发展演化。"淘元模式"的提出者就是中国社会科学院信息化研究中心时任主任汪向东。汪向东教授十多次奔赴淘元镇调研，在其书中首次提出"淘元模式"，并将"淘元模式"总结为"农户＋公司＋网络"，使淘元模式享誉全国。在后来的多次调研中，他把淘元镇电商发展的不同阶段概括为"淘元模式 1.0"、"淘元模式 2.0"和"淘元模式 3.0"，并针对不同阶段的问题建言献策、贡献力量。淘元镇几乎每一位电商都知道他的名字，在淘元镇调研时每次听到有人提到他，讲述者都是充满了感恩和敬佩，这也是为什么淘元镇人们以他的名字命名道路，有条道路叫作"向东路"。对淘元镇电商发展同样起到重要作用的还有阿里巴巴集团高级研究员梁春晓、阿里巴巴副总裁高红冰，因此，淘元镇道路的名称中还有"春晓路"和"红冰路"。当然，总结出"文博经验"的西安交通大学的李琪教授、北京大学光华管理学院的张国有教授、南京林业大学的李军教授等一大批专家学者为淘元镇电商发展贡献了重要力量。第二，专家学者推动"淘元模式"得到社会各界的广泛关注。这些专家学者不仅对淘元镇电商发展贡献了智慧，还通过一系列高级别的研讨会使"淘元模式"得到了国家重要领导、专家学者以及媒体的广泛关注。2010 年 12 月 18~19 日，由中国社会科学院信息化研究中心、阿里巴巴集团主办的"农村电子商务暨'淘元模式'高层研讨会"在文博县召开；次年初，在北京举行了农村电子商务"淘元模式"调研报告发布暨研讨会，来自商务部、农业部、工信部、国家信息中心、中国社会科学院、北京大学、中央财经大学等机构、院校的官员和专家学者，以及文博县和淘元镇的领导和网商代表参加了会议，并引起海内外众多媒体的关注和报道，以赵圩村为代表的农民网商自发利用淘宝网开展电子商务的故事传遍大江南北。专家支持的同时也推动了政校合作的开展。第三，专家学者推动了政校合作。从政校合作、共同育人、互惠双赢的角度出发，在友好协商的基础上，全国电子商务和电子政务联合实验室、中国矿业大学、西安交通大学、南京林业大学、泰州学院、东沿市工会先后在淘元镇建立社会实践基地，互相交流经验。

可见，专家学者在淘元镇电商发展过程中发挥着重要的指导作用。事实上，早在 17 世纪初，"专家治国论"就处于萌发阶段。培根在《新大西岛》中所勾画的理想社会就是一个技术发达、专家治国的社会。圣西门和孔德率先倡导技术统治论和专家治国论，他们认为应该由学者和实业家统治社会。之后其理论传播甚广，并于 20 世纪三四十年代在美国引发了著名的技术治理运动（Technocracy Movement）[1]。技治主义的核心原则之一是专家政治，专家在技术赋能的过程中扮演着重要角色，而且，在赋能的过程中，专业人员的角色被重新定义了。拉帕波特（Rappaport）认为，"传统语言无意中鼓励了对专业人员的依赖，创造了人们是需要帮助的客户的观点，并保持了帮助是单向的想法。专业人员的语言限制了本土资源的发现，减少了人们相互帮助的可能性。赋能的方法将'客户'和'专家'等术语替换为'参与者'和'合作者'。专业人员的技能、兴趣或计划不强加于社

---

① 刘永谋：《论技治主义：以凡勃伦为例》，《哲学研究》2012 年第 3 期。

区；相反，专业人员成为社区的资源"①。在淘元镇调研的过程中，经常听到网商们对汪向东等专家学者表达的敬意。他们告诉我："汪向东来到这，就到网商工厂里和网商聊天，有时一聊就是一上午。网商们在忙的话，他就在旁边看。"淘元镇党委组织委员杜继明也告诉我，"汪向东教授自己感慨，淘元镇电商也成就了他。"可见，在淘元镇电商发展的过程中，专家学者并没有以"专家"的身份自居，以高高在上的态度，单向地"指导"电商家具产业的发展，而是以"参与者"和"合作者"的姿态不断与网商交流，了解他们生产生活过程中真实的状况、困难和需求，以自己的智力和知识资源协助网商解决发展中的问题。同时，网商发展过程中鲜活的经验素材和草根智慧也在不断启发专家学者，使他们的观念、经验和知识也在不断迭代。在淘元镇转型升级阶段，农民网商面临更大的知识瓶颈，也面临着更复杂的环境和更激烈的市场竞争，迫切希望获得更多的智力支持。因此，更应发挥专家和高校"科技助产士"的作用，通过为网商注入更多的资源和养料以及合作培养更多的人才，促进电商自身认知能力的发展，协助电商突破认知天花板，实现电商产业的转型升级。

（三）新闻媒体是电商发展的"吹哨人"

在电商发展初期，新闻媒体的宣传报道促进淘元镇电商的扩散。在媒体推动之前，淘元镇的淘宝网商们还只是"闷声发大财"，尽管淘元镇农民淘宝已经淘得轰轰烈烈，但是并不为外界所知。作为网商带头人之一的夏雨在引进媒体宣传方面功不可没。夏雨是淘元镇的一名中学美术教师，他在业余时间也开淘宝店。一次他在商羽市听淘宝讲师讲课，讲师建议他把赵圩村淘宝"曝光"出去，这样对产业链发展有好处。夏雨找到商羽市的两位朋友帮忙出主意，怎么把赵圩村淘宝的事情给宣传出去。朋友建议可以让媒体来采访，媒体来了，就会找县领导，那样县领导就会到赵圩村来关注，政府一扶持，淘宝网店发展就更快了。于是，在2009年6月28日，夏雨通过淘宝店小二的关系联系媒体，赵圩村一下来了28名记者。网商带头人租了三辆昌河车把记者拉到淘元社区、赵圩村和前巷三块地方随机采访，记者们被村民淘宝的场面震撼住了，《广州日报》和《重庆商报》率先

---

① J. Rappaport, "The Power of Empowerment Language," *Social Policy*, Vol. 16, No. 2, 1985, pp. 15 – 21.

报道了赵圩村农民淘宝的创举，不久，中央电视台《新闻联播》也做了相关报道，时长 6 分 32 秒。随后，文博县新闻中心的《今日文博》栏目转播了这些报道，引起文博县领导的高度重视，文博县政府开始实实在在扶持淘元镇农民做淘宝了。就这样，淘元镇从一个默默无闻的小镇，走进了大众的视野，淘元镇赵圩村被誉为"互联网时代的小岗村"。

在淘元镇电商后期的发展过程中，媒体的作用也不可小觑，中央电视台、《人民日报》、《农民日报》、《新华日报》、江苏电视台等多家媒体给予了广泛关注。农村电子商务暨"淘元模式"高层研讨会、农村电子商务"淘元模式"调研报告发布暨研讨会以及淘宝峰会在淘元镇召开，海内外众多媒体都进行了广泛的关注和报道，使得以赵圩村为代表的农民网商自发利用淘宝网开展电子商务的故事传遍大江南北。媒体的报道不仅让外界广泛关注到淘元镇电商的发展以及"淘元模式"的意义，为淘元镇赢得了各方资源的注入，也给淘元镇人的内心注入了"强心剂"，使他们成为创新故事的主角，这给予了他们很大的鼓舞和肯定，增强了他们的自信和自我认同，使他们以更大的激情投入电商创新创业的浪潮中去。同时在淘元镇电商发展的过程中，媒体在一定程度上发挥着监督者和警示者的作用。在淘元镇"专利风波"中，正是在媒体密集报道后，外界才知道淘元镇网商似乎陷入了"内讧"之中。在农民开淘宝网店不为人知的时候，媒体吹响"宣传哨"，将其传播开来；在农民开淘宝网店出现危机的时候，媒体敏锐地察觉，吹响"报警哨"，使内外部行动者提高警惕。因此，可以说，媒体在淘元镇电商发展过程中发挥着重要的"科技吹哨人"的作用。我们认为，媒体在监督和警示的同时，应该保持足够的理性和克制，给淘元镇网商以成长的时间和空间，不能因为淘元镇电商发展过程中存在的一些问题就否定"淘元模式"的创新意义，也不能因为这些问题就唱衰"淘元模式"。每一种新事物在成长的过程中都不会一帆风顺，都会存在一系列问题和阵痛，因此，无论是媒体还是外界，都要给淘元镇网商足够的成长空间，在给他们提供必要的支持和帮助的同时，让他们用发展的办法解决发展中的问题。

第二节　乡村技术赋能的客体

马克思基于人类历史发展的高度，从生产方式、生活方式和思维方式三个方面分析了科学技术的作用。在生产方式方面，技术使生产力的构成要素、人们的劳动方式、社会经济结构特别是产业结构发生了重大改变；在生活方式方面，科技的进步改变了人们学习的态度、方式和手段，为人们之间的交往提供了更多便利，技术提高了人们的劳动效率，将人们从繁重的体力劳动中释放出来，更多地从事科学、艺术、文化等活动；在思维方式方面，技术通过改变社会环境、思维主体、客体和工具，变革思维方式。现代技术革命使人们在新的知识理论框架和组织结构下，运用新的理论工具和技术手段探索新现象、新领域和新命题。[1]

著名学者齐默尔曼（Zimmerman）认为技术赋能的对象包括个体、组织和社区三个层面，并认为，对个体赋能的结果包括基于特定情境的感知控制、技能和积极主动的行为，对组织赋能的结果包括组织网络、有效的资源获取和政策杠杆，对社区赋能的结果包括多元化的参与、组织联盟的存在和可获得的社区资源。赋能机制包括个人能力和主动行为、互助系统和组织有效性以及社区能力和资源获取。每个层次的分析，虽然是单独描述的，但都与其他层次的分析有内在联系。个体、组织和社区赋能是相互依存的，既是相互的原因，也是相互的结果。一个层次在多大程度上得到赋能，直接关系到其他层次的赋能潜力。同样，一个分析层次的赋能过程有助于其他分析层次的赋能结果。[2] 被赋能的个体是发展负责任和参与性组织和社区的基础，被赋能的组织是个体和社区赋能的关键，被赋能的社区是核心。基于以上学者的研究，笔者拟从农民、组织和社区三个方面考察乡村技术赋能的客体，探究技术"为谁赋能"以及"赋何能"的问题。

一 赋能于农民

（一）提升农民认知能力

一方面，电子商务增强了村民的长远意识、规范意识、创新意识、品牌意识、诚信意识和合作意识。

---

[1] 本书编写组编《马克思主义基本原理概论》（2018 年版），高等教育出版社，2018，第 145 ~ 146 页。

[2] M. A. Zimmerman, "Empowerment Theory: Psychological, Organizational and Community Levels of Analysis," in J. Rappaport, E. Seidman, eds., *Handbook of Community Psychology*, New York: Kluwer Academic/Plenum Publishers, 2000, pp. 43–63.

首先，村民的长远意识和规范意识增强。为了企业的长远发展，一些规模较大的企业开始改变前店后厂的家庭小作坊式的生产模式，将工厂搬进产业园区。购置智能化生产设备，安装消防和除尘设备，主动为员工购买保险。以前他们不愿意购买保险，把保险看成企业的成本，现在他们转变了观念，把保险看成对企业和个人的保护，比如网商丁一鸣说：

> 我肯定想买保险，工厂出问题都不是小问题，我们自己承担比较吃力。万一出个事情，就是倾家荡产。（20190717 丁一鸣）

其次，村民的创新意识和品牌意识增强。在淘元镇电子商务的野蛮成长期，村民通过复制和模仿生产简易拼装家具，产品同质化严重，竞争激烈。网商们开始意识到，只有不断更新产品设计，由低端向中高端甚至是定制家具转型，才能提高竞争门槛，获得长远发展。正如孙煦所说："若想长久发展，肯定要走规模化、原创和品牌的路线。"网商们主动关注外部市场的走向，到广东、上海等地参观家具展，比如上海每年举办的家博会就是网商们必去的家具展之一，淘元镇每年都会有几百名网商参加。通过参观展览，网商们了解最新时尚追求，回来后综合大家的优点长处，开发自己独特的产品。他们还积极开展与家具设计研发院的合作，参与中法品牌合作行动，提升家具设计研发水平。2012 年"专利风波"之后，网商的知识产权保护意识增强，他们会积极开发新产品并申请专利，保护自己的知识产权，建立自己的品牌。截至 2018 年 9 月，全县电商领域专利授权数达 580 件，电商领域注册商标达 3592 个；有省著名商标 1 件、市知名商标 7 件、市级名牌产品 6 件。[①]

再次，村民的诚信意识增强。赵圩村淘宝店店主文海说："网店最珍惜买家'好评'，最怕'差评'。"针对淘元镇网商的调研也发现，网商们普遍认为：产品质量过硬、客户服务至上、口碑经营是当地网销业成功的关键因素。

最后，村民的合作意识增强。在调研中，网商纷纷呼吁建立有约束力的网商联盟，规范淘元镇家具网销市场，结束恶性竞争状态。部分网商已经加入"淘元镇"集体商标，统一品牌、统一标识、统一管理、统一经营、

---

① 数据来源：淘元镇政府，2019 年 7 月。

统一服务，抱团共赢发展。还有部分网商已经实现了小范围联合，比如：孙煦联合两家本地知名网商，成立了产业联盟，走全屋定制的高端路线；蔡泽楷和曾经的两家竞争对手进行股份制联合，走规模化发展道路。

另一方面，电子商务改善了村民的心智模式。第一，电子商务提升了村民的学习意识和学习能力。例如：在开网店之前，村民闲暇时间做得最多的三件事是看电视（58.82%）、上网（28.68%）和看书看报纸（20.59%）（见图4-1）；开网店之后，农民闲暇时间主要参加技术培训（50%）、辅导孩子（45.59%）和看书看报纸（44.85%）（见图4-2）。他们上网主要关注

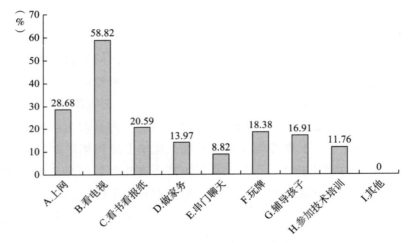

图4-1　开网店前农民的闲暇时间分配

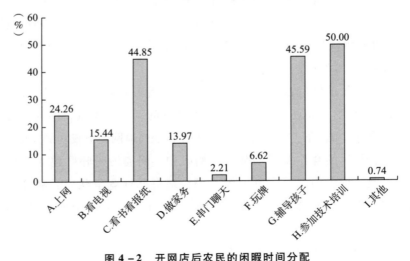

图4-2　开网店后农民的闲暇时间分配

的是市场行情（78.68%）、信息技术（28.68%）和新闻（28.68%）（见图 4 - 3）。第二，电子商务使网商增长了见识，思想更开阔，对互联网的掌控能力更强，胆量更大。第三，村民的创业愿景改变。在淘元镇，网商说得最多的一句话就是"做梦都不敢想，全是被淘宝一步步推出来的"。村民开网店的最初动机是赚钱（63.97%），改善全家人的生活条件，过得更加舒适、体面一些。然而，随着网店规模的扩大，他们更加看重企业品牌和长远发展。例如，程楚瑜（中专文化水平，年幼时家境贫寒，2018 年家具生产获得 4000 万元的净利润）从事电子商务的初衷是赚钱，并赢得他人尊重。现在他不仅想要挣钱，还想做成淘元镇的标杆企业。第四，村民的教育理念改变。村民更加重视孩子的教育。根据问卷调查，孩子的教育占家庭支出的首位，占闲暇时间分配的第二位。他们还将孩子送到县里或市里上学，在县城或市里上小学的比例达到 76.47%（见图 4 - 4），在县城或市里上中学的比例达到 88.23%（见图 4 - 5）。第五，电商发展也孕育着新的企业管理理念。比如毕业于某铁道师范学院的电商刘亮有着不一样的经营理念。在企业定位上，他不只看重企业的盈利，而是希望企业能够成为员工实现人生理想的平台。在分利方式上，他要和员工四六分利，以此来体现员工付出的价值。他希望淘元镇网商能够改变生活方式，不断学习新知识，转变自己原有观念。他一直坚持对员工进行新观念和新思维的培训，让大家看得更远想得更宽，心里装得更多。他每天都进行财务核算，细化

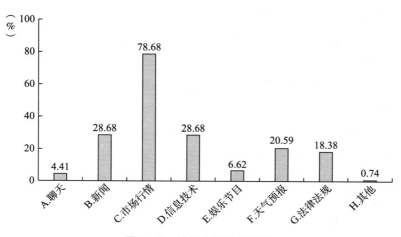

图 4 - 3　村民上网时间分配

到小数点之后，销售、生产都有独立核算。他认为淘元镇电商发展必然要面临人才培训以及人的价值观重塑。事实上，随着村民淘宝网店的发展，很多村民的思想都在发生改变。一开始，他们创业只是想改变全家人的生活条件，过得更加舒适、体面。现在他们想的是如何做大做强品牌，成为一家好企业。

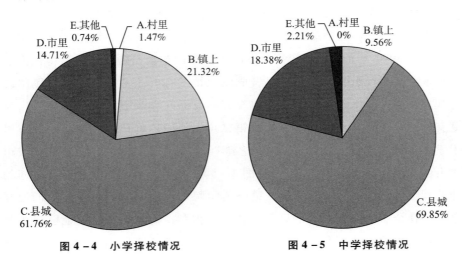

图4-4　小学择校情况　　　　　图4-5　中学择校情况

（二）提高村民行动能力

电子商务赋予淘元镇人平等的发展机会和创业致富的行动能力，使曾经为生计奔波的普通农民变为出色的网店经营者。

第一，电子商务提升了村民对接市场的能力。淘元镇大多数农村青年读到中学就辍学打工。受文化水平的限制，他们只能从事服装、电子等劳动密集型的产业或者到建筑工地打工，拿着微薄的收入，为生计奔波，成为社会最底层的劳动者。对他们来说，开工厂、办企业想都不敢想，因为场地、资金和生产管理知识都是他们的软肋。然而，电子商务彻底改变了他们的命运。电子商务将他们与大市场连接起来，他们在自己家中就可以直接对接市场、主动掌握信息，成为平等的市场主体。[1] 区位不再制约发展，乡村低廉的土地和劳动力成本，反而构成了他们的竞争优势。电子商

---

① 叶秀敏、汪向东：《赵圩村调查——农村电子商务的"淘元模式"》，中国社会科学出版社，2016，第72页。（已匿名处理）

务的网络外部性形成的社会资本和农村特有的社会网络的结合，为农户利用网络、对接市场和快速复制，提供了良好的条件。网销带动了加工制造业的发展，加工制造业又带动了上下游产业链的形成，外出打工的农民纷纷返乡创业，还吸纳了外地从业人员 1 万人。原来只懂种地的赵圩村村民，在电子商务历练中蜕变为精明商人，实现了自身人生轨迹的转折。正如赵圩村会计王育德所说：

> 电子商务的发展给我们这个地方带来太多的百万富翁，赵圩村几乎每家都是百万富翁，千万富翁有 100 户左右。（20190718 王育德）

第二，电子商务提高了村民的竞争能力。一方面，电子商务提高了村民获取信息的能力。他们能够运用搜索引擎、互联网、视频网站、电商平台等途径获取学习资源和市场信息，抓住市场机遇。比如刚开淘宝网店不久，村民王华注意到淘宝在做推广活动，就报名参加了，淘宝把他的网店页面放到首页的推广页面上，使得店铺的信誉度和客流量迅速增加。另一方面，电子商务提高了村民的综合素质。在淘元镇电商中，有 53.68% 的人是高中以下文化水平。在电商兴起之初，多数的农民不会打字，他们用"一指禅"（一根手指敲击键盘）和买家沟通。对于注册和经营网店的知识，他们也是一窍不通，一开始是靠孙煦等带头人口口相传。现在淘元镇人人会操作淘宝网店。从"一指禅"到"生意经"，从简单模仿到不断创新，从低端产品向中高端产品迈进，电子商务推动着他们不断更新产品设计，变革生产方式、经营方式和经营理念。我们访谈的企业主，几乎个个是全才，产品设计和更新、网店推广运营、工厂管理决策一肩挑。正如王育德所说：

> 从赵圩村嫁出的姑娘，不仅带着丰厚的嫁妆，还带着经营网店的知识，嫁到婆家，带着婆家人一起开网店。（20190718 王育德）

第三，电子商务促进了弱势群体的价值实现。电商向农民提供了平等参与现代化产业链条的机会，增强了弱势群体的脱贫能力。淘元镇电商产业带动 78 户低收入户创业，2280 名低收入者就业，低收入者的月平均工资为 3000 元。

首先，电子商务使女性这一群体的生产力充分释放，她们不再是过去人们印象中的那种农村家庭妇女，而是隔着电脑屏幕与远方的买家交流，甚至成为家庭的顶梁柱。例如，赵圩村村民王翠花是个 53 岁的农村妇女，只上过一年学，却由她一手打造出自家的"淘宝大家庭"，带领两个儿子，把淘宝网店开得红红火火，成为赵圩村的典范。她着一身摩登时装，开着一辆红色的小轿车，举止干练、大方，完全看不出是 53 岁的农村妇女。然而，在从事电子商务之前，因丈夫病重，她一人扛起生活重担，先后到连云港、薛城、金乡等地卖粉皮，一干就是 8 年。而电子商务彻底改变了她为生计奔波的命运，现在其工厂的年产值在千万元以上。她不由得感叹："没有淘宝，也不会有今天我们这一家啊。"

其次，电子商务使残疾人在平等的劳动中获得尊重，实现人生价值。淘元镇村民徐强自幼因事故身体活动不便，在工作中屡次受挫并遭受不平等待遇。2008 年初，他注册了第一家网店开始卖家具，取得了不错的业绩，如今他已拥有 20 多家淘宝网店，每月营收 150 万元左右。他说：

> 我们残疾人是很适合做电商的，我们公司有三个客服都是残疾人。对残疾人来说，行动不便，找工作也有许多不便，更由于身体条件而受到诸多限制。但电子商务为残疾人提供了很适合的工作机会，比如，做客服，员工只需要坐在电脑前和顾客交流就可以了，并不会因为身体残疾而影响工作效率，也避免了员工面对面交流的障碍和麻烦。
> （20190720 徐强）

最后，电子商务增加了老年人的工作机会和收入，使老年人晚年生活得更好。发展电子商务之前，五六十岁的村民就不能出去打工了，只能在家种地。现在村里没有闲人，六七十岁的老人还出去打工，给家具厂打磨家具，拧螺丝，一天也能赚七八十元。村里很多老年人感慨"没想到在晚年的时候还能赚钱"。可见，电子商务使女性的生产力充分释放，使残疾人在平等的劳动中获得尊重，实现人生价值，使老年人获得了工作机会和收入，晚年生活更充实，更有保障。

二　赋能于组织

（一）赋能政府组织

刘祖云教授在《十大政府范式》一书中提出政府学习的三种能力，即政府的"情境认知能力"、"组织调适能力"和"社会治理能力"[①]。本研究认为，通过技术赋能，政府组织的这三种能力得以提升。

1. 政府"情境认知能力"的提升

政府的"情境认知能力"是指政府组织在与社会环境系统互动的过程中形成的一种认识能力。情境认知理论提出了"情境行动"，指任何主体的行为不是简单的、根据内心既定的知识采取行动的过程，而是在与环境的接触与互动中做出行动的过程。主体的"情境行动"与"情境反思"相互交替，在情境反思中采取行动，在情境行动中不断反思。情境反思能力是主体情境认知能力的基础。淘元镇信息技术和电子商务的发展提升了政府的情境反思能力。当淘元镇发展电子商务之后，与从事农业生产时基本不变的社会情境相比，淘元镇政府面对的治理情境发生了翻天覆地的变化，且电商产业环境变化的速度远远快于以农业为主导产业的时期。面对显著变化的情境，政府必须通过行动中的反思来寻找新方法和新思路，在这样不断的反思与行动中，政府的"情境反思能力"自然得到提高。比如，淘元镇党委组织委员杜继明告诉笔者：

> 我们政府也一直在变，服务在变，其他方面也在变。我们看到淘元镇网商发展十几年存在的问题，我们自己也在反思，我们政府这么多年来做了什么，我们有没有一些工作滞后。这段时间，我们明显感觉到城镇配套、功能服务上与整个产业是不相匹配的。淘元镇连一个像样的酒店都没有，学校、教育都跟不上，淘元镇连大产权房都没有，都是小产权房，跳广场舞的地方都没有，这些都是政府的工作，都在慢慢改变。（20200902 杜继明）

[①]　刘祖云：《十大政府范式》，江苏人民出版社，2014，第 183 页。

可见，淘元镇政府在不断的反思与行动中提高自己的行政能力和服务水平。

2. 政府"组织调适能力"的提升

政府的"组织调适能力"是指政府组织在情境认知的基础上，对其价值、模式与行为通过控制、适应、变革等环节与管理客体乃至管理环境进行"互动"的一种能力。政府的"组织调适能力"包括"适应、控制与变革"三个方面。

首先，政府的"适应能力"是最基础的能力，指政府组织基于环境与情境的变化而顺应其变化，从而表现出来的应对能力。信息技术对政府组织的赋能体现在电商产业的快速发展提升了政府的"适应能力"。电商产业的发展倒逼政府组织转变观念，从"无为而治"到"积极有为"。过去，淘元镇政府是信奉"无为而治""放水养鱼"的。淘元镇电商家具产业从萌芽到初步发展都是淘元镇草根电商自下而上、自主创新的结果，政府是在多家媒体报道之后才开始重视淘元镇的电子商务发展。2006年到2009年，是淘元镇电商萌芽期，孙煦和陈震率先分别在赵圩村和淘元社区开了电商家具厂，开启了淘元镇的"淘时代"。随后，诸多村民效仿，纷纷在网上开店。但此时，淘元镇出现的"淘宝潮"只是村民想要"好好地生活着"的自发行为，没有得到县、镇两级政府的关注。直到淘元镇中学教师夏雨将媒体邀请到淘元镇，淘元镇的农民做电子商务得到《广州日报》、《重庆商报》乃至中央电视台《新闻联播》的报道后，才引起了县政府的高度重视，并开始大力扶持淘元镇电子商务。可以说，在淘元镇电子商务发展的初期，政府是"无为"的，而电子商务的发展，也倒逼政府不断采取行动。在电子商务的爆发期和转型期，我们看到了政府更有为的行动，更有力的支持和监管。比如：为鼓励淘元镇更多农民返乡创业，通过墙体宣传标语、微信、QQ、微博和直播平台等多种方式宣传电子商务，使"在外东奔西跑，不如回家淘宝"等宣传标语深入人心；为帮助农民弥补开网店存在的知识和资金短板，为农户免费提供电子商务培训，开发"网商助力贷"等低息或免息贷款；为解决淘元镇家具同质化模仿问题，政府积极开展与南京林业大学、西安交通大学等多家高校的合作，成立家具设计研发院，聘请高校教授为网商设计家具；为解决淘元镇家具缺少自主品牌的问题，政府成立公共品牌中心，推广使用"淘元镇"集体品牌，成立"淘元镇官方旗舰店";为解决淘元镇家具生产过程中的质量和环保问题,政府建设高标准厂房、建立了国家木制家具及人造板质量监督检验中心,为淘元镇及周边地区的电商家具企业提供检测服务,不达标产品不能在网上销售,从源头上把控产品质量;淘元镇还建设了两个喷涂中心,让中小家具企业集中喷涂,避免给环境带来污染;政府定期进行环评和安检,要求企业安装除尘和消防设备,为淘元镇企业安全、绿色生产保驾护航。可见,在淘元镇电商家具产业发展的过程中,电子商务的发展不断对政府提出新要求,政府也以更加积极的态度和更加有效的行动来回应电商发展的诉求,清除电商发展过程中的一系列障碍,为电商的可持续发展保驾护航。在这一过程中,政府的"适应能力"得到增强。

其次,政府的"控制能力"是指政府组织利用其权力、权威和社会资源,去影响管理环境、引导管理客体所需要的能力。在淘元镇,信息技术对政府组织的赋能也表现在政府"控制能力"的增强上。信息技术的发展为政府组织促进产业转型赋予了新工具,即电子商务的发展使淘元镇实现了由废旧塑料回收加工产业向电商家具产业的平稳转型,淘元镇由"垃圾围城"蜕变为"信息时代的电商王国"。在淘元镇发展电商家具产业之前,淘元镇曾经是"垃圾围城"。20世纪80年代以来,废旧塑料回收加工成为淘元镇的支柱产业,发展电商之前,淘元镇有1200多家废旧塑料回收加工企业,全镇有2万人,约1/3的人口从事该产业,每年能够创造15亿元的产值。然而,该产业严重破坏了生态环境,生态约束愈加明显。淘元镇到处是"垃圾山",空气中弥漫着塑料味,镇上不少人因为干这行得了癌症和血液病,淘元镇的发展实践说明再不转型就晚了,淘元镇产业转型势在必行。可是废旧塑料回收加工产业关系着上万人的生计,取缔这个产业就相当于端走了老百姓的饭碗,村民不答应。这时,"互联网+新经济"为政府组织促进产业转型提供了新工具。当时,赵圩村的电子商务已经小成气候,为产业转型提供了新方案,为农民放弃旧产业提供了新出路,自然也为政府组织推动产业转型提供了底气。最终,近850家废旧塑料回收加工企业转型成功,成了电商家具产业中的一员,壮大了电商产业队伍,破解了生态环境难题,也贯彻了政府的新发展理念。

最后,政府的"变革能力"是指政府意识到管理情境发生质变后,主动对其管理价值、模式与行为全方位做出重大调整的求变能力。

第一，信息技术对政府"变革能力"的提升体现在淘元镇电子商务的发展使政府的治理理念实现了由"管理"到"服务"的转变。电商发展之前，镇政府的主要工作体现在组织农业生产、维稳、综治、人口管理、劳保、民政、计生等方面，主要体现政府的管理职能。电子商务的发展，使得政府不断更新和变革自身的理念，逐渐在由"管理"向"服务"转变。在电商发展初期，政府的职能主要体现在产业发展和扶持上，积极回应产业发展的各种诉求，并为企业的健康发展提供各种规制和监管。目前，政府的职能更多地向城镇开发和功能配套上转移，为电商产业发展和农民更高质量的生活做好服务。淘元镇党委组织委员杜继明告诉笔者：

> 政府今年（2020 年，笔者注）做了很多工作。把搁置很多年的地块建起来了，全部建商品房和住宅。旭旺超市隔壁建洗浴中心和如家商务酒店，如家商务酒店能到乡镇的确实也不多。水街一期已经建好了，现在正在招商，招稍微高端一点儿的，像德庄火锅这些品牌餐饮入驻进来。我们还在路对面建了一个商贸综合区，建了四星级酒店。政府投资 1 亿元建设 3.2 万平方米十轨制九年一贯制学校和中心幼儿园，和南通学校联办，把教育质量提上来。我们还在南区规划了一个大型的娱乐广场。先期有商超、酒店、会所，后期主要是教育和医疗，教育、医疗跟不上，很难能留住人。我们淘元镇是全县少有的，从去年开始，每年教师节由本土企业老板每年拿出 50 万元奖励镇区老师。对医院进行改扩建，建医养结合的医院。（20200902 杜继明）

第二，政府的"变革能力"体现在政府通过机构和部门改革以及作风改善提升自己的服务能力。淘元镇政府围绕企业发展的痛点、堵点、难点，持续深化"放管服"改革。一是企业帮扶上做加法。对在谈、在建、续建的项目、大企业推行领导班子成员"一对一"工作机制，实行"一线工作法"，所有项目分包人员全部入企、入工地，及时与企业对接，实现项目顺利过渡、无缝对接。二是执法检查上做减法。认真梳理涉企执法事项，厘清政府与市场的边界，遵循企业发展规律，设置企业宁静日，不随意检查，避免对企业正常生产经营活动带来干扰，从"重监管""重干预"向"重引导""重服务"转变。三是电商服务上做乘法。以企业需求为导向，系统整合部门职能和人员力量，重建集参观接待、产业调研、人才服务、融资服务、证照办理、物业管理等功能于一体的电商服务中心，让企业和群众少跑腿、好办事、不添堵，全面提升服务质量。四是作风管理上做除法。严格落实岗位职责、办事流程、服务承诺制、首问责任制、办事限时制、责任追究制等规章制度，设立投诉热线、意见信箱等监督平台，建立政企良性互动机制，构建"亲""清"新型政商关系。

第三，政府的"变革能力"还体现在政府在面临突发情况时，能够通过自我革新来应对外部环境变化。2020 年突如其来的新冠疫情，使我国的经济发展遭受冲击，淘元镇的电商家具产业也不例外。文博县政府主动出击，运用新媒体为淘元镇电商直播带货。文博县县长薛远亲自通过直播带货，93 家企业 72 小时销售额为 2000 万元，吸引 631 万名消费者的关注。可见，互联网经济的发展促使政府组织不断进行自我革新，以人为本，与时俱进，更好地服务经济社会发展。

3. 政府"社会治理能力"的提升

政府的"社会治理能力"是指政府组织根据管理客体的需要及其变化来关注组织各个要素、环节与资源的配置而表现出来的能力。

首先，政府的社会治理能力体现在"社会价值"的实现上。其表现在三个方面。其一，经济的可持续发展与经济公正。互联网的发展，使政府可以通过"互联网＋"的方式更好地促进经济可持续发展与经济公正。例如，淘元镇政府围绕电商家具产业进一步丰富电商门类，形成以家具为主，生态绿植、特色农产品和小饰品并行发展的"1＋3"产业体系，分担经济系统的风险。其二，自然的可持续利用与环境公正。电商产业的发展为农民提供了新的生计模式，为政府取缔污染严重的废旧塑料回收加工产业扫除了障碍，减少了对环境的危害。其三，社会的可持续发展与社会公正。电子商务的发展催生了"电商经济＋脱贫攻坚"新的扶贫模式，为政府治理提供新工具。互联网为淘元镇打赢脱贫攻坚战提供了制胜法宝，促进了社会公正。一方面，电子商务带动了上下游产业链的发展，创造了更多的就业创业机会。此外，网销具有包容性的特点，吸纳了大量文化程度不高的农村妇女、五六十岁的老年人和残疾人从事客服、包装和打磨等工作，电商产业对劳动力的大量需求推动了本地工资的上涨，使本地贫困人口获得较好的收入。截至 2019 年底，电子商务上下游产业链带动 78 个低收入家庭创业，带动 2280 名低收入群体就业，月平均工资 3000 元。另一方面，电子商务的发展为"党建＋电商"的扶贫模式创造了条件。淘元镇党委开展"百企帮千户"活动，设立"扶贫驿站"，动员全镇上千家实体企业和上万家电商，为有劳动能力的贫困群众安排工作，提供创业平台。2016 年至 2018 年，在淘元镇 1644 户共计 4701 名脱贫人口中，有 816 户 2000 多人是在电商产业的扶持下顺利实现脱贫的（见图 4－6）①。2021 年淘元镇农民人均纯收入达到 27359 元，远远高于文博县 19256 元的人均纯收入。目前，淘元镇正在不断促进产业转型升级，打造"淘元镇"集体品牌，扩大淘元镇电商家具产业知名度，帮助更多农民增收致富。

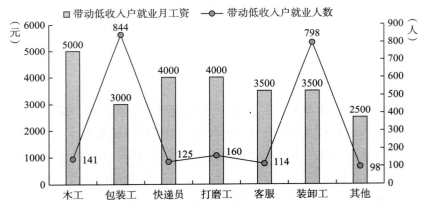

图 4－6　2016～2018 年网商带动低收入户就业人数及收入情况

资料来源：淘元镇政府。

其次，政府的社会治理能力表现为"联盟治理能力"。"联盟治理能力"要求政府组织在提升自身治理效率的同时，还要与企业、高校、社会组织等其他组织进行能力互补、资源交换与知识联盟，在多元社会治理结构中充当组织者与领导者的身份与角色。在淘元镇电商发展的过程中，政府的"联盟治理能力"得以提升。"联盟治理能力"主要体现在"引进来"与"走出去"。"引进来"表现为淘元镇政府主动吸引人才、专家学者、平台、企业以及高校来到淘元镇，开展合作。淘元镇政府通过出台优惠政策吸引

①　数据来源：淘元镇政府，2019 年 7 月。

淘宝摄影、平面设计、3D 制作等专业型人才汇聚淘元镇，不断加强淘元镇网销上下游环节的自主创新能力；根据网商需要，淘元镇政府多次邀请网络"大咖"、专家学者来到淘元镇，把脉电商模式并释疑答惑；积极发挥有形之手的作用，招引物流快递、培训和电商等平台入驻淘元镇；与中国矿业大学、西安交通大学等高校开展政校合作，互相交流经验，共同育人。"走出去"体现在淘元镇政府多次组织网商外出学习电商经验，通过向外取经、推广经验，不断提升完善"淘元模式"的生态系统，在"走出去"的迈步中拓宽网商的视野和思路。可见，在电商发展的过程中，淘元镇政府通过"引进来"与"走出去"，带领农民网商与专家学者、平台、企业以及高校等外部资源进行能力互补、资源交换与知识联盟，提升了自身的"联盟治理能力"，促进了淘元镇电商产业的发展。

（二）赋能企业组织

1. 促进淘元镇家具业的产生和发展

发展电子商务之前，淘元镇以废旧塑料回收加工业为主导产业，没有家具加工业、资金、木材等资源优势。孙煦等人通过网络销售简易拼装家具大获成功，更多的农民参与模仿和复制，促进家具网销业的产生和发展。截至 2018 年底，淘元镇有家具生产企业 1260 家。家具网销业带来了原材料、物流和零部件等大量需求，带动了上下游产业链的发展，促进供电、信用等系统环境的优化。淘元镇家具产业不是在相对发达的产业集群和特色资源基础上发展起来的，而是直接由电子商务产生的。通过在线销售创造和培育了新的产业生态系统。产业链的形成降低了创业成本和风险，增强了行业竞争力，有助于收入等福利的增长。正如孙煦所述：

> 在我们这个地方，无论是板材、家具配件还是物流，价格在全国都是最低的，物流别的地方散户十块钱一公斤，电商五六块钱一公斤，在我们这边只需要一块钱一公斤。以前购买加工机械和五金配件要跑好多地方，现在在家门口就可以办到。（20190719 孙煦）

2. 推动产品迭代、营销手段升级和生产设备智能化

第一，电子商务促进了企业产品迭代。首先，电商平台能够及时反馈

市场需求,推动淘元镇家具产品持续升级。淘元镇家具经历了从板式家具到实木家具和钢构家具再到定制家具的转型。现在电商企业平均6个月创新一批产品,加快了产品的迭代。其次,电子商务的试错成本低,市场反馈及时,有利于促进产品创新。一开始,赵圩村网销家具都是由"木条子"拼装成的简易家具。刘峻茂的大哥刘峻清在山东临沂组织家具生产,成了刘峻茂的供货商。有一天,刘峻清突然提议是否可以尝试一下板式家具呢?虽然刘峻茂认为板式家具太重,既不好包装,运费又太贵,但还是决定先放到网上试一试,这一试便大获成功。可见,正是互联网的试错成本低,市场反馈及时,才促进网商们不断尝试和创新,在摸索中促进产品的优化升级。最后,互联网上丰富的信息和资源,有利于企业学习和创新。互联网上的产品设计软件、家居图片和视频资源等都有利于激发网商的创新思维。例如,2011年,刘峻清在韩国网站上看到了实木母子床,深受启发,就设计出一款适合中国人的新品。到了2013年,母子床成为淘宝上的爆款产品,赵圩村的母子床一年销售额达6.5亿元。

第二,电子商务促进企业的营销手段升级。随着互联网的发展,出现了抖音、快手等各种直播平台。淘元镇电商企业不断创新营销方式,通过直播让买家对产品有更直观的体验。电商大户程楚瑜用300多平方米的展厅专做产品直播。他说:

> 直播不是为了让客户在直播间购买,而是让客户对产品有更直观的体验,这是场景化营销。(20190719 程楚瑜)

淘元镇电商的产品营销经历了由"粗糙"到不断"高级化"的过程。在做直播之前,基本是靠图片吸引顾客。正如王博涵所说:

> 网商刚起步的时候,很多产品图片都是复制过来的。随着网商知识产权意识的增强,以及从别人那拷贝的东西很模糊,所以就改用相机拍照。但拍出来的图片由于没有修图和文案,图片没有美感,效果不好。后来发展3D建模制图,在图片上加上更多元素,比如放文案,进行专业修图,效果很好。(20190718 王博涵)

现在淘元镇衍生出一个专门的行业：摄影和3D设计。信息技术的发展让营销手段更加多元化和高级化。

第三，电子商务使企业的生产方式更加智能化。信息技术为生产设备的智能化转型提供了支持。淘元镇电商刚刚起步时，家具是靠木匠用锯、电钻等简单的工具生产出来的。2007年，网销有了初步的资金积累之后，孙煦率先在赵圩村开了第一家家具加工厂，只用了两万元买了简单的加工机器，生产场地也是几十平方米的家庭小作坊，这是家具工厂发展的第一个阶段。第二阶段，他们开始建设几百平方米的专业厂房，购买几十万元的设备，生产变得专业化、规范化和现代化。第三阶段，投资建设几千平方米的标准化厂房，购置上百万元的设备，实现家具生产企业智能化改造。如孙煦的家具有限公司带头创新，投资超过100万元，引进了"MP智能一体化系统"，实行了智能化改造。淘元镇网商后起之秀程楚瑜购置高端设备，给车间安装脉冲式密闭打磨集尘台用于降低粉尘，他还安装了安全设备，采用流水线作业，成为向着正规企业发展走得最快的那一个。未来，将会有更多企业加入智能制造，打造无人智能生产车间，实现整个产业的提档升级。

（三）赋能社会组织

一方面，电子商务的发展对社会组织的发育提出了新需求。目前淘元镇有2000多家店铺，店铺之间同质化竞争激烈，相互砸价，利润率已不到10%。激烈的竞争使得网商们纷纷降低成本，甚至存在偷工减料的情况，对产品声誉产生了不良影响。淘元镇虽然成立了电商协会，但目前协会的功能主要体现在三个方面。一是环保服务，帮助淘元镇家具厂商联系除尘设备提供商，审核其资质，签订协议，监管除尘设备提供商，保证装上的除尘设备达标。二是申请和管理"淘元镇"集体商标。三是集体采购质优价廉的原辅材料。由于电商协会是由政府牵头成立的，主要还是为政府服务，不能统筹解决网商们关切的同质性竞争的问题，网商们迫切需要成立能够代表本地网商利益的专业协会。网商丁一鸣抱怨道：

> 我们这边主要"死"在自己人手里。苏南、广东那边都是抱团发展，线上销售价格不能低于一个固定的价格，但是我们这边砸价无底

线，到最后可能赔本都卖。外地和我们价格竞争较少，竞争主要来源于本地，我们条件太雷同，相同度太高，物流、原材料、人工工资都差不多，底线都差不多，都知道对方的底，所以好多都被价格打垮了。我们这边没办法形成统一价格。希望有专业的产业协会，引导、协调当地产业发展。美慕温州的商会，在那种环境下凭本事吃饭，谁有能力谁就能做大做强，在我们这边受限的条件太多了。（20190717 丁一鸣）

另一方面，电子商务的发展对社会组织的发育提供了资金支持。电子商务的发展促使更多社会组织孵化和发育。电子商务的发展使更多的农民网商加入志愿活动的队伍，传播电商发展的正能量。淘元镇成立了"电商爱心志愿者协会"，2018 年春节，在协会发起的爱心志愿活动中，300 多位电商现场捐赠 120 万元现金，并认捐 600 多万元，善款专门用于贫困户就医及子女教育。① 协会成立以来，通过开展"让爱回家"、"金秋助学"、大病救助、爱心帮扶、开店帮助等活动，有力地支持了淘元镇脱贫。

三　赋能于社区

（一）提升社区经济发展能力

淘元镇是一个被数字技术改变的乡镇，由以前的"破烂小镇"变为"电商小镇"。过去，淘元镇的农民以务农和外出打工为主。在淘元镇发展电子商务之前，村民主要从事废旧塑料回收加工业，而电子商务改变了这一切。淘元镇电商家具产业是在没有家具产业基础的情况下，完全由电子商务带动发展起来的。农民通过信息技术连接到市场，获取消费需求，并通过消费需求带动产业发展，走出了信息化带动产业化的新路子。网销促进了家具制造产业的生成和发展，还带动了电商家具产业链的形成以及服务环境的优化。2021 年底，淘元镇有 13100 家网商，16500 个网店（见图 4-7），1300 家家具生产企业，254 家物流快递企业，73 家床垫加工企业，50 家实木原材料销售企业，52 家五金配件企业，38 家板材原材料销售企业，30 家摄影和 3D 设计公司，19 家会计服务公司，23 家油漆销售企业，

---

① 《杨帆：带领群众走向"电商小镇"》，新华网，2018 年 11 月 6 日，http://www. xinhua-net. com/local/2018 - 11/06/c_1123668230. htm，最后访问日期：2020 年 3 月 7 日。

16 家电商服务机构（见图 4 - 8）。家具产业链的跨越式发展拉动了电力、电信、银行等服务商的发展，带动了经济增长，增加了就业机会，优化了产业结构，推动了农民致富。具体来说，2021 年电商销售额达到 135 亿元（见图 4 - 9），"双 11"单日销售额达到 10.01 亿元，创造就业岗位 3.15 万个，农民的收入水平显著提高，赵圩村和淘元镇的农民人均纯收入分别为30121 元和 27359 元，均为 10 年前收入的 10 余倍，远远高于文博县农民19256 元的人均纯收入（见图 4 - 10）。

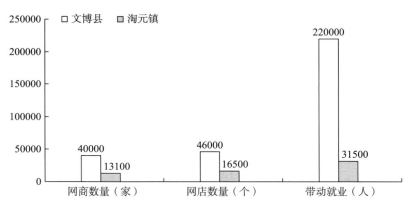

图 4 - 7　文博县和淘元镇电商发展情况（2021 年底）

资料来源：淘元镇政府，2022 年 9 月。

图 4 - 8　淘元镇电商产业上下游企业数量（2021 年底）

资料来源：淘元镇政府，2022 年 9 月。

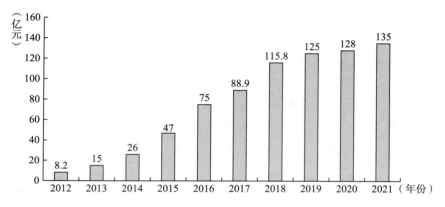

图 4 - 9　2012 ~ 2021 年淘元镇电子商务交易额变化情况
资料来源：淘元镇政府，2022 年 9 月。

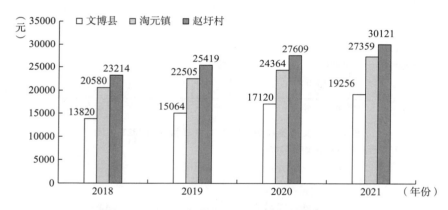

图 4 - 10　2018 ~ 2021 年文博县、淘元镇和赵圩村农村居民人均纯收入
资料来源：淘元镇政府，2022 年 9 月。

（二）提升社区人才吸引能力

淘元镇低廉的电商经营成本和完善的产业配套，迅速吸纳了一批专业型人才驻地创业。相对于城镇高昂的创业和生活成本，农村电商经营的成本较低，表现在农民可以充分利用房前屋后的空地从事生产，降低租金成本，且农村的生活成本和劳动力成本较低，农村熟人社会关系为电商的传播和扩散提供了社会资本支持，而政府提供的一系列优惠政策也有利于促进电商产业发展。随着淘元镇会计、摄影、电商运营等产业链的完善和发展，淘宝摄影、平面设计、3D 制作等专业型人才纷纷汇聚淘元镇，不断增强淘元镇家具产业上下游环节的自主创新能力。截至 2021 年，淘元镇网商带动本地从业人口 2.3 万人，并吸引外地从业人口 0.85 万人，吸引高层次人才 910 人（见图 4 - 11）。

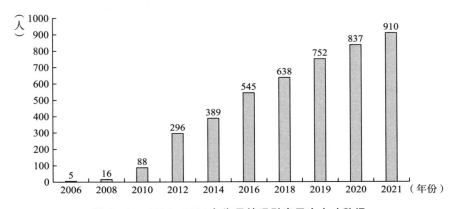

图 4 - 11　2006 ~ 2021 年淘元镇吸引高层次人才数据
资料来源：淘元镇政府，2022 年 9 月。

（三）提升社区治理能力

电子商务给社区带来了安定和谐的社会环境，使社区充满生机活力。首先，电商发展使农村"留守"问题迎刃而解，增强了农民的幸福感，促进社会和谐安定。电子商务的发展提供了大量的创业机会和工作岗位，吸引外出务工的农民和大学生纷纷返乡创业和就业，不仅增加了农民的收入，还使农民重新回归家庭和村落，使得分散的家庭重新完整化，有效解决了农村养老、教育和社会伦理等问题，使村庄重现生机和活力。镇上原本无事可做的年轻人都忙碌了起来，社会治安也明显转好，乡村生活和谐有序。其次，电子商务的发展提升了社区的环境治理能力。在发展电子商务之前，赵圩村是有名的"破烂村"，主导产业是废旧塑料回收加工，当时村民的房前屋后堆的都是废旧塑料，空气中弥漫着刺鼻的塑料味，村里的河水都被污染成了紫色，有的村民还因为长期从事废旧塑料回收加工得了癌症和血液病，这一产业严重影响了村庄的环境和村民的生活品质。在发展电子商务之后，村庄的环境得到了很大的改善。尤其是淘元镇智慧电商产业园、旭春喷涂中心建成之后，很多前店后厂的家庭作坊搬进了产业园区，进行企业化、规范化运作，安装除尘和环保设备，减轻了对环境的危害。旭春喷涂中心为淘元镇所有企业提供油漆集中喷涂业务，杜绝了露天喷涂，提升了淘元镇的环保水平。50 栋多层高标准厂房，3 万平方米的物流园，5500 平方米的电商小镇客厅，30 米宽的淘宝大道，使淘元镇逐渐由"小、散、乱"的家庭作坊式的发展模式转型升级，实现产业集聚，走向乡村空间的"城镇化"。最后，电子商务的发展提升了社区的空间规划能力。法国学者亨利·列菲弗尔（Henri Lefebvre）的空间生产理论认为，空间是社会（关系）的产物。[①] 空间生产受到资本、政治和权力的驱动和影响。在淘元镇电子商务发展的过程中，受产业发展（资本）和政府规划（权力）的影响，淘元镇的乡村空间发生了剧烈重构。一方面，电商家具产业发展内在地驱动淘元镇淘宝村的空间演变。以人口、土地、产业的变化为核心[②]，淘元镇的产业结构、土地利用结构、建筑景观和就业结构等均发生相应转变。乡村聚落功能由单纯的居住以及部分农副业生产向居住、工农生产、消费市场和生态保护等多功能空间转变。[③] 乡村聚落空间由"同质同构"转变为"异质异构"，日益差异化和多元化。[④] 2006 年以前，淘元镇村庄结构整体以行列式布局为主，新旧住宅分布散乱，道路狭窄，且以土路为主，只有部分道路实现了硬化。随着淘元镇电商产业的发展，以及产业模式由分散的家庭作坊向产业集聚转变，乡村空间结构也由散点式、行列式分布向团块状规模集聚转变，农民的居住空间也由家庭作坊时期的产居合一向产业园时期的产居分离转变，建筑景观由"前店后厂""前厂后居"的形态向生活小区和产业园并行转变，道路也由土路和乡间小道向宽阔的水泥路和柏油马路转变。总之，淘元镇乡村空间的变化正是淘元镇产业结构调整的反映。另一方面，政府通过空间规划技术优化了乡村的空间结构。在电商发展初期，农民网商利用自家宅基地旁边的空地盖简易厂房进行家具生产，导致淘元镇淘宝村空间结构无序、建设用地利用率较低、生产厂房无序蔓延等问题，不仅不利于电商产业规模的扩大，也存在诸多安全隐患和环保问题。此外，随着越来越多的农民工返乡创业和外来人口增加，淘元镇的

---

① H. Lefebvre, *The Production of Space*, Cambridge: Blackwell, 1991, p. 26.

② H. Long, J. Zou, J. Pykett, et al., "Analysis of Rural Transformation Development in China since the Turn of the New Millennium," *Applied Geography*, Vol. 31, No. 3, 2011, pp. 1094–1105.

③ 曾山山、周国华、肖国珍等：《地理学视角下的国内农村聚居研究综述》，《人文地理》2011 年第 2 期。

④ 王丹、刘祖云：《国外乡村空间研究的进展与启示》，《地理科学进展》2019 年第 12 期。

基础设施和公共服务面临巨大压力。为了缓解压力，促进电商产业进一步扩张，淘元镇政府与南京林业大学专家团队合作，借助空间规划手段引导淘元镇产业空间集聚化发展，促进淘元镇电商产业向镇中心以及赵圩村有序集聚。2014 年开始，镇政府以镇区为中心，对土地和资源进行统一规划，建成了集生产、物流和公共服务于一体的产业园、物流园、淘宝一条街和镇区商业街，实现了镇区的城市化和专业化。同时，在保留各行政村原有乡村风貌的基础上，对乡村的生态环境进行整治，并提升了乡村的公共服务和基础设施水平。总的来说，淘元镇的乡村空间结构呈现现代性和乡土性的融合，乡村空间由静态的和同质化的系统，转变为动态的、异质性的、融合的、网络化的和意义多元的系统。

（四）促进社区商业文化的形成

当电子商务的基因注入中国古老乡村的肌体，乡村文化发生了深刻变化。第一，淘元镇商业文化气息浓厚。在淘宝一条街的入口处，有着"赵圩村，中国淘宝第一村"的标志。在淘元镇，墙面上印刷着各种醒目的宣传标语："在外东奔西跑，不如回家淘宝""女性当自强，网上创业忙"等。淘元镇的道路名称体现了淘元镇人对电子商务的由衷感激。这里的路有的以几大电商平台的名字命名，比如，淘宝大道、阿里路、天猫路、京东路、苏宁路；有的以对淘元镇电商发展起到重要作用的企业家、学者和草根带头人的名字命名，比如，向东路、红冰路、春晓路、三剑客路。你还会发现，在小镇客厅的前面，有一个广场，在夜色到来之前，最先到达这里的不是悠闲地跳着广场舞的大妈，而是在这里摆地摊卖小商品的村民。第二，村民的作息时间不再是"日出而作，日落而息"，而是变成了"淘宝时间"。每天清晨四五点的时候是村民最忙的时候，这时候淘宝一条街上挤满了大大小小的车辆和等待发往全国各地的商品。为了陪着"网购族"夜晚购物，他们常常要工作到凌晨一两点。不同于农业时代的因节气时令而自然形成的"农忙"和"农闲"时期，电子商务则因电商平台人为制造的"网购节"分为"淡季"和"旺季"。农民通常在春种秋收的时候最忙，而电商通常上半年是淡季，下半年因"6·18""双 11""双 12"等"网购节"而成为旺季。第三，村民之间聊天的话题变了，以前见面都是问"吃了吗？"，现在见面就会问："今天卖得怎么样？""卖了多少？""赚了多少钱？"村民们还会相互交流经验。以前聊天都是东家长李家短的，现在都是聊生意聊事情。第四，熟人关系由"情感化"走向"理性化"。淘元镇电子商务正是靠着"情感化"的熟人关系实现裂变式增长，然而，随着同质化竞争愈加激烈以及企业长远发展的考虑，淘元镇电商渐渐走向理性化。比如，关于工厂里是否有自己的亲戚朋友，淘元镇网商靳玉林表示：

> 厂里没有亲戚朋友，这是和合伙人定好的规矩。亲戚朋友在厂里容易放纵，不好管理。一次性拒绝，他们也可以理解。要想生存，各方面关都得把住。我们是企业，不是福利院和养老院，不可能照顾他们。我们得生存。老厂的时候有亲朋，现在开新厂，总结教训，不让亲朋来。我宁愿托关系让他去别的厂，也不会让他来我们厂，他到别的厂就不一样了，压力就大了。（20190717 靳玉林）

关于是否会将自己店的新品和亲朋分享，网商丁一鸣表示：

> 我不喜欢和别人家卖同款产品，所以很少会和亲戚朋友说新产品，就算亲朋来问，也不会跟他们说，他们都了解我，遇到困难、问题都可以帮忙，但是如果大家想用同一个产品赚钱不行，肯定会产生分歧和矛盾。（20190717 丁一鸣）

可见，在企业管理和产品创新上，淘元镇电商逐渐摆脱"情感化"熟人关系的束缚，越来越走上理性化和规范化的道路。

第三节　乡村技术赋能的方式

根据既有的理论观点，赋能的方式主要有结构赋能、资源赋能、心理赋能、领导赋能和文化赋能，我们结合现代技术尤其是信息技术"连接·赋能"的特点，以及淘元镇电商发展的实践，提出乡村技术赋能的三种方式：结构赋能、资源赋能、心理赋能。

一　结构赋能：破除乡村发展壁垒

结构赋能的观点强调组织中的权力属于系统内各个层次的个人[1]，成功的、合法的赋能有赖于能够促使所有成员或绝大多数成员参与的制度体系。[2] 拉什金格（Laschinger）提出了结构赋能测量的六个维度，即机会结构、信息、支持、资源可得、正式权力和非正式权力。[3] 以上关于结构赋能的观点主要针对组织内部，强调全员参与，并为员工参与提供机会、信息、资源和权力等各种支持。在本研究中，结构赋能发生在乡村社会的场域中，指电子商务通过破除乡村发展的各种壁垒，比如，打破城乡二元结构，促进城乡要素双向流动，突破地域限制，加强农村与外部世界的连接，改变乡村治理结构等，实现农民及乡村发展能力的提升。淘元镇电商结构赋能主要表现在：机会权和信息权、支持可得、正式和非正式权力三个方面。

（一）电商突破了地域限制，加强农村与外部世界的连接，赋予农民"机会权"和"信息权"

一方面，电子商务突破了地域限制，缩短了空间距离，加强了农村与外部世界的地理连接，赋予农民更多平等参与市场竞争的机会。电子商务将农村与全国乃至世界市场联系起来，使乡村能够更好地利用外部资源，激活本地资源，实现快速发展。过去农村总是与偏远、闭塞和分散等词汇相联系，受地理位置和交通条件的约束，乡村只能在有限的区域内进行商品交易。而电子商务通过信息流、商品流、资金流等要素流动突破了距离限制，跨地域的交易双方通过流空间实现对接，传统的地理邻近性不再成为决定交易活动发生的必要条件。[4] 电子商务改变了乡村在地理位置和交通

---

① A. Prasad, "Understanding Workplace Empowerment as Inclusion: A Historical Investigation of the Discourse of Difference in the United States," *The Journal of Applied Behavioral Science*, Vol. 37, No. 1, 2001, pp. 51 – 69.

② P. Prasad, D. Eylon, "Narrating Past Traditions of Participation and Inclusion: Historic Perspectives on Workplace Empowerment," *The Journal of Applied Behavioral Science*, Vol. 37, No. 1, 2001, pp. 5 – 14.

③ Heather K. Spence Laschinger, Joan Finegan and Judith Shamian, "The Impact of Workplace Empowerment, Organizational Trust on Staff Nurses' Work Satisfaction and Organizational Commitment," *Health Care Management Review*, Vol. 26, No. 3, 2001, pp. 7 – 23.

④ 刘亚军：《互联网使能、金字塔底层创业促进内生包容性增长的双案例研究》，《管理学报》2018 年第 12 期。

条件上的劣势，提升了乡村与外部世界的连接。淘元镇位于文博县，文博县是江东省欠发达的县，淘元镇的主导产业曾经是废旧塑料回收加工产业，是远近闻名的"破烂镇"。淘元镇原本并没有家具生产的产业基础，也没有木材等原材料，正是电子商务催生了家具电商产业。电子商务通过其强大的连接能力，将淘元镇与木材等原料产地连接起来，并将淘元镇生产的家具销往全国各地，甚至远销国外。在电子商务的"魔法"下，淘元镇地理位置的偏远已经不是其发展的障碍，反而成为淘元镇的优势，因为偏远的地理位置对应的是廉价的土地、劳动力和较低的消费水平，这反而构成了淘元镇的竞争优势。可见，电子商务通过"连接"将淘元镇地理位置偏远的劣势转变为低生产成本的优势，从全国各地购买原材料，经过加工将家具成品销往全国各地，淘元镇成为简易拼装家具的大型"加工厂"和"中转站"。

另一方面，电子商务打破了信息不对称，缩短了时空距离，加强了农村与外部世界的信息连接，赋予农民更大的获取市场信息的能力。电子商务使网商们通过网络直接对接市场，省去了中间环节，提高产品与市场的匹配度，增强产品的市场竞争力。电子商务不仅促进了当地经济发展，而且促进了经济结构转型。自从实行包产到户和家庭联产承包责任制，农村就面临着如何把分散的小农户与大市场连接起来的结构性矛盾问题。农户或者直接对接市场，或者通过"统分结合，双层经营"体制，利用"公司＋农户"的方式实现小农户和大市场的对接，这两种方式，都面临着信息不对称的难题，农户长期处于信息劣势地位，这使得农民在经济和社会地位中也处于弱势。在实践中，"公司＋农户"的模式并没有有效解决小农户对接大市场的问题，反而出现公司利用国家政策套取资金，并利用其优势地位，牵着农户鼻子走，与农户争利的现象。现在，电子商务在"公司＋农户"的前面加上"网络"，农户可以跳过中介，利用网络直接对接大市场，获取市场供求信息，并将自己的产品发布到网络上，从源头上克服信息不对称的难题，改变了长久以来农户在市场上的弱势地位，农户成为在市场上平等交易的主体，获得更多的定价权、自主权和话语权。农民像城里人一样获得了最好的信息技术与网络服务，积极参与到商务生活中，自主决定电商家具产业的发展方向。①

---

① 中国社会科学院信息化研究中心、阿里巴巴集团研究中心：《"淘元模式"调研报告》，2011，第26～27页。（已匿名处理）

（二）电商填平农村服务洼地，为农民参与市场竞争提供各种支持

互联网使农民获得了各种支持。网络技术不仅蕴含着丰富的自由、开放和共享的价值观念，而且为实现这些价值观念提供了平台。

首先，电商平台为农民提供了强大的网络协同生态，为农民参与市场竞争提供各种服务，可以极大降低农民的创业成本、资源获取成本和交易成本。网络具有全面开放的特点，体现在用户、接口、平台、服务、社交和信息等资源的开放，使农民也能够平等地获取这些服务和信息。这种"使用者驱动"的特点使网络世界日趋扩大和透明。农民只需要通过一个服务接口，就可以随时获取几百种不同的第三方服务，以及由电商平台提供的全套基础设施服务，电商平台通过为农民提供各种"支持"从而为农民赋能。第一，电子商务通过接口开放、平台开放和社交开放，可以降低创业成本。对农民而言，创业最缺乏的就是资金和知识。而电子商务对开网店的启动资金要求不高，且准入门槛也较低。在赵圩村，部分网商的初始投资成本就是"一台电脑和一根网线"，刚刚起步的网商通过在别的厂家拿货，在网上销售，赚下了第一桶金。这样既降低了创业风险，又缓解了资金压力，降低了创业门槛，使普通的农民都有机会走上创业致富的道路。笔者在问卷调研中发现，淘元镇网商的初始投资成本基本在10万元以下，其中3万元以下占比为13.5%，3万元至5万元占比为42.3%，6万元至10万元占比为31.7%，10万元以上占比为12.5%。开店资金来源主要是家庭存款和私人借款。在知识方面，互联网为农民提供了便捷、廉价的信息获取渠道，农民可以通过阿里生意经以及各种直播平台、视频网站和在线社交活动学习经营网店的技能。互联网降低了知识和信息的获取成本，使得知识不再是和学历捆绑在一起的"奢侈品"，而是每个人都可以根据自身的需要而获得的"日用品"。调查中发现，大部分的淘宝店店主都是初高中毕业，占比为52.94%，还有一小部分是小学毕业，大学本科毕业生占比为16.18%。由此可见，电子商务极大降低了创业的初始资金和准入门槛。第二，电子商务通过服务开放，可以降低资源获取成本。农民通过互联网获取资源比以往更容易且成本更低。例如，线上金融服务打破了低收入创业者进入大市场的资金瓶颈，缓解了他们的资金压力。我国传统农村金融体系不适应农村电子商务的发展，其表现在四个方面：一是传统金融机构在

贷款时重抵押、轻信用，而农村网商很难提供抵押；二是民间金融发育不足；三是农村组织性较差不利于农村网商联保；四是金融机构的信贷考核机制不利于农村网商小微贷。传统农村金融体系的弊端造成信贷机构和资金拥有者"有钱贷不出去"，融资客户"贷不到钱"的尴尬局面。互联网为解决这一难题提供了新的解决方案。李国英认为以大数据和云计算为代表的互联网技术可以提供较为完备的借款人信用记录，从而解决借款人的融资难问题。[①] 互联网金融可以有效弥补传统金融体系对农村发展支持的不足。[②] 比如，支付宝平台联合生态为 395 万个商家提供数字化经营的小程序服务，商家小程序成交额年均增长 49.2%；参与起草全国首个《小微企业绿色评价规范》，并累计完成 623 万家小微企业绿色评级，助力小微企业绿色发展。[③] 可见，互联网正在驱动金融等诸多领域发生颠覆性的改革，从而为农民电商提供更多资源支持。第三，电子商务通过用户和信息开放，可以降低交易成本。电子商务使农民直接触达全球范围内的消费者，不仅扩大了农民的销售半径和规模，而且使农民能够直接获得市场需求和反馈信息，克服了信息不对称和中间商的盘剥，农村电商的快速发展正在不断提高这种赋能的规模和程度。

其次，电子商务通过提供试错平台，鼓励网商创新。电子商务提供了一个低风险和低成本的产品试错平台，网商通过尝试各种产品来吸引可能的客户。即使新产品失败了，网商的损失也极低，有利于鼓励网商创新。这是因为，电子商务提供了一个商品展示的平台，网商只需要做出一个样品放到网上，就可以通过销量和顾客的反馈得知新产品是否受欢迎，然后再决定是否量产，从而降低了产品库存风险和仓储压力。电子商务为网商们提供了一个低成本且反馈及时的创新平台，只要网商们有新的想法，无论是否成熟，都可以利用这个平台进行及时的检验，而不用担心创新失败带来的损失，从而有利于释放网商们的创造力，鼓励网商们不断地进行产品创新。

---

① 李国英：《"互联网＋"背景下我国现代农业产业链及商业模式解构》，《农村经济》2015年第 9 期。
② 汪向东：《农村电子商务与金融转型之思》，《金融电子化》2013 年第 7 期。
③ 《蚂蚁集团发布 2022 可持续发展报告："双价值一体创造"成鲜明特色》，"杭州日报"百家号，2023 年 6 月 1 日，https://baijiahao.baidu.com/s? id = 1767485182883504758&wfr = spider&for = pc，最后访问日期：2023 年 8 月 9 日。

最后，电子商务提供了一个开放的知识和信息交流平台，有利于农民网商不断改进和创新产品。一直以来，农村发展的一大瓶颈在于小生产与大市场的矛盾，对于处于全球生产链底端的农户来说，信息的滞后性常常导致生产的滞后性。而电子商务彻底改变了这一状况，它使乡村的生产者与来自全国各地乃至世界各地的消费者进行直接对话成为可能，并能立即针对消费需求调整生产状况，不断改进产品和营销方式。[①] 电子商务置身于互联网的大潮中，各种营销手段层出不穷，比如随着快手、抖音等短视频直播平台的兴起，很多网商及时跟进营销方式，从传统的图片宣传到直播推广。淘元镇电商大户程楚瑜就是走在前面的一个。他新建了一个300平方米的直播间专门直播家具产品，进行场景化营销。

（三）电子商务改变了乡村治理结构，赋予农民正式或非正式权力

开放的互联网为实现农民与国家的互动提供了渠道，为农民提供了参与政治的机会，农民可以平等地表达政治诉求。

一方面，电子商务发展使农民中的精英被吸纳到乡村治理体系中来，赋予部分农民参与乡村治理的正式权力。比如，赵圩村的第一位大学生刘峻茂曾经在徐州大地集团任生产部经理，2007年他辞职回乡在赵圩村开起了淘宝店卖家具，现在刘峻茂成为文博县党代表，文博县第十一届政协委员，淘元镇电商协会党支部书记，赵圩村党支部副书记，他不但参与淘元镇电商产业的服务和监管工作，而且参与赵圩村的乡村治理工作，更重要的是，拥有大学学历的他常常被安排接待外宾。而他也细致、耐心、思维严谨地为到访淘元镇的宾客讲解淘元镇电商产业发展的现状、困境和升级之路等。而程楚瑜，这个只有中专学历的农民，凭借在淘元镇电商家具产业发展中的突出表现，成了东沿市人大代表、淘元镇电商协会副会长、共青团淘元镇团委副书记。他的家具厂，是各级领导、外来考察者必选之地，而他也努力使自己的企业成为淘元镇的标杆企业，引领淘元镇电商产业发展。农民孙煦有机会参加中国扶贫基金会组织的全国电商精准扶贫论坛并在论坛上作了十分钟的发言，他还担任县政协常委，他曾组织五家企业变革家庭作坊式的生产模式，将企业升级为现代家具企业，曾联系国家专利

[①]　陈宏伟、张京祥：《解读淘宝村：流空间驱动下的乡村发展转型》，《城市规划》2018年第9期。

局和江东省知识产权局的多名专家解决"专利风波",也率先主动从淘宝转战京东和天猫商城。而做得好的电商大户很多都被吸纳到淘元镇电商协会领导班子中,比如徐彬任会长,程楚瑜、徐逸飞、刘晓意、沙志君、文海等任副会长。这些淘元镇精英通过电子商务的发展在政府和相关组织中获得了正式权力,不仅引领着淘元镇电商产业未来的转型升级之路,还代表领域内企业表达意见与建议,与政府等相关部门积极沟通,发挥其在政府与企业间的桥梁和纽带作用。

另一方面,电子商务的发展使传统权威中"能力"和"资历"分离,在传统礼仪和乡村生活领域,拥有"资历"的长辈仍然具有权威地位,而在产业发展中,拥有更多现代"能力"的后辈则掌握着话语权,处于"非正式权力"的中心。在传统的乡土社会,社会变迁的速度很慢,农业生产遵循着一套固定的法则,主要依靠长辈的经验和对土地的感知进行农业生产,因此,在乡土社会中,人们靠着这些"经验"就能生活得很好,生产生活中遇到的问题基本可以通过向长辈那里讨教经验而解决。加之,传统的乡村社会安土重迁,人们是"长在泥土里的",因此,长老在村庄治理中最具有权威,传统的乡村社会是靠资历和经验维持着社会的秩序,也就是费孝通先生所说的"长老统治"。① 而现代社会,科技变迁的速度很快,社会瞬息万变,即使是乡村也经历着科技革命的洗礼,日新月异。传统的小农生产已经逐渐被大规模生产、设施农业和高效农业替代,安土重迁的农村社会也在经历着人口的加速流动,撤乡并镇、合村并镇也使得乡村的"熟人社会"变成"半熟人社会",因此,传统的乡村生产和治理经验已经无法为现代农业农村的发展提供解决方案。而乡村电子商务的发展更使得"能力"逐渐超越"资历"在乡村生产中发挥着主导作用。在传统的乡村社会,"资历"即意味着"能力",而在现代社会,"能力"和"资历"逐渐分离。在乡村电子商务发展的过程中,乡村的非正式权力正在发生部分转移,在丧葬、婚嫁、传统节日和祭祀等民间习俗中,拥有"资历"的长辈仍然具有权威地位,然而,在电商家具产业中,拥有更多"现代能力"的年轻人则掌握着话语权,处于非正式权力的中心。淘元镇的电商年龄基本

---

① 费孝通:《乡土中国》,青岛出版社,2019,第 111~120 页。

处于 18 岁到 40 岁，占比达 88. 23%①，中青年劳动力成为淘元镇电商的主力军，老年人或者成为自家电商企业的帮手，或者到其他企业打工。因此，从淘元镇社会的整体来看，遵循着"资历"和"能力"双重权威。在家庭内部，权力中心也在发生转移。在中国传统家庭，长幼尊卑有序，父母尤其是父亲是家中最有威望的人，掌握着家庭的决策权和话语权。而在淘元镇，这种权力中心正在向子女尤其是儿子转移。在电商家具企业的核心成员中，通常是中青年男性掌握着公司发展的大方向，中青年女性负责客服和销售，家里的长辈负责后勤管理。比如，在程楚瑜的公司里，程楚瑜负责企业的全面生产经营并掌握着企业发展的走向，岳父负责后勤管理，妻子是销售主管，妻弟负责发货采购。在丁一鸣的企业里也一样，丁一鸣负责做决策、产品设计和运营等企业核心业务，妻子负责客服和销售业务，父母负责后勤，王育德家也是儿子和儿媳挑大梁。在淘元镇，这样的家庭组合模式是最为普遍的。可见，在家庭这样一个传统的等级秩序里，年轻人已经处于生产决策的核心位置，掌握着绝对的话语权，父母则处于辅助地位。但这并不意味着年轻人就可以完全不听从父母的建议，在生活领域，父母仍然具有较高的权威，年轻人仍然会尊敬和孝敬父母，因此，在家庭秩序中，也遵循着"资历"和"能力"双重权威。综上所述，无论是从社会的整体层面来看，还是从家庭内部来看，"资历"和"能力"已经实现了分离。在传统礼仪和生活领域，权威仍然掌握在有"资历"的老年群体手中，但是在生产领域，权威已经从老年人手中转移到了更有"能力"的年轻人手中。当地社会遵循着"资历"和"能力"的双重权威。

二　资源赋能：为乡村发展连接资源

资源赋能强调资源的获取、控制和管控能力，目的是使资源所有权与控制权被真正赋予到位，主要体现为资源识别、资源获取和资源利用过程。互联网最核心的功能就是"连接"。资源赋能体现在互联网通过帮助农民"连接资源"为农民赋能。

在新中国成立初期，为了尽快建立完整的工业体系，中国长期实行以城市为中心的发展战略，国家通过各种税费政策源源不断地支持城市发展。

---

① 　数据来源：问卷调查数据。

改革开放以来，在快速城镇化的进程中，农村为城市建设提供了廉价土地和劳动力等资源，但农村发展长期得不到政策和资金支持，大量的农民为了求得生存，选择到城市打工，导致大批的青壮年劳动力从农村流出，出现了"空心村""留守老人""留守儿童""留守妇女"等一系列社会和伦理问题。电子商务的发展打破了资源要素向城市单向流动的局面。电子商务不仅促进了"工业品下乡"，让农民能够买到物美价廉的商品，提高农民的生活品质，而且为农产品上行提供了通道。农民通过将农产品以及本地的工业品、特产卖到城市，大大提高了农民的收入，并且带动了乡村的发展，反过来吸引更多的资金和人才流入乡村，为乡村发展注入更多"资源"。

第一，电子商务为农民提供了更多的"知识和信息资源"。开放是互联网的本质特征之一，互联网可以实现信息资源的互通互联和开放共享。互联网的发展是自下而上的，是开放、平等和自由的。互联网的开放性缩小了农民与世界的距离，通过互联网，农民可以自由地获取与传播来自全世界的信息。基于互联网的线上学习具有知识来源广、获取方便等优势。对于刚接触电商的创业者来说，"模仿"是重要的学习过程，电子商务促进了信息透明和资源共享。在电商平台上，关于网店的产品信息、店铺设计、产品图片、销量等都是公开的，网商可以向别人学习网店装修、产品外观设计等经验，也能迅速捕捉市场信息，还能通过在线工具向同行亲戚朋友请教网络操作和开店技能等知识，因此，互联网极大地促进了技术的传播和复制，推动了淘宝村的初期发展。网商丁一鸣告诉我们：

> 淘宝上所有的推广、运营，阿里巴巴都有教程，也有相关的推广小二，开直播教我们，所以我遇到问题要么百度，要么搜阿里生意参谋，看视频自学，基本的问题都能解决。（20190717 丁一鸣）

第二，电子商务提供全球化的网络营销，以获取"客户资源"。电子商务将农民和外部大市场相连接，农民可以通过网络将产品销售到全国甚至全球市场，突破了本地市场的限制，获得全球的客户资源。比如，淘元镇网商靳玉林就通过跨境电商将生意做到了澳大利亚、美国和新西兰等多个国家。

第三，电子商务的发展为淘元镇带来了"人才资源"。淘元镇在发展电子商务之前，很多年轻人选择到城市打工，他们远赴北京、上海、广州、南京等地，将老人和孩子留在家中。仅赵圩村平时外出打工的人数就有1500人，高峰时达2000人。电子商务兴起之后，这里的情况发生了180度大转弯，不仅外出打工的年轻人纷纷回来了，还出现了严重的劳动力缺口。电子商务的发展不仅为本地人提供了2.3万个工作岗位，还吸引了0.85万名外来务工人员，实现了由"人口流出"到"人口流入"的大反转。赵圩村会计王育德自豪地说："过去是我们给城里人打工，现在是城里人给我们打工。"电子商务还吸引了大批高端人才来淘元镇创业就业，淘元镇的高端人才由2006年的5人增长到2021年的910人，大批大学生返乡创业、科研院所和设计人才的加盟为淘元镇电子商务的发展注入了源源不断的创新力量。

第四，电子商务的发展为淘元镇引入了"物质资源"。无论是人才回流还是政府、企业等外部力量的资源投入，都为淘元镇发展注入了丰厚的"物质资本"。人才的回流带来了大量的资金流入，促进了淘元镇家具电商产业的分工和细化，加速了产业链的完善和延伸，出现了实木原材料销售、五金配件、油漆销售、物流快递、床垫加工、会计服务、新媒体营销、摄影和3D设计等完整的产业链。淘元镇电商产业发展引起了政府的关注和国际知名企业的加盟。政府投入大量资金建设淘元镇智慧电商产业园、国家木制家具及人造板质量监督检测中心、物流园和小镇客厅等，促进淘元镇电商的集群发展。政府联合阿里巴巴在淘元镇召开淘宝峰会，累计投入近4000万元，实施高标准绿化，对赵圩村网商一条街进行高标准改造，打造王圩村、淘元镇、赵圩村等淘宝峰会观摩亮点，达到了很好的宣传效果。淘元镇产业集聚的发展也吸引了大型企业在淘元镇建厂，对未来淘元镇家具产业的提档升级具有很好的示范效应。淘元镇电商发展也得到了农村商业银行等金融机构的支持。

第五，淘元镇电子商务的发展也获得了"政策资源"的支持。从中央政府发布的一系列农村电商扶持政策文件，如《关于开展2018年电子商务进农村综合示范工作的通知》，到东沿市政府《关于加快电子商务发展的意见》、《关于印发〈东沿市电子商务产业扶持资金管理暂行办法〉的通知》以及《关于2017年市级财政支持电子商务项目申报工作的通知》等一系列政策文件的出台，再到文博县《关于大力推进"互联网＋"助力乡村振兴的实施意见》《关于国家新型城镇化综合试点实施意见》《关于"优化营商环境"专项行动的实施方案》等具体实施方案的制定，可以说，各级政府政策文件的支持为淘元镇电子商务的发展保驾护航。在这些政策文件的支持下，淘元镇电子商务在金融、税收、用地、基础设施服务、产品检测费用等方面都得到了很多优惠和扶持。比如，淘元镇智慧电商产业园面向入园企业实行三年内免收租金、物业管理费用以及销售奖励的政策。可见，电子商务的发展使淘元镇这个曾经"资源流出"的小镇转变为"资源流入"的大镇。政策、资金、人才等资源的加持极大促进了淘元镇的发展，使这个曾经默默无闻的小镇一跃成为"中国淘宝第一镇"。

三 心理赋能：促进农民心智转变

心智模式是人们在大脑中构建起来的认知外部现实世界的模型，是深植个人心中关于自我、他人、组织及周围世界的假设、形象和故事，它会影响人们的观察、思考以及行动。[①] 电子商务通过改变人的心智模式实现心理赋能。斯普利泽（Spreitzer）认为心理赋能是由影响力、能力、意义感和自我决定四个知觉因素构成的多维结构。影响力是指行为对结果影响的程度；能力是指个人运用自己的技术尽力完成任务的程度；意义感是指个人用自己的判断标准衡量的工作目标的价值；自我决定是指个人的行为是不是自我决定的。[②] 根据斯普利泽的理论，心理赋能是指电子商务通过增强农民的自尊心、自信心、自豪感和掌控感为农民赋能。

（一）电子商务可以增加农民收入，让农民过上有尊严的生活

心理赋能表现为"意义感"和"自尊心"的获得。互联网通过其巨大的创新空间，可以为农民提供无数的创业机会和参与社会治理的机会，使农民在自我价值的实现中获得"意义感"，从而增强自尊心。随着城市生活成本的快速增长，城市主义给年轻人灌输了一种现代性的无根感，从而对城市生活产生疲惫和疏远。当"回归的浪潮"成为许多淘宝村乡村性的现代主义话语，这就改变了公众对传统落后的乡村生活与现代进步的城市生活的看法。[③] 在第

① 杨海娟：《基于心智模式改善的团队积极心育实践研究》，《江苏教育》2016年第56期。
② G. M. Spreitzer, "Psychological Empowerment in the Workplace: Dimensions, Measurement, and Validation," *Academy of Management Journal*, Vol. 38, No. 5, 1995, pp. 1442–1465.
③ L. M. Bye, "'How to Be a Rural Man': Young Men's Performances and Negotiations of Rural Masculinities," *Journal of Rural Studies*, Vol. 25, No. 3, 2009, pp. 278–288.

七届网商大会上，淘元镇荣获大会唯一的"最佳网商沃土奖"。作为淘元镇的一员，这些年轻人从这种社会认同中体验到了前所未有的自豪感，这完全改变了他们作为"农民工"所形成的身份认同的弱化。村民有尊严地返乡创业，实现了从"农民工"到"淘元镇精英"的蜕变。在淘元镇，很多人10年前还是在城市艰难讨生活的"外乡人"，如今依靠电子商务在自己的家乡成了百万甚至千万富翁。比如，淘元镇网商创始人孙煦高中辍学后到南京、上海等地打工，先后干过保安、销售、群众演员和搬运工等，拿着微薄的收入。后来他又辞职回家到县移动公司上班，因在移动公司倒卖充值卡被移动公司辞退。直到涉入电子商务这一行业，孙煦从一个被移动公司开除的"无业游民"，经过电子商务10余年的历练，变成了一个年销售额上亿元的电商达人。电子商务打开了孙煦人生的另一片天地。也许谁也不会想到，那个曾经有点"不务正业"的青年，如今作为江东省唯一农民电商代表参加了中国扶贫基金会组织的全国电商精准扶贫论坛，还获得江东省扶贫攻坚奖。他感慨道："做梦也想不到啊，没有这个时代创造的环境，我怎么可能有今天。"①

　　在淘元镇，通过电子商务改变人生的有很多，其中不得不提的一人是程楚瑜。程楚瑜老家在文博县西五镇张圩村，他妻子家在淘元镇周圩村。程楚瑜从小家境贫寒，刚刚初中毕业的他每天清晨就要跟着哥哥去采石场砸石头，飞溅的小石子常常把他划得遍体鳞伤。程楚瑜回忆起小时候的生活都是满满的心酸。2007年，他中专毕业后就和女友王彤到无锡电子厂打工，连续打了3年工，每人每月2000多元的工资，除去日常开支，所剩无几。2009年他的父亲去世，他便听从女友的建议做了上门女婿。在农村，做上门女婿会被别人看不起，程楚瑜就曾受到村里人的冷言冷语。而电子商务赋予了他找回尊严的机会。曾经他跟着岳父在镇上卖家具，一年挣十几万元，现在他带着岳父干淘宝，一年销售额有几千万元。电子商务使他从一个打工者变成了创业的"小老板"，他说："现在没有任何人说我是奔着岳父家的经济条件来的了，我再也没有寄人篱下讨饭吃的感觉了……我要在淘元镇电商企业中树立标杆，让别人看到我们草根电商也有大梦想！让所有人看到我们的身上充满了激情和向往。我还想让那些创业的年轻人

---

① 转引自陈恒礼《东风吹》，江苏人民出版社，2018，第38页。

看到，如果真想创业，真想改变自己人生的道路，并不是那么困难的。"①是的，电子商务正在助力程楚瑜向着自己的目标前进。2018 年 1 月 16 日，德邦物流股份有限公司正式登陆上海证券所 A 股市场，程楚瑜作为德邦全国唯一的客户代表和德邦创始人崔维星一起敲响德邦上市的钟声。在淘元镇，电子商务彻底改变了农民的生活面貌，即使是老人、妇女和残疾人等弱势群体，也在电子商务的发展中有尊严地实现了自己的人生价值。淘元镇这些最底层、最草根的乡亲，实现了由农民、打工者向创业者的华丽转变，不仅自己增收致富，还带动了地方经济发展。互联网通过其巨大的创新空间，为农民提供了无数的创业机会和参与社会治理的机会，使农民在自我价值的实现中获得"意义感"。

（二）电子商务可以增强农民的自信心

心理赋能表现为"能力"和"自信心"的增强。农民通过积极参与互联网的创新创业活动和社会治理活动，提升了个人的认知能力和行动能力，从而增强"自信心"。

首先，以"淘宝网"为代表的网络交易平台为商家提供越来越方便的操作功能，对商家的知识水平要求并不高，为农村电商提供了信心。问卷调查结果显示，有 0.74% 的电商只有小学文化水平，高中以下文化水平占 53.68%。现在年产值在千万元以上的工厂老板王华只有小学文化水平，刚开始开网店时，他连电脑打字都不会，只能用一根手指敲打键盘，被赵圩村村民戏称"一指禅"。淘宝网店的经营流程都是孙煦手把手教他的。像王华这样对互联网了解很少的人都成功开起了网店，每天盈利一万多元，这极大地激发了赵圩村村民开网店的热情，于是他们纷纷"放下锄头，拿起鼠标"，从"一指禅"开始，创造了赵圩村"中国淘宝第一村"的奇迹。

其次，电子商务不仅降低了农民创业的知识门槛，而且为农民的线上学习提供了极大便利。互联网不仅仅是一种技术，还是人类认识世界和改变世界的手段、工具及思维方式。农民利用互联网创业和学习，提升了自身的知识水平和能力，提升了自我效能感。在程楚瑜的身上，能明显地感受到这种自信。程楚瑜从一个家境贫寒的农村小伙成长为一个拥有百名员

---

① 转引自陈恒礼《中国淘宝第一村》，江苏人民出版社，2015，第 146～147 页。

工的家具电商企业老板，拥有超过 2000 万元的固定资产和 7000 多平方米的办公大楼。他信心满满地说：

> 我要在淘元镇做规模最大的生产销售企业！我的产品从来不降价，都是在高位运行，而且根本不愁销路！（20190719 程楚瑜）

最后，电子商务为农民带来全新的发展观、资源观和价值观。电子商务通过改变农民的思维，不断地重构乡村的日常生活。信息技术下乡改变了传统乡村信息闭塞的状况，赋予了农民更多获取信息的渠道，从而不断更新农民观念，促使农民不断接受新事物。淘宝村正是信息技术对乡村重构的体现。美国社会学家艾利克斯·英格尔斯（Alex Inkeles）指出，具有现代性的个人常表现为见多识广、积极参与，具有明显的个人效能感，具有独立性和自主性，乐意接受新观念和新经验。① 与现代文明的接触无疑是促进农民现代性增长的关键因素之一。对淘元镇的网商来说，正是信息时代与网络平台促使他们实现了从传统向现代性的转变，逐渐发展出全球的大视野，从而影响了个人的事业观。正如程楚瑜所言："以前我为的是赚钱，现在不是为了赚钱，而是为了做好企业。"电子商务给农民的生活带来了翻天覆地的变化和全新的发展机会，也赋予了村民从未有过的自信。

（三）电子商务可以增强农民对社区的自豪感

心理赋能表现为"影响力"和"自豪感"的增强。电子商务极大地扩大了淘元社区的"影响力"，重构了淘元社区的情感归属和身份认同，增强了社区居民的"自豪感"。象征着现代化的电子商务，让村民们重拾对社区的自豪感。完整家庭单元的重现和家庭情感、自尊、自由和成就感在年轻人心中重新点燃，重塑了传统农村社区的身份，促进了农村价值的回归。赵圩村的王育德，对赵圩村充满了自豪感，他说：

> 过去我们为城里人打工，现在城里人为我们打工。赵圩村用事实证明，依靠自己的智慧，依靠自己的力量，农民也能过上好日子。自

---

① 〔美〕英格尔斯：《人的现代化》，殷陆君译，四川人民出版社，1985，第 259～260 页。

己当老板，自己掌握经营权、话语权！（20190718 王育德）

（四）电子商务可以增强农民的掌控感

心理赋能表现为"自我决定"和"掌控感"。农民通过互联网的开放、共享和共赢，尤其是网络信息共享机制，打破了信息不对称，获得了掌控感，能够自主、自由地做出一系列决策。首先，电子商务使农民自己当上了老板，掌握了自己的命运。以前，淘元镇的农民以务农和外出打工为主，要么靠天吃饭，要么听老板的差遣，农民的生活缺乏掌控感。而电子商务为农民提供了创业的平台，农民由"务农者"和"打工者"转变为"创业者"和"老板"，依靠自己的智慧和力量掌握经营权和话语权，生产决策自己说了算，在生活中获得了更多的掌控感。其次，电子商务使农民掌握了订单权和定价权，获得全新的贸易自由。农民通过电商平台直接与消费者对接，减少了中间环节，避免了信息不对称，与消费者平等地讨价还价，获得订单。电子商务使得农民对生产和交易具有更多的掌控感。最后，电子商务赋予农民更多新知识和新技能，使他们对未来更具有掌控感。在调研中，虽然电商们也会跟我们吐槽电商发展中存在的各种问题，但是从他们身上，我们又能明显地感受到一种自信和从容。淘元镇电商们相信，只要他们掌握了电子商务的技能，即使以后市场环境发生变化，家具电商做不下去了，他们依然可以依靠电子商务的技能生活下去。这种乐观和从容，体现了农民网商新的发展观和资源观，以及智识能力的提升。这种观念转变和能力提升，使他们对未来更具有掌控感。

本章小结

本章重点对乡村技术赋能的要素进行分析，包括乡村技术赋能的主体、客体和方式。

在乡村技术赋能的过程中，主体的选择和行动至关重要，因此，对乡村技术赋能多元主体的分析，有利于理解乡村技术赋能过程中内外部资源的互动。乡村技术赋能的主体包括乡村精英、政府、平台、专家和媒体等。乡村精英自下而上的草根创新为乡村技术赋能提供了内生动力。政府既为电商发展提供各种支持，充分发挥好服务的功能，又为电商发展提供规制和监管，促进电商健康可持续发展。互联网企业为农民提供了强大的网络协同生态，赋予农民信息化和市场化的能力。专家学者为淘元镇电商产业发展提供了智力和人才支持，充当"科技助产士"。媒体的宣传推广使得淘元镇电子商务受到了社会各界的广泛关注和资源注入，充当"科技吹哨人"。

乡村技术赋能的客体包括农民、组织和社区。其中，乡村技术对农民的赋能提升了农民的认知能力，增强了农民的长远意识、规范意识、创新意识、品牌意识、诚信意识和合作意识，改善了农民的心智模式；提高了村民的行动能力，即对接市场的能力和竞争能力，促进了弱势群体的价值实现，赋予淘元镇人平等的发展机会和创业致富的行动能力。乡村技术对组织的赋能提升了政府的"情境认知能力""组织调适能力""社会治理能力"。促进淘元镇家具企业的产生和发展，推动企业产品迭代、营销手段升级和生产设备智能化，为社会组织的发育成熟提供新的需求和资金支持。乡村技术对社区的赋能提升了社区经济发展能力、人才吸引能力、治理能力等，促进社区商业文化的形成。

乡村技术赋能的方式包括结构赋能、资源赋能和心理赋能。结构赋能指信息技术打破了城乡二元结构，将乡村置于互联互通的网状结构中，突破地域限制，缩短时空距离，将乡村与全国乃至世界市场相连；资源赋能体现在信息技术的"连接性"帮助农民以更低的成本获取更多资源；心理赋能体现在信息技术转变了农民的心智模式，增强了农民的自尊心、自信心、自豪感和掌控感。

第五章　乡村技术赋能的困境及破解

技术赋能不是技术单方面作用的结果，任何一项技术对于社会的作用都是具体的，即技术作用于社会是有条件的。技术赋能受多种社会因素制约，不能脱离社会系统而独立发展，也就是说，技术与社会是相互建构的。因此，技术能否为乡村赋能，很大程度上取决于技术与社会系统是否耦合，即社会为技术的应用提供了怎样的条件，以及技术自身的"嵌入性"。在现象学家眼中，充满了"相互牵引"的势场。那些表面看起来独立不依的对象，实际上处在一个隐蔽的势场之中，唯有把握住这个势场，这个"预先被给定者"，才能理解这个对象（被给定者）的所是，正如敖德嘉所说"我就是我加上我的环境"①。因此，技术被创造出来，就需要寻找恰当的应用场景，并不断与应用场景互动和调试，以适应特定的经济、政治、文化和自然环境。一旦技术与社会系统不匹配，即社会没有为技术应用创造有利条件，或者技术自身没有很好地嵌入乡村场景中，则可能导致乡村技术赋能面临困境。

第一节　乡村技术赋能困境的表征

一　农民认知能力无法满足技术发展需求

在淘元镇电商发展初期，农民的初高中文化水平与电商低准入门槛和家庭制组织结构相匹配，因而带来了淘元镇电商的爆发式增长。然而，也正是因为低准入门槛，淘元镇网商的整体素质不高，淘元镇产业存在"多""小""散""弱"的特点，处于低水平均衡状态。到淘元镇电商发展中期，

①　转引自吴国盛编《技术哲学经典读本》，上海交通大学出版社，2008，编者前言第8页。

企业开始从"夫妻店"向"企业化"和"品牌化"转型，对网商群体的知识水平和企业管理方式提出了更高要求，农民认知水平和技术发展需求之间的矛盾愈加明显。在对网商的访谈中，知识文化水平的制约成为网商们最无奈也最苦恼的问题，笔者的调查问卷也说明了这一点。在问道"在目前的网店经营过程中，您遇到的主要困难是什么？"时，回答最多的五个选项为：产品品种和质量问题（85.29%）、经营配套环节不完善（72.06%）、资金问题（39.71%）、人才问题（33.09%）、不知道下一步如何发展（16.91%），五个问题中有三个问题与网商素质直接相关。农民认知能力与技术发展需求之间的矛盾主要表现在以下四个方面。

（一）农民的知识水平无法匹配技术平台升级

目前，淘元镇第一批网商很多转行做电商家具配套产业，还在做家具的曾经的网商大户现在做得也不好，很多人表示做得很吃力。更年轻的一代"90后"甚至"00后"成为淘元镇电商家具产业的主力军。主要原因是老一辈网商大多为初中文化水平，知识更新速度跟不上电商平台规则变化，家具卖得好与不好基本靠运气。即使去参加专业培训，也会面临听不懂的境况，因此，参加培训的积极性也慢慢消失。正如徐逸飞说的：

> 京东、淘宝、拼多多的防火墙更厉害了，技术比较高深，如果说以前的技术难度像是小学阶段，现在的技术难度就像是大学阶段，必须有一定知识，才能掌握做电商的核心。现在做电商的一些小青年，刚创业的大学生，创新能力比我们更强，想得更多，更前卫。规则变化太快了，我们已经跟不上了……电商运营学问很深，一不小心就贴钱。（20200903 徐逸飞）

（二）农民产品设计能力不足导致同质化竞争

在淘元镇，很多网商不懂产品设计，且知识产权意识不强，所以农民网商之间相互模仿和抄袭，产品缺乏创新，同质化问题严重。快速模仿和无序竞争又进一步抑制了创新，导致淘元镇整个电商家具产业维持在低水平均衡状态，难以产生龙头企业和知名品牌。在淘元镇 16500 个网店，1300家家具生产企业，成千上万款产品中，注册的商标数为 3800 个，其中淘元镇电商家具企业申报省级著名商标 2 家，申报市级知名商标 6 家①。可见，在淘元镇众多的家具电商企业中，能叫得响的品牌并不多。在淘元镇，只要一个新品出来，就会被迅速模仿，很快整个网上到处都是。靳玉林告诉我们：

> 别人看你做这个产品赚钱，就到你厂里买一件，拿到家照葫芦画瓢，开始模仿加工了。一件新品出来只能管几个月，普遍 3～6 个月。有的店铺名都被盗用了，模仿店铺名和品牌名，后面改一字，差一字，看着差不多，比如，"金多喜"，有一家就叫"喜多金"，误导别人，以假乱真，造假能力太强。（20190717 靳玉林）

而丁一鸣、刘瑞这些网商解决的办法就是把产品再往上做一个档次，这样竞争少一点。把原材料或者工艺提上来，让没技术或没机器的厂商达不到这个水平，从而相对减少竞争压力。虽然这些网商都是入驻工业园区的"大户"（年产值 1000 万元才可以进园区），也都在为恶性竞争而苦恼和忧虑，在访谈中我们发现，即使像他们这样的大户，公司里也没有专门的家具设计人员，通常都是他们一个人身兼多种身份，可谓"全能选手"，比如丁一鸣一个人兼任设计、推广运营、决策、产品更新等数职，当问到产品都是怎么设计出来的时候，他说：

> 自己出去看展会，看外国设计。有专门生产的软件，用生产软件自己做。（20190717 丁一鸣）

虽然每个人都在痛恨着模仿和恶性竞争，但似乎他们又在重复着自己痛恨的事情。这与网商们的认知水平、能力水平、经营状况、配套服务的完善程度以及当地的经营环境都有很大关系。

（三）农民管理能力不足影响企业转型升级

淘元镇企业基本还停留在家庭制经营模式上，现代化管理方式远未形

---

① 数据来源：淘元镇政府，2020 年 9 月。

成。目前，大多数网商还维持在家庭制的经营方式，虽然一些网商已经从"夫妻店"的经营模式转变到了"企业化"生产，但是企业化生产还停留在建设标准化厂房、购买先进机器设备、雇用更多的工人上，而在经营模式、产权制度和管理的专业化方面并没有实质性突破，企业的主要管理人员还是自家人，本质上还是家庭制结构。企业之所以偏爱家庭制结构，难以迈出现代企业制度建设的步伐，主要是因为家庭制符合他们的认知水平。家户制度是中国的基因，农民长期从事家庭经营，为网络销售积累了经验。[1]因此，在淘元镇电商发展初期阶段，农民网商群体的知识水平与产业发展要求是匹配的。

然而，淘元镇电商家具产业在经历野蛮生长期之后，进入转型升级阶段，这对农民的素质提出了更高要求。尽管在淘元镇家具电商产业发展的过程中，农民认知能力和行动能力都得到了很大程度的提升，农民的职业化、理性化程度都在增强，但是这些能力的提升是在较低的知识水平上完成的。这部分能力的提升还可以勉强应付淘元镇电商家具产业发展初期阶段的问题，而面对"淘元模式2.0"和"淘元模式3.0"阶段的问题，即"企业化"和"品牌化"问题，则明显力不从心。做到千万元产值、只有小学文化水平的王华也在2015年感到力不从心，转型做了物流。淘元镇电商协会的副会长沙志君感慨："最大的问题就是不知道下一步往哪个方向发展。"

（四）农民思想观念落后制约产业可持续发展

首先，小富即安、"宁当鸡头，不当凤尾"的传统观念也使得淘元镇电商缺乏长远规划，阻碍淘元镇电商走上联合发展的道路。在淘元镇，大多数企业对未来没有明晰的规划。毕业于南京航运学院的王文勇，有4000多平方米厂房，雇请70名工人，年销售额4000万元左右，但在被问到远期目标和规划时，也说："没有目标，没有规划。就这样干下去呗。唯一的计划，就是把孩子培养好。"就像丁一鸣说的："现在大多数人都在想我只要能赚钱就行，不会想五年、十年会做什么，也不会想我会做到什么高度，多长时间能开线下的店铺，或者找线下的合作商。"在淘元镇，像这样对未

---

[1]　姜奇平：《不出家门就赚钱——重新审视家庭在整体经济中的地位》，《互联网周刊》2010年第23期。

来没有目标和规划，走一步算一步的网商占绝大多数。截至 2018 年底，淘元镇有家具生产企业 1260 家，但是，众多的家具生产企业还是以家庭制为主，真正的现代企业制度尚未建成。企业的核心人员都是自己的家人。囿于"宁当鸡头，不当凤尾"的传统观念，以及"自己当老板"带来的踏实感、自豪感和自由感，网商不愿接受股份制整合，尽管股份制改革更有可能帮助他们建立知名品牌，获得长远发展，但他们不愿意失去对企业的直接控制权。因此，淘元镇网商目前还处在个体化经营的状态，没有形成市场合力。程楚瑜的家具公司算是淘元镇数一数二的企业了，但也是家族化企业。淘元镇电商协会副会长沙志君告诉笔者：

> 很多专家都建议要我们联合，形成大品牌，才能竞争过别的地方。但十多年了，淘元镇还没有联合成功过。不论是形成大品牌，还是建立股份公司，都需要网商老板们相互协商和妥协。但人与人之间那种微妙的关系，使联合很难达成。淘元镇网商们的认识还不到位。（20190718 沙志君）

正因为淘元镇人与人之间那种微妙的关系，淘元镇的家具企业还是延续着家庭制模式，毕竟在他们看来，家庭制意味着自己更能掌握话语权，也更放心。

其次，网商对保险的认识不到位。在淘元镇电商家具产业发展过程中，保险行业可以为淘元镇电商产业保驾护航，起到兜底作用。在对待保险的态度上，很多网商还不能转变观念。中国人民保险公司（文博县淘元镇营销服务部）销售经理许威告诉我们：

> 这个地方小作坊式的老板，或者一些工人的保险意识是不高的……不买（保险）其实与安全意识和法律意识有关。我们这有一个厂的工人爬高修东西，掉下来，摔骨折了，厂里没给买保险，老认为不会出事，厂长自己花钱给看的，看完更不买保险了，认为反正都出过事了。（20190716 许威）

最后，淘元镇电商家具产业发展过程中存在严重的恶性竞争现象，阻碍淘元镇电商转型升级。由于越来越多的网商进入，并且进行恶性竞争，家具网销的利润已经由 2009 年的 100% 甚至 300%，降到了现在的不足 10%，有的甚至在亏本维持。靳玉林告诉我们：

> 现在依然恶性竞争，互相砸价。淘元镇人做单品、做爆款，一家做火了其他家跟着做，竞相模仿。比如儿童座椅，假如我卖 600 元，别人一看，卖 550 元，还有人 500 元就卖，逐步往下调价。这种情况只有降成本，一个是木材，一个是做工，这意味着产品质量的下降。市场因此被搞坏了，劣币驱逐良币。我们只有不断进行产品更新。做一段时间，就被模仿了，再更新，不更新不能生存。（20190717 靳玉林）

关于恶性竞争导致的产品质量下降，丁一鸣也深有体会，他告诉我们：

> 我们这边太多违规操作。我们会主动将木材送到检测中心去检测，但是有的人就不会去做，用一些劣质的板材，可能图片上看着是同样的东西，但是我们的成本比他们多出几十块、上百块。一张板材好的和差的相差几十块钱。有的板材厚度也不一样，我们用的 1.7mm 的，别人用的是 1.5mm 的，但是他们标的是 1.7mm，也不会有人专门用游标卡尺去测，即使真有一两个测的，他们也会说其产品是实木的，打磨掉了，说是测量误差。（20190717 丁一鸣）

因此，无论是网商缺乏知识产权意识和产品设计能力导致的产品同质化，缺乏自主品牌，还是囿于传统观念导致的企业制度转型困难，都与农民的认知能力有关。因此，电商需要不断提高自身的知识水平，把自己的能力提高到产业升级要求的水平上。

二　乡村社会组织无法有效承接技术下乡

淘元镇技术赋能的困境不仅与农民的认知能力有关，更和农民的组织化程度有关。阿里巴巴集团曾试图推进淘元镇网商整体与电商平台对接，但由于淘元镇网商太"散"，平台不可能完成与众多网商一对一地协调对接事宜，事情最终搁置下来。平台方面期待有一支力量能够对淘元镇网商进行有效组织，把当地政府及平台、支撑体系的各种资源加以整合后实现对接。可见，改善网商间的组织化状态，才能更好地承接技术。目前，淘元镇的社会组织力量主要体现在两个方面：一是由政府主导成立的电商协会；二是农民自发组成的小团体。目前，这两类组织形式都无法有效承接技术，表现在以下方面。

（一）电商协会治理能力不足，农民缺乏认同

一方面，电商协会是由政府牵头成立的，难以充分获得网商的信任。电商协会是由政府发起组织的，而不是网商自发组织的，很多网商不是自愿加入的，这就意味着淘元镇电商协会在成立之初就缺少"合法性"，这为网商协会的运行和管理带来了隐患。很多网商一开始加入协会就颇有点"被迫"的味道。丁一鸣告诉我们：

> 入会的时候交了 500 元。因为去年（2018 年，笔者注）四五月份，刚开始推行查环保，每家必须安装除尘设备，但是这些设备都是电商协会联系的，我们要是想买产品，就要先入会。我们生产产品用的都是动力电（高压电），他们把电断掉了，如果想恢复生产，必须安装除尘设备，也就必须入会。（20190717 丁一鸣）

可见，加入协会和安装除尘设备捆绑，而是否安装除尘设备又关系到企业能否正常经营，因此，网商只好加入协会。而在随后的工作中，协会也没有有效回应网商的诉求。就像丁一鸣说的那样：

> 电商协会是政府发起成立的，电商协会就是政府的另外一种方式，我们这边人心里都是清楚的。他们做的所有事情都是站在政府的角度。按我们正常人的理解，电商协会肯定是为我们电商争取利益，但是我们感觉到的是在损害我们的利益。其实装除尘设备正常两三万块钱就能做起来了，但是通过电商协会就得六七万元。因为能过来安装的就几家，我有条件可以找别家来安装，检测报告都可以出，但是他们不认。装除尘设备，一要村委会出证明，二要电商协会出证明，三要除尘的采购合同，拿这三个证件申请供电。因此，就必须通过电商协会

安装除尘设备。南方有商铺，商铺成立商会，单纯由企业组成，没有政府参与。他们起步比我们早，思想、体制比我们完善，我们这边的方式是野蛮粗暴的。（20190717 丁一鸣）

在网商丁一鸣眼里，统一购买除尘设备让他们承担了更高的成本，并不是网商自愿的，本应代表他们利益的电商协会却在"损害"他们的利益，因此，他们虽对电商协会抱有很高的期望，但并不能信任他们。而在淘元镇电商支部书记刘峻茂看来，统一购买除尘设备是他们对电商的"服务"，是电商协会成立以来的三大"功绩"之一。正如刘峻茂所说：

> 去年（2018 年，笔者注）到淘元镇装除尘设备的有很多家，有没有资质不知道。这些企业需要到协会登记，审核资质，多大面积、保用多长时间，出现问题怎么维修，都需要和协会签协议。企业要交一部分维修基金给协会。等装好，验收合格没问题再拿走。去年至少装了四五百家。有的网商没有通过协会安装除尘设备被骗了，装好除尘设备没效果，达不到标准，还得重新装。（20190716 刘峻茂）

可见，网商并没有领电商协会的"好意"，协会也并没有因此获得网商的认同和支持，这就是电商协会自身的"合法性缺失"所带来的。也正因此，很多网商在后期就不愿意交会费，协会也无法强制成员缴纳，缺少资金支持的协会更难发挥作用。

另一方面，电商协会自身的能力有限，难以有效规制网商的行为。在淘元镇电商支部书记刘峻茂看来，淘元镇电商协会的作用不能说得上是管理，只能是服务。服务功能主要体现在三个方面。第一，环保方面。也就是上文提到的组织统一安装除尘设备。第二，集体商标方面。协会按照产品合格的数量给生产企业授予"淘元镇"集体商标。第三，集体采购方面。淘元镇电商用的原辅材料质量参差不齐。为了节省电商的生产成本，提升木材质量，县投资平台和电商协会对接，从国外直接进口木材到淘元镇，不需要中间商从别的地方拉过来从中赚差价。协会提供的木材是成本价，而且是本地最低价格。可以说，淘元镇电商协会在促进淘元镇电商产业健康可持续发展方面做出一些尝试和努力。

尽管如此，淘元镇电商协会在实际运行中仍存在诸多不足。淘元镇电商协会的组织协调能力有限。在调研中，网商们普遍反映，电商协会没太大作用。他们都比较羡慕温州、广州、苏南和安徽那边的商会。靳玉林告诉笔者：

> 我曾经去过温州的小商品市场，那里都是卖螺丝的家庭小作坊，一家只做一样，产品异质，不形成竞争，大家都有钱赚。我们这边如果有人做桌子，大家都做桌子，我们这地方就有这个特点，一看到别人家赚钱，就一起上。这样既赚不到钱，质量又上不去，后期销售也有问题。温州当地政府或组织起到了非常重要的组织协调作用。我们这还没形成气候。我们这缺乏地区性商会的传统，不像安徽、广州和苏南地区都有商会，各自在自己的品牌和商品上良性发展。协会有时限制不了网商们的行为，还有一段路要走。（20190717 靳玉林）

"90后"电商丁一鸣在对本地电商协会失望、不满的同时，又希望本地电商协会能够规范网商恶性竞争行为。

> 希望有专业的产业协会，引导、协调当地产业发展。羡慕温州的商会，在那种环境下凭本事吃饭、谁有能力谁就能做大做强，在我们这边受限的条件太多了。在人家那边，都是一个拳头对外，但是我们这边都是"死"在自己人手里。（20190717 丁一鸣）

一方面网商们对电商协会抱怨颇多，另一方面淘元镇电商支部书记刘峻茂也表达了电商协会的无奈：

> 电商协会和线下企业协会不一样，由于淘元镇有2000多个店铺，只能从淘宝网上看，实体店铺找不到，因为淘宝网上注册的销售地址可以不是本地，如果是江东省东沿市，他可以写江东省金陵市，就不属于协会的管理范围。因此，对店铺的管理就存在问题。不知道店铺在哪里，也不知道一个家庭开了多少店铺，理论上一家有几个身份证就可以开几个店铺，没法监管。所以协会对店铺的管理谈不上，只有

服务。（20190716 刘峻茂）

可见，缺乏强有力的电商协会是阻碍淘元镇技术承接的重要因素。尽管电商协会也有很多"难处"，但电商协会没有起到很好的组织协调作用也是事实。无论是电商协会的合法性，还是电商协会的能力，都迫切需要提升。建立真正代表网商利益、有行动力的、高效的并被网商们认同的电商协会是网商们共同的诉求和向往。

（二）网商自发的组织行为也惨遭失败

一方面，一些网商也通过自己的努力，试图在自己经营的品类范围内对价格加以控制。丁一鸣就做过这样的尝试，但以失败而告终。

> 淘宝现在也比较乱，我们这边没办法形成统一价格。一个人生意做得好，大家一起卖同类产品，就把价格砸得很低。我们私底下也想控制一下价格，但是控制不了，我之前也做过，我就把大家拉到一个群里，说控制下价格，没过一个月又不行了。因为有的商家，产品成本高、技术不行或者没有推广和运营的，他们就卖不动了，就砸价卖。做这个事情的时候比较难，我把这个砸价的商家控制好了，另一个商家又出来了，别的什么事情都做不了，就做这个了，我没这个精力。（20190717 丁一鸣）

另一方面，还有一些网商试图通过制度化的探索，实现本地电商的抱团发展，也以失败而告终。2011 年，网商徐逸飞试图联合本地几家经营较好的电商企业，一起申请专利把赵圩村的产品保护起来，但是没有人响应他。后来，他自己花了 30 多万元，申请注册了 200 多件专利，倡导成立"赵圩商盟理事会"，网商只需交纳几百元会费就可共享专利。然而，这一设想并没有让赵圩村网商联合起来，反而造成了影响恶劣的"专利风波"。面对内外部巨大的压力，最终徐逸飞免费拿出专利与网商共享才得以收场。当初被迫加入"赵圩商盟理事会"的 70 多家网商，专利风波后都退出了。徐逸飞说："我原先的根本目的是想保护赵圩村所有淘宝人，让大家长久不受损失，没想到网商们反应如此强烈。"可见，即使是对赵圩村长远发展来说有利的事情，一旦触碰了网商们的利益，碰到的阻力仍然是巨大的。事后，那些曾把徐逸飞视为搅局的人也认为徐逸飞的想法很超前，是为了保护赵圩村的利益。2013年，淘元镇网商带头人孙煦也曾组织5家较大的电商家具企业联合成立了一家公司，希望改变家庭作坊式的生产模式，建立真正的现代化企业。为此，他们建立统一的"标准化生产流程"和"专业质检体系"，签订了书面的公司章程，按照股权分配利润，由公司统一对外销售和接单，再通过"内部采购"由5家家具厂联合生产。然而，这种看似先进的企业模式，也在半年内宣告失败。目前，淘元镇仍然没有现代化的公司制度和著名品牌。中国社会科学院汪向东教授曾多次到淘元镇调研，2014年，他撰文提出应发展"淘元模式2.0"，建议网商应"走出当地狭隘的小天地，树立更高的发展愿景和目标"。淘元镇网商不愿联合起来既是狭隘和缺少视野的体现，也是因为乡镇政府的社会治理能力不能为网商的联合提供足够的支持。

三　政府变革的滞后性消解技术治理效能

政府变革的滞后性主要表现在三个方面：一是工具变革的滞后性，政府公共服务的电子化程度不高；二是制度变革的滞后性，政府的行政效率和行政方式阻碍技术赋能；三是理念变革的滞后性，对技术治理认识不到位，技术治理流于形式。

（一）工具变革的滞后性：政府公共服务的电子化程度不高

作为"最佳网商沃土奖"的获得者以及作为"中国淘宝第一镇"，淘元镇在信息基础设施和农民的信息技术素养方面走在全国乡镇前列。理论上，淘元镇农民对政府政务服务电子化的需求更高，接受能力更强，政府政务服务电子化的程度也应更高。事实上，当笔者跟淘元镇党委组织委员杜继明提出想要了解"信息技术对政府治理方式的改变"时，他便直截了当地告诉笔者：

> 可研究的东西很少。信息技术对政府的改变很少……我们和城里不一样，面对的群体全是农村老百姓。大厅也设自助办事服务区，老百姓不会用，嫌麻烦，不如需要什么材料，直接往前台一交，省事儿。镇级没有多少行政许可，有也是上级下放的。社保、民政、残联、计生，做得

比较多，这四项职能面对的群体（不适合线上办理）。（20200902 杜继明）

因此，在淘元镇，政务服务基本还是通过线下的窗口办理，能够在线办理的事项很少。相比信息技术对淘元镇产业的赋能和重构，信息技术对政府治理工具的变革明显滞后。

（二）制度变革的滞后性：政府的行政效率和行政方式阻碍技术赋能

在调研中，笔者发现，虽然淘元镇政府非常支持电商发展，而且在基础设施等方面提供了强有力的支持，但是政府存在一些弊端，导致政府的行政效率和行政方式与电子商务的服务需求不匹配，使技术赋能遭遇制度化障碍，影响技术赋能的效果。

可见，在日常的工作中，政府"以人为本"的服务理念尚未完全落到实处。在淘元镇这样电商发展程度较高，经济条件较好，各方面受到较高关注的乡镇，政府的服务态度和行政效率尚且如此。因此，服务型政府建设仍需大力推进。

最后，政府政策不稳定、不一致的情况时有发生，多部门之间缺乏沟通协调。赵圩村王育德说：

> 县委、县政府没有统一的标准，你除尘（设备）装了，能不能继续做也不知道。过去不让户外喷漆，家家做烤漆房（花费 3 万 ~ 5 万元），一年时间还没用到，政府说不能用了，不能在家喷漆，要到专门的喷漆房喷漆。不能在家喷漆，成本提升了，利润变低了，很多人做不下去了。（20190718 王育德）

淘元镇党委组织委员杜继明也无奈地说：

> 政策变化也比较快，安全生产、环保，一天一个样。企业疲于应付安全生产检查、环保检查，力不从心，想改，没法改。主要是管的部门太多了，十个人来说十个样，所以他们无从下手。我们也在跟上面汇报这个问题，积极协调解决。（20200902 杜继明）

（三）理念变革的滞后性：对技术治理认识不到位，技术治理流于形式

技术治理的内涵可以从三个层面来理解：一是政府通过利用新技术，例如现代信息技术等，提高政府的公共服务水平和管理效能；二是政府的管理手段越来越精细化、多样化和技术化，从而实现管理目标；三是由接受了系统的现代自然科学技术教育的专家来掌握政治权力。技术治理的实质是在不改变既定行政体制、权力格局的前提下通过将新技术、新手段和新方法引入科层制中，提高治理效率，完成治理任务。然而，对淘元镇基层管理者来说，利用信息技术手段进行乡村治理只是上级部门考核的任务，是在特定时期内必须完成的一项工作。他们并没有主动把技术治理作为提高治理效率和服务水平的有效手段，反而把它视为一项额外增加的繁重任务。简言之，信息技术在乡村治理的过程中，不但没有为基层管理者赋能，反而减能。这主要是目标考核制下对技术治理的认识偏差造成的。在中国的治理体系中，乡镇政府和社区面临的真实处境是"上面千条线，下面一根针"，需要应付上级各个部门的工作要求。虽然乡村为基层自治组织，但是却承担了大量的行政任务。因此，基层管理者每天疲于应付上级部门分派的各种任务，也塑造了基层管理者的策略性逻辑。在这样的逻辑下，技术治理的效能也被大大地消解了。其表现在以下三个方面。

一是策略性逻辑下，技术治理的效能取决于是否考核。近年来，越来越多的技术工具被应用到乡村场景中，这些技术工具多是在局部创新，然后被其他地方借鉴。其中，比较典型的是"为村"平台、网格化治理和12345热线。这些技术工具也被应用到淘元镇中。但是这些技术治理实践方式并不是淘元镇基层自治组织为了提高自治水平和服务效率主动为之的结果，而是单纯为了完成上级的任务和考核，而且这些技术治理工具是否有效果也完全取决于是否考核。这就可以解释为什么在淘元镇平台中出现的一种看似奇怪实则合理的现象："为村"平台悬置，网格化治理"空转"，而12345热线"好用"。"为村"平台之所以被悬置起来，是因为上级部门的注意力发生了转移。淘元社区党支部副书记沙辛夷告诉笔者：

"为村"平台在去年（2019年，笔者注）弄过大半年的时间，当时淘元社区和赵圩村作为淘元镇的两个试点，上面抓得比较紧，我们

那时候几乎天天都在弄这个事。弄了大半年之后，上面抓得不紧了，现在也就不弄了。我好久没有登上去看了。我们事情比较多，没时间弄。村民参与的不多，在上面反映问题也没有人给解决。（20200904 沙辛夷）

网格化治理"空转"，因为上级只关注"任务量"，而不关注"解决问题"。正如沙辛夷所说的那样：

在网格中反映问题，上面也没人解决，还没成熟。早期的时候，看到车辆违章，拍照片往上传，谁给解决了？他们现在要的只是任务量，任务量只要达不到，给的时间超过了，县里面就得说镇里面，镇里面就说我们这些人。都这样，也不是一个镇的问题，全国都这样。上面政策是好的，一到下面落实就走样了。网格上传的任何问题都一样，没有被解决的，只是说完成这个任务就行。（20200904 沙辛夷）

之所以说 12345 热线好用，因为村民通过 12345 热线反映的问题村干部必须在限定的时间内给出答复，并且系统还要对村民进行"满意度"回访，12345 热线拨打的数量和"满意度"成为村庄考核的重要内容，因此，村干部对村民通过 12345 热线反映的问题都能够及时处理和解决，这就使得村民对 12345 热线使用得比较多，有时甚至到了"滥用"的程度。

二是村干部只关注技术治理的形式合理性，而不关注实质合理性。沙副书记向我展示介绍了网格化管理的工作清单：每周探访空巢老人，看近况如何；签到，每月必须签到 23 次；信息采集，比如安全生产、消防安全检查、社情民意、出租屋管理等；事件办结，主要是处理矛盾纠纷；月度走访和季度走访。可见，网格化治理的实际运作基本上流于形式。技术治理不但没有提高基层组织的治理效能，反而成为他们沉重的工作负担。

三是技术治理悬浮于基层社会治理过程和村庄社会生活。从上面网格化管理信息采集的情况可以看出，这与网格化治理的初衷"利用数字化管理手段，保证管理的敏捷、精准和高效"背道而驰。

四　技术理性与传统乡村伦理价值的冲突

（一）过度的技术理性破坏了乡村传统伦理和价值

淘元镇电子商务之所以能够实现裂变式增长，很大程度上得益于村里的熟人关系网络。网商王博涵用"一带一路"来形容。"一带一路"就是依靠淘元镇的熟人关系网络，你教会我，我再教别人，这样一个人带动另一个人，走出一条家具电商致富路。

然而，过度的技术理性却在慢慢地蚕食传统乡村的互助互惠、诚信原则以及情感交流，使得乡村伦理面临巨大考验。比如，2010 年，陈震为了实现他的淘宝梦，花了 3 万元学习铁艺，他要把淘宝家具由板式和实木家具向钢构家具发展，以适应顾客要求。他请来一位亲戚，把他当作最可信赖的人，让他帮忙打理。生意像预料得那样好，可意料之外的是他的亲戚带走了他的技术和客户。像陈震这种遭遇在淘元镇电商崛起的过程中屡见不鲜。比如，孙煦也曾花大价钱培养一名家具设计人员，等到此人技术学成后便自立门户单干了。周木匠也违背了当初和孙煦、陈震达成的不把家具卖给别人的协议，导致当时赵圩村所有网店卖的家具几乎都和孙煦卖的一样，就连产品照片、参数和说明都是直接盗用孙煦的。可见，孙煦教会一众人学会了开淘宝网店，而这些人却成了孙煦的竞争对手。因此，现在很多网商都不愿意让亲戚朋友在自己的厂里打工，也不愿意把新品与他们分享，这导致了村民之间甚至是兄弟、朋友之间关系紧张。徐逸飞对此深有感触：

> 一般砸你价的不是兄弟就是朋友，因为他从你这学的只能做这样的，做别的不习惯。跟我竞争的是我二爷家的儿子，砸我价。我家属说要去找他算账。（20200903 徐逸飞）

网商之间的恶性竞争和理性计算不仅伤害了淘元镇村民之间"互惠互助"的传统，还使一些网商的诚信原则在慢慢丧失。网商徐惠然说：

> 现在网商不好做，全靠刷单，好的东西卖不掉。他们认同的都是

（相对低的）价格，像我这种材料好、工艺好、样样都达标了的床，价格肯定高些，在网上卖六七百块钱，卖不动，卖三四百元的才能卖动。好东西做不起来，也不做了，不费那个工了。以前，我在苏州上班五年中发现，大城市消费观念和农村不一样，所以我回来开网店所有东西全部要求做好，要达标，最后把所有的财力和心思花进去之后却没赚到钱。现在也灰心了，做得再好，也没有普通的、简单的赚钱，何必呢。靠我一个人改变不了市场趋势。已经负债累累了，不想再往里投资。还有以前做剩下来的材料配在一起做，卖掉，回点儿钱。回多少是多少，不想往里投，就算再推，也只会做差的不会做好的，现在做的这个就不合格，太宽了，没办法，省成本。（20190719 徐惠然）

孙煦就不无感慨地说："村里的人际关系，似乎没有以前那么融洽，好像以前村民没那么多心眼儿。以前开网店的年轻人经常一起玩，现在没那么多时间，每个人都有压力，都很忙。"[1]

（二）技术应用拉大了贫富差距，乡村共同体发生分化

在淘元镇电商萌芽和野蛮增长的时代，村民通过开网店赚钱是很容易的。在 2012 年之前，产品的利润率高达 100%，且买家更看重产品的价格，对产品的质量要求没有那么高，产品只要放到网上，很容易卖出去。当时淘宝对新进入的卖家有 3 个月的免费推广活动，卖家自身不承担推广费用。因此，在那个阶段开始做电商的基本都赚了大钱，现在淘元镇很多年营业额在 1000 万元以上的电商大户都是在那个阶段开始做电商的，成为淘元镇的头部企业。在 2012 年至 2016 年，淘元镇电子商务呈爆发式增长态势，全镇网店由 2000 多家增长到 1.6 万家，家具生产企业由 248 家增长到 1693 家。[2] 在这一阶段，虽然暴利的时代已经结束了，但是基础设施的完善以及产业集群的发展，使得利润还能保持在 40% 左右。2016 年之后，淘元镇网店的数量总体上处于动态平衡的状态，这是由于创新乏力，转型困难，产品同质化严重，很多商家靠恶性竞争和相互砸价维持生存，"刷单"几乎成为每个企业为了维持生存必须支付的高额成本，很多厂家不堪重负倒下了。

---

[1]　孔祥武、王伟健：《一个被互联网改变的村庄》，《人民日报》2015 年 1 月 9 日，第 16 版。

[2]　数据来源：淘元镇政府，2019 年 7 月。

加之近两年政府对环保管控更加严格，一些不符合环保要求的小企业也被关停了。淘元镇全民"淘金"的时代已经一去不复返了，那些关闭的小生产厂商选择到别的工厂打工，或者只销售而不生产。由于电商之间的恶性竞争和无序发展，以及淘元镇电商面临越来越残酷的市场竞争压力和环保压力，淘元镇电商家具产业发展初期那种互惠共生的局面开始转变，淘元镇农民之间的贫富差距渐趋拉大。就像网商徐惠然说的那样：

> 贫富差距越来越大，现在有六成（家具生产厂商）是陪着玩儿，一成在赚钱，三成在负债。（20190719 徐惠然）

而赚钱的多是在第一阶段积累下巨额财富和生产经验的，也就是那些头部企业。就像网商王华说的：

> 两三年前，小户也都能卖，也没什么运营成本，就是自己家几口人，上台机器，一天也能卖十几件，不用刷单，比打工强，家家都在创业，激情也很高。现在运营成本高了，政府对生产、环保也都有要求了，（那些小户）基本上被淘汰了，自己创业赚的钱，还不如一家几口打工赚的，（打工）还有稳定收入。小户刷单资金不够，与大户没法竞争，慢慢就被淘汰了。有一些小户办贷款刷单跟大户拼，最后资产都拼成了负数。现在基本上成型了，大户就大户了，他们的经验、销售团队、外包运营都很稳定。（20200903 王华）

贫富差距的拉大造成了村庄共同体的分化。问卷调查显示，41.2%的村民在县城或市里买了房，淘元镇有400多户在商羽市区买了房，淘元镇出现"反留守"现象。"反留守"造成淘元镇一部分村民的生产生活重心依然在乡村，而对另一部分人来说，农村仅仅是他们的事业和工作场所，这些人每天下了班都马不停蹄地赶往城市家中，与本村村民的交流日益减少，对村庄公共事务也缺乏关心。交流和交往的阻隔使得村庄共同体在慢慢分化。比如，我们2020年春节期间去淘元镇调研的时候，一些网商大户早早地停业去城里过年了，而一些规模小的网商还在开足马力生产。坐在店门口闲聊的五金店店主李兰芝告诉我们：

　　只有我们这些生意做得小的店还开着门，那些赚了钱的大老板很早就关门（停止营业）了，都回城里了，他们很早就在饭店订好了年夜饭，一桌一万多元。（20200121 李兰芝）

　　这话语之间似乎有点儿嫉妒和不甘的味道。同时，雇用和被雇用的关系使得村民之间曾经的平等关系也慢慢发生了倾斜。在电子商务发展出现分层之际，有些网商成为大工厂的老板，而有些网商则再度成为打工者，因此，同村的人便分化为老板和打工者。即使在创业者群体中，也形成了很多小圈子，圈子里的人都是关系比较好、社会地位相当的。可见，不同的财富和地位也使得村庄共同体开始分化。此外，随着村民对孩子教育问题越发重视，有条件的村民纷纷把孩子送到文博县或商羽市上学，这一比重超过70%。用淘元镇幼儿园园长王德清的话说：

　　淘元镇的学生就像割韭菜一样，一茬一茬的好学生都被"割"到城里上学了，留下来的学生是实在走不了的。（20190718 王德清）

　　赵圩村王育德也告诉我们：

　　很多人在商羽市、县城买房，小孩就在城里上学了。好多上"贵族学校"。村里王成建的小孩儿小学学费一学期4万元，学几国语言。我在商羽市买的房子，小区里小学学费一学期9000多元。（20190718 王育德）

　　可见，贫富差距不仅使这一代电商创业者的生活水平和生活方式发生了分化，也使下一代的命运悄然发生变化。

第二节　乡村技术赋能困境的成因

一　教育、文化和公共服务方面的三重制约

（一）受教育水平影响农民认知能力

著名学者吴军在《谷歌方法论》第008封信中讲道，把事情做好有三

条边，就像一个"Z"字形：第一条边是最下面的基线，可以理解成直到今天为止人类或者个人所掌握的知识，不同人的基线不同，而我们所有的工作，都应该建立在这条线的基础上，并想办法提升它；第二条边是最上面的理论给出的极限，它无法突破；第三条边是能够扶着向上攀登的绳索（斜线），或者说阶梯。它需要我们把目标拆解为具体的行动步骤，并专注其中。① 对网商们来说，受教育水平就是他们的"基线"。淘元镇第一代网商的受教育水平以初中及以下学历为主，在开始创业时，互联网尚不发达，网商竞争压力较小，淘元镇农民凭借着"天时、地利、人和"赢得了第一桶金。但是，随着淘元镇电商的转型升级，对知识水平的要求更高，曾经做得风生水起的电商也开始慢慢走下坡路，而那些返乡创业的"90后"大学毕业生开始成为淘元镇电商产业的弄潮儿。多次被网商们提起的"90后"小伙儿徐敏华利用"拼多多"平台进行直播营销，年销售额超过亿元。徐逸飞，那个在淘元镇最先意识到专利保护的重要性，最先开办网商培训公司，且培训了700多人，带领70多家网商进入淘宝商城的人，如今也不停感慨：

> 被"后浪"打在沙滩上。我曾在阿里巴巴活动中心，学习过一个礼拜。不想去培训了，课听不懂，太多专业术语。现在学习的方法就是和外面做电商的一起喝茶、聊天，他们给指点，收点费用，只能用一两个月就不管用了。（20200903 徐逸飞）

可见，网商的学习能力和认知能力受其教育水平限制。这似乎可以解释一个悖论现象：调研中，经常听到网商感慨："掌握的知识太少""不知道下一步发展的方向""希望接受系统的培训""希望有专业的团队"等。但是，淘元镇党委组织委员杜继明则说：

> 我们政府会定期组织一些培训，把阿里、京东、拼多多负责运营的小二请过来给他们进行操作实训，让网商们来，他们根本不来，即使来的话，来坐坐就走了，根本没有认真听的。前段时间有个第九次

---

① 吴军：《谷歌方法论》（第008封信），得到App。

电商沙龙，我们请来一位全国妇女创业带头人，是做直播的，讲得非常好，我们邀请了五六十家企业，最后只来了十几个人。哎，我们每年都办几期，找人他们都不会来的，得逼着他们来，哎，没有办法。……电商起步时，我们带网商学习先进管理和经营经验，政府花费几十万元带他们去学，他们看的时候热血沸腾，回来也不改，一点儿作用起不到。后来带的就少了。（20200902 杜继明）

可见，一方面，虽然网商们知识能力水平赶不上技术发展速度，但他们想要学习新技术。另一方面，他们对新知识的接受能力比较弱，一旦学不会就会产生负面效应，影响他们学习的积极性；或者受到了先进企业的激励和启发，但是真正将理念和知识落实到具体的实践中，又感觉困难重重；他们更能接受通俗易懂、见效快的知识和做法。总的来说，网商的受教育水平制约着他们的认知能力。淘元镇网商大都没有接受过高等教育，他们没有系统地学习商业知识、管理经验、产品设计、品牌营销以及企业经营和产权制度等方面的专业知识，他们的知识都是在具体的经验中总结出来的。就像赵圩村王育德说的那样：

网商文化水平低，没有进行系统学习，是草台班子。不懂企业文化和企业管理，不懂知识产权保护、专利这方面，就知道一天赚一百（元）就是一百（元），风险在身边的时候，不知道怎么规避。（20190718 王育德）

可见，受教育水平的制约使得网商的知识迭代能力跟不上技术更新速度。因此，网商急需抬高自己的"基线"，并提高自己的行动能力。

（二）乡村保守文化和圈层文化不利于创新意识的培育

一方面，淘元镇整体文化氛围相对保守，对不同思想的包容和尊重不够。虽然入驻产业园的企业在生产设备上基本实现了智能化，但大多数电商企业不具备现代企业的管理方式和文化，工厂的标配是生产车间、客服间和老板办公室。且大多数企业是"走量"，走低端路线，薄利多销。几乎没有企业像程楚瑜那样专门建一栋办公大楼，建设自己的企业文化，有专门的直播间、客服部、运营部、美工部、售后部、财务部、会议室、健身房、员工宿舍等，在走廊两侧挂满了励志的名言警句，在每层楼的楼梯两侧挂着著名企业家的名言，整个企业传递着积极向上、努力奋斗的价值观。可是，在 2019 年，程楚瑜却承担着巨大的精神压力。当别人都在做低端家具的时候，他已经开始转型做中高端家具，因此，他被同行嘲笑，被看作异类。同样感觉"曲高和寡"的还有大学毕业的蔡泽楷，他认为要做规模，目前想要做"云仓"平台，旨在通过集中采购、加工、印刷、包装和物流，降低产品生产成本，节约仓储成本，增加产品的流通性，更有效率地利用资金。"云仓"产品来源主要有三种形式：一是做核心单品，通过采购零部件，自己生产包装；二是别人的核心产品成品入仓；三是与外地生产商合作，通过"云仓"平台销售，对方直接发货，平台收取佣金。他要做套系产品，不竞争单品，不与淘元镇做同质化竞争。但是淘元镇的老板们却嘲笑他不就是"二道贩子"嘛。因此，他现在也很少和别人聊自己的想法，觉得聊不到一起去，别人不理解。可见，在淘元镇，对于不同的声音，网商们不是抱着尊重、交流和学习的态度，以包容的心态接纳别人的探索，而是站在自己的角度妄加评判，这样的文化氛围很容易束缚创新者的脚步，不利于创新思想的培育。

另一方面，淘元镇电商之间的"圈层"文化已经形成，不利于不同群体之间的思想碰撞。淘元镇电商中形成了众多的小圈子，圈子里的人相互分享信息，交流经验。但圈子与圈子之间很少交流，即使交流，信息的真实性也无法保证。圈子内的成员一般具有三个特征：一是核心产品没有竞争；二是兴趣爱好相近；三是社会地位相当。这样，电商们把自己固定在小圈子里，虽然也促进了圈子内成员的相互交流和信任，但是很难再和其他圈子产生碰撞，比较明显的是"80 后"和"90 后"电商之间的差异。在产品设计上，"90 后"电商比南京林业大学专业设计团队设计的产品更接地气，比"80 后"电商设计的产品更前卫。他们在原有产品上稍加改动，就给人焕然一新的感觉。他们头脑更灵活，想法更多。在理念上，"90 后"电商不受固有思想的束缚。比如，在用料上，"80 后"电商说"90 后""你偷工减料了"，"90 后"电商则说"你浪费材料了"，"80 后"电商习惯用 60cm * 60cm 的方管做桌子，"90 后"用 50cm * 50cm 的，他们说 50cm * 50cm 正好呀，外观漂亮，稳固性好，市场也很接受，产品质量没问题。在营销上，"90 后"思维更灵活，更创新。比如，在网上卖一次性杯子，假如杯子成本价 1 元，他们卖 0.99 元，用来吸引流量，当流量足够多之后，再把价格涨上来。在投资上，"90 后"胆子更大，十几万元、上百万元的项目他们说上就上。"90 后"也表示，"80 后"电商们更有经验。可见，"80 后"和"90 后"电商优势互补，他们在偶尔不经意的交流中都能受到很大的启发，然而平时他们更常待在自己的圈子里，和与自己年龄相当、地位相当、观念相同的人一起交流，这样思想会慢慢僵化和同质化，不利于创新思想的培育。

（三）公共服务设施不完善影响外部智力资源的获取

在硬件上，淘元镇无论是水、电、路、网等基础设施的建设，还是"一城两园一带"（电子商务城，电商产业园和电商物流园，电商产业带）的建设，都已经相当完备，极大地促进了淘元镇电商产业集群的形成，并且形成了集板材生产商、物流快递、五金配件、床垫加工等完整的产业链。然而，在软件配套和高端复合型人才上，淘元镇还存在严重的缺口。比如，网商们普遍反映缺少优秀的设计人才和好的运营团队。虽然淘元镇政府为了打响淘元镇电商家具品牌，先后成立了淘元镇家具设计研发院、设立了"淘元镇官方旗舰店"、注册了"淘元镇"集体商标，但是还处在起始阶段，且惠及的电商数量极其有限。网商丁一鸣认为：

> 如果想做好，必须有专业的运营团队，但是我们这没有。今日头条的团队到我们这边教怎么将抖音的流量转换成客户，但是效果不佳。抖音的策划方案得我们自己出，而淘元镇没有专门做新媒体和软文的专业团队，做不出拿得出手的文案和图片。这是地方的局限性。（20190717 丁一鸣）

淘元镇党委组织委员杜继明分析了缺少运营团队的原因：

> 我们这没有运营团队，运营团队比较多的地方是山东济南和济宁、杭州、上海。这与资源有关系。我们互联网产业园的运营主团队放在杭州，放在杭州和阿里对接比较密切，阿里规则变化他们能够及时掌握。如果放在我们这比较困难。本地大企业基本上是把运营外包。运营比较专业，

请人也请不过来，做运营的工资待遇都比较高。（20200902 杜继明）

虽然淘元镇电商产业已经形成规模，也吸引了很多本地大学生返乡创业和外地人口就业，但是淘元镇毕竟是江东省北部小县城下的一个乡镇，在教育、医疗、文娱、科技、环境卫生、公共服务等方面还是比较落后的，很难吸引到高端复合型人才，也缺少专业的运营团队。本就在知识水平上受限的淘元镇电商，又很难获得外部有力的智力资源支持，阻碍了淘元镇电商认知能力的提升。因此，淘元镇电商的认知能力常常难以匹配技术发展需求。

二 个体化、市场化与城镇化弱化乡村组织能力

一方面，个体化、市场化与城镇化极大地促进了农村经济发展，提高了农民收入，改善了农民生活质量；另一方面，其负效应极大弱化了乡村组织能力，使技术下乡难以得到有效承接。21 世纪初农村税费改革以来，国家权力从乡村"退场"，市场经济向农村渗透，城镇化导致农村青壮年劳动力向城市大规模迁徙和流动，农村社会的基础结构和价值观念发生了巨大变化。农村变得越来越"原子化"，难以组织。村级组织的权威日益弱化，农民之间横向联结匮乏，村落整合能力降低[1]，农民与政府和市场中的正式组织对接困难，使原本就微弱的个体因分散而更加弱化。[2] 小农原子化与农民组织空心化使得农民有意无意地游离于社区组织之外。[3]

（一）个体化使得村庄的社会关联度变低

1. 北方村庄的传统使得淘元镇农民的个体化程度较高

在《村治模式：若干案例研究》一书中，贺雪峰教授根据中国农村经济、社会和文化发展的不平衡，即离中央权力重心的远近，地方性规范的差异，开发时期的差异，将村治模式划分为三种类型，即中部原子化村庄、

① 王丹、刘祖云：《乡村"技术赋能"：内涵、动力及其边界》，《华中农业大学学报》（社会科学版）2020 年第 3 期。
② 戴庆忠：《反贫困思考：制度、组织与文化》，《贵州大学学报》（社会科学版）2000 年第 6 期。
③ 陆汉文、杨永伟：《发展视角下的个体主体性和组织主体性：精准脱贫的重要议题》，《学习与探索》2017 年第 3 期。

南方宗族型村庄和北方家庭联合体主导型村庄。① 根据这三个标准，本书认为文博县淘元镇村治模式属于北方家庭联合体主导型村庄。

淘元镇农民的认同与行动单位局限在联合家庭。农民的公私观念是影响农民认同与行动的基本力量。农民认同单位越大，程度越深，就越表现出"善合"，反之，就越倾向于"善分"。在中国，群己、人我的划分是以"家庭"为核心向外推开的，在"自家"的范围内依靠文化本能来尽义务，无须动用理性。而在"自家"之外，则是精于理性计算的，为自己谋取最大利益。② 正如金耀基所说："中国传统社会，由于家过分发达，以至于一方面没有能产生如西方的'个人主义'，压制了个人的独立性；另一方面没有能够产生会社的组织形态。"③ 在淘元镇，一方面，我们看到一些兄弟家庭或近亲家庭联合办厂发展壮大的故事。比如：王翠花带领两个儿子把淘宝生意做得红红火火，他们开办的东沿木业有限公司年产值上千万元；程楚瑜的家具公司也是由联合家庭构成的。另一方面，我们也看到尽管经过了 10 年的努力，淘元镇仍然没有形成一家现代制度企业。尽管孙煦曾组织五家电商家具企业联合成立一家公司，升级家具作坊为家具企业，但是只经营半年就失败了，而淘元镇电商协会副会长沙志君对此事的评论很有意味，他说："人与人之间那种微妙的关系，还是老样子。淘元镇的网商们还没有进化到那个阶段。"可见，在淘元镇，联合家庭是超越核心家庭之外的农民的认同与行动单位，人们对联合家庭的认同度比较高，所以愿意在联合家庭的基础上开展行动，不会进行理性计算，而是依据个人的文化本能行事。因此，人们在联合家庭内开展合作往往能取得成功。而一旦超出联合家庭的界限，就属于自家以外的事情，则一定会精于计算，谋取个人或家庭的最大利益。这就是为什么淘元镇到目前为止还没有联合起一个现代制企业，因为在联合家庭之外，网商们就秒变为理性经济人，人们之间更多的是算计而不是妥协与合作，因此也就难以孵化出会社的组织形态。

2. 21 世纪以来村庄巨变加剧了农民的个体化

贺雪峰在《村治模式：若干案例研究》一书中从治理之变、现代性进

① 贺雪峰：《村治模式：若干案例研究》，山东人民出版社，2009，第 3～5 页。
② 贺雪峰：《村治模式：若干案例研究》，山东人民出版社，2009，第 70～71 页。
③ 金耀基：《从传统到现代》，中国人民大学出版社，1999，第 25 页。

村、农村社会的基础结构的变化、价值之变①四个方面，讨论了 21 世纪以来中国乡村社会发生的深刻变化，对于我们理解 21 世纪以来农民的个体化具有重要的参考价值。首先，国家行政性力量从乡村的"撤离"弱化了乡村组织，加剧了个体化的进程。2006 年，国家全面取消农业税，并进行了乡村体制改革，如合村并居、取消村民小组长等。取消村民小组长，意味着行政权力从乡村"撤离"。在城市化已经吸走农村大量人财物的情况下，国家行政性力量的"撤离"，使乡村组织进一步弱化。其次，现代性进村。20 世纪末，随着工业化进程的完成和城市化进程的加速，个人主义观念以及法律进村等现代性因素进入乡村，乡村的集体主义观念遭受冲击，乡村变得越来越"原子化"。再次，农村社会的基础结构发生变化。国家力量的介入破坏了族法家规的权威，绝大多数地区的宗族组织已解体，以兄弟、堂兄弟关系为基础的近亲血缘群体也开始瓦解，农民之间的社会关联度变低。村庄的社会关联度高，容易形成内生秩序，达成经济合作；而村庄的社会关联度低，则会失去生成内生秩序的基础，难以达成内部合作。② 我们在《淘元镇文苑》第 2 期上看到了"村规民约"和"家训族规"，有魏氏、刘氏等 12 个姓氏的家训，以及史氏、丁氏等 12 个姓氏的族规，说明在淘元镇历史上是存在户族和宗族的。然而，由于国家权力的进入，以及市场经济的冲击，族法家规不再有力量，户族、宗族逐渐被虚置，户族、宗族之内的关联度变得越来越低，族人之间的认同度变得越来越低。在淘元镇，大多数电商是以核心家庭为单位的，少部分扩充到联合家庭。农民基本是在联合家庭的范围内开展合作的。最后，价值之变。农民传宗接代的本体性价值被抛弃，农民只关心自己活得好不好，终极价值出现缺位。这使得农民更注重眼前的利益，村庄的道德约束能力变弱，农民更难被按照统一的价值和规范组织起来。

（二）市场化削弱了农民的"公共性"和村庄秩序生产能力

一方面，市场化强化了农民"私"的观念，削弱了"公共性"。市场经济的发展，使得农民都忙着挣钱，为赚取更多的利润而疲于奔命，更关注

---

① 贺雪峰：《村治模式：若干案例研究》，山东人民出版社，2009，总序第 1~6 页。

② 贺雪峰、仝志辉：《论村庄社会关联——兼论村庄秩序的社会基础》，《中国社会科学》2002 年第 3 期。

自身利益，较少关心公共事务。即使是关系到自身利益的"公事"，他们也寄希望于让别人去做，而不愿自己花时间和精力去解决。比如，在调研中，网商们经常抱怨淘元镇电商"无序竞争""恶意砸价"，希望有专业的产业协会，引导、协调当地产业发展。但是没有人愿意承担这个责任。丁一鸣曾试图统一电视柜品类的价格，把经营电视柜的卖家拉到一个群里，因为需要投入太多精力，不到一个月就坚持不下去了。孙煦也因为电商协会牵涉精力，而辞掉了会长的职务。淘元镇党委组织委员杜继明无奈地说：

> 你听他们嘴上那么说（指电商们想要组织起来），我真去找他们，他们就不干了……电商协会的会长既要有为大家做事的"公心"，也要有一定的经济实力，带头为协会的运营出资捐款。（20200902 杜继明）

可见，目前，淘元镇电商还处在自我发展的阶段，更关注自身利益，对公共事务不够关心。乡村的"公共性"缺失，不利于乡村的组织化。

另一方面，市场逻辑取代了乡村伦理，乡村获得内生秩序的能力变弱。市场经济的发展改变了村庄的评价标准，从重"道德"到重"能力"。乡土社会遵循着"长老秩序"，由村里德高望重的老人凭借"德行"和"资历"掌握着村庄的权威。随着市场经济的发展，村庄的评价标准也在发生变化。在传统的祭祀、习俗和婚丧嫁娶等领域，"资历"依然是权威最重要的来源。然而，在经济和产业发展方面，"能力"则成为权威最重要的衡量标准。淘元镇的村干部几乎都有自己的产业，他们说："村干部要带头做产业，村干部的产业做不好，别人为什么要听你的。"当以"经营能力"为权威和话语权来源的时候，就会弱化村庄的价值评价能力，地方性规范对人们的约束能力越来越弱。网商"砸价"事实上就是地方性规范遭到破坏的过程。网商为了追求经济利益，模仿别人的家具产品，并在产品同质化的情况下通过"砸价"获得销量和利润，从而破坏了竞争规则。此外，网商在"砸价"的同时，为了获利，只能使用劣质的木材或者降低产品的质量，从而违背了网商"诚信"的原则，破坏了市场生态。无论是电商协会的监管还是农民自发的组织行动，最后都以失败告终，充分说明村庄舆论及价值评价能力已经变得很弱，地方的"诚信""团结"等规范也在遭到网商破坏。

（三）城镇化弱化了乡村的价值生产能力

村庄价值生产能力是指村民在村庄生活中获得意义的可能性。[①] 市场经济的发展、人口的流动、个体价值的回归，尤其是剧烈的社会变革，使得村庄的价值生产能力变弱，村庄不再是人们实现人生价值的唯一场所，他们转而从村庄之外寻求生活的意义，成为"庄里的庄外人"[②]。

在淘元镇电商从业者中，40岁以下的人群占比为88.23%，也就是说，绝大多数的电商从业者为"80后"和"90后"，其中，"90后"占比为40.44%。可见，淘元镇电商从业者大多是伴随着城市化进程成长起来的，他们中的绝大多数有在城市中求学或务工的经历，深受城市现代化生活的熏陶，并在城市中努力追求过自己的梦想。他们返乡创业后，尽管乡村为他们提供了成功的机会，并成为他们实现人生价值的场所，但是乡村并没有成为评判他人人生价值的唯一场所，因为淘元镇出现了"反留守"现象。"反留守"现象就是指随着农村电子商务的发展，妇女和孩子进城（孩子进城接受更好的教育，妇女进城照顾孩子），青壮年男性劳动力在村务工的现象。年轻人成了"两栖动物"，白天在村里工作赚钱，夜里到城市生活。"两栖生活"一方面体现了年轻人对现代化都市生活的追求，因为城市有更好的教育、医疗和休闲娱乐设施，能更好地满足年轻人的需求；另一方面也体现了尽管淘元镇通过电子商务富裕了，但是这里的环境、教育、医疗和公共基础设施并没有满足人们日益增长的生活需求。因此，淘元镇在很多年轻人眼里已经从"家乡"不知不觉地沦为单纯的"工作场所"。即使是中国最重要的传统节日"春节"，也唤不回他们回乡的脚步，"离乡过年"成为淘元镇年轻人的选择。可见，无论是外出打工还是返乡创业，村庄都不再是农民实现人生价值的唯一场所，农民从村庄之外寻求生活的意义，成了"庄里的庄外人"。在外出打工时期，他们从村庄之外获得生产生活资料以及社会评价和认可，村庄成为他们实现劳动力再生产的场所。在返乡创业时期，他们虽然在村庄中获得生产资料以及社会评价和认可，但同时

---

① 贺雪峰：《村治模式：若干案例研究》，山东人民出版社，2009，第26页。

② 吕德文的用语，意指那些虽然生活在村庄中却不在乎村民评价、不关心村庄事务的村民，参见吕德文《洞村的圈子——一个客家村庄的村治模式》，山东人民出版社，2013，第164页。

城市承担着劳动力再生产、教育、生活和娱乐等功能。因此，村庄的价值生产能力在变弱。

同时，传统和现代正在分化和瓦解整个乡村共同体。年轻一代更向往现代化的生活方式，他们在城市安家，农村的家逐渐沦为他们的工作场所。他们白天来到村庄创业和工作，晚上回到城市居住和生活，这种"迁徙"的生活使得他们和村里人的联结变得越来越弱，他们对村庄公共事务的关心程度也越来越低，而他们的后代则从出生开始便俨然成为"城里人"。年长一代尽管也接受了现代化的洗礼，但是他们的根和情感是深深地扎在乡村的，他们也更习惯乡村的生活和交往方式，因此，他们更愿意留在乡村。此外，在贫富分化下，部分家庭没有条件在城市买房置业，他们只得留在乡村居住，他们的孩子也只能在乡镇接受教育，贫富分化使得教育差异代际传递。因此，城镇化弱化了乡村共同体的联结，使得村庄的情感维系和价值生产能力变弱。

此外，集中居住也进一步导致农村社会的陌生化和疏离化。乡土社会是一个熟人社会，有着诸多开放的公共空间。比如大路上、村口、房前屋后，等等。这些公共空间，成为村民信息的集散地，以及情感的抒发地。村民通过这些公共空间进行信息和情感交流，从而获得安全感和归属感。而集中居住改变了农村的房屋结构与空间形态，村庄自然形成的公共空间被破坏，而新的公共空间也没有及时建立起来。以前只要农户家中有人，农民很少将房门关闭，这样的习惯更适合街坊邻居串门聊天，而现在集中居住，农民回到家中就房门紧锁，阻碍了农民之间的日常交流和舆论评价。

三　碎片化、路径依赖与压力型体制阻碍政府变革

政府的"变革能力"是指政府在意识到管理情境发生质的变化的基础上，对其管理价值、模式与行为全方位做出重大调整的主动求变能力。[①] 而政府变革受到政府碎片化、路径依赖与压力型体制等因素的影响。

（一）碎片化使政府变革的成效降低

政府"碎片化"指地方政府之间，同一政府不同部门之间，同一部门

---

① 刘祖云：《十大政府范式》，江苏人民出版社，2014，第194页。

不同业务之间分割的状况，这种专业分工、层级节制的政府组织结构满足了工业时代对效率和理性的追求，但是过度的分工容易造成职权的分散，影响政府整体的治理效率①，甚至造成不同部门之间各自为政、相互扯皮，影响政策目标的实现。② 随着网络化、信息化的发展，专业分工、层级节制的政府组织结构已经难以适应社会治理的需求。数字治理改革所强调的并非各政府部门分别采取互联网信息技术来开展工作，而是要求以公民的"整体性需求"为导向，构建数字政府，再造政府流程，整合政府职能，打破职能壁垒，提供"一站式"的办事体验，变"找部门"为"找政府"。③政府"碎片化"下的部门竞争与数字治理的职能整合要求相冲突，使得技术赋能政府治理时遭遇梗阻，部门分割的弊端更加突出。

一方面，组织流程的分割。指一个完整的业务流程被分割为若干部分，分配给不同的业务部门，部门之间的壁垒导致业务处理难度加大，处理时间拉长，增加了沟通交流成本，还容易造成多头领导，使下属无所适从。在淘元镇，组织流程的分割体现在两个方面。

一是部门壁垒。淘元镇党委组织委员杜继明告诉我们：

> 推政务服务一张网的时候，好多部门都有自己的系统，而且是由不同的软件公司做的，想让它们对接起来，非常困难。（20200902 杜继明）

可见，部门之间的信息壁垒使得信息技术在为政府赋能时面临结构性障碍。

二是多头领导。在淘元镇，多头指挥的现象非常普遍。最让网商和基层管理者困扰的是，来自上级各个部门的检查。来自省、市、县各级政府、不同部门的检查，以及同级政府的对调检查，使网商们疲于应付。电子商务的特殊性使得网商如果不能及时发货将面临被投诉的风险，严重影响店

① Luther Gulick, "Notes on the Theory of Organization," in L. Gulick, L. Urwick, eds., *Papers on the Science of Administration*, New York: Institute of Public Administration, 1937, pp. 1 – 47.

② Perri 6, Diana Leat, Kimberly Seltzer and Gerry Stoker, *Towards Holistic Governance: The New Reform Agenda*, London: Red Globe Press, 2002, p. 33.

③ 赵玉林、任莹、周悦：《指尖上的形式主义：压力型体制下的基层数字治理——基于 30 个案例的经验分析》，《电子政务》2020 年第 3 期。

铺的信誉。此外，各个部门对安全检查和环保的标准不一，每个部门的要求都不一样，使得网商们无所适从。见到程楚瑜的时候，他显得很沮丧，这个向来充满激情和斗志的青年已经被各种检查"折磨"得筋疲力尽。作为淘元镇的标杆企业，他要经常接受来自上级各个部门的检查，他沮丧地说："上半年我还充满激情，斗志昂扬，下半年被各种检查整得太累了。如果政府给我带来的正面影响大于负面，那我干得还有劲，如果负面大于正面，我干得就没劲了。"显然，在下半年，政府的各项检查已经严重影响企业的正常经营，给网商们带来极大的困扰，不利于产业发展。

另一方面，部门利益的局限。政府作为一个整体，具有"公共性"，追求公共利益。而政府中各个部门则具有"私"的一面。各个部门在制定和执行政策时，往往首先从部门工作和利益出发，只看重局部利益而忽视了整体利益。孙立平曾指出："政府部门利益化的实质，是政府的公共权力被具有私利的主体所分解，而这个主体恰恰是政府的一部分。"[①] 也就是说，政府各部门的负责人本是为实现整体利益而设立的，最后他们却蜕变为部门利益的代言人，导致了"行政权力部门化，部门权力利益化"[②]。在淘元镇，政务服务一张网推行困难不仅和部门之间的信息壁垒有关，事实上，更牵涉了各个部门的利益和权限。因此，政府"碎片化"阻碍了政府进行信息化整合。

（二）路径依赖使政府变革的行动受阻

"路径依赖"（Path Dependence）理论认为：社会组织与管理进程中存在惯性定律，一旦进入某种路径，即有可能对其产生依赖，继而形成传承，同时不断自我强化，乃至影响组织和社会变迁。该理论的代表人物是美国经济学家道格拉斯·C. 诺思（Douglass C. North）。他提出："新的观念一旦在既定的制度框架下得以确立，往往会沿袭既定的路径持续运行，可能进入良性运行的轨道并迅速优化，也可能被锁定在某种无效率的初始状态"[③]，成为发展的绊脚石。

① 孙立平：《博弈——断裂社会的利益冲突与和谐》，社会科学文献出版社，2006，第42页。
② 唐兴盛：《政府"碎片化"：问题、根源与治理路径》，《北京行政学院学报》2014年第5期。
③ 〔美〕道格拉斯·C. 诺思：《经济史中的结构与变迁》，陈郁、罗华平等译，上海人民出版社，1994，第66页。

淘元镇信息技术和电子商务的快速发展对政府治理方式提出了新要求，要求政府充分利用信息技术进行一场刀刃向内的自我革命，主动提升政府的服务意识，变革治理模式，提高政府的办事效率。然而，受"路径依赖"的影响，政府仍然延续传统的治理理念和治理方式，并没有有效提升"社会治理能力"。一方面，从治理理念来看，政府仍然重管理轻服务。例如，在执法检查上，政府重"监管"和"干预"，轻"引导"和"服务"。在淘元镇，电商受到来自政府各个部门的检查，生产经营活动经常被打断，这给网商带来很大困扰。而且，对问题企业，行政执法部门不是采取帮扶措施，帮助企业制定系统的整改提升方案，而是采取一关了之、以罚代管措施，服务意识不强。另一方面，在治理方式上，政府主要沿用传统的线下治理方式，官僚作风犹存，"最多跑一次""跑零次""一站式服务""无纸化办公""一证通办"等改革措施在实际执行中仍然落实不到位，办事效率仍有待提升。在电商发展的过程中，政府仍然是被动的"救火队员"，各项管理和服务具有滞后性，通常是产业发展"倒逼"政府改革，政府主动服务、前瞻意识和顶层设计不足。

（三）压力型体制使政府变革的目标偏离

以大数据、云计算和人工智能为基础的数字时代的到来，正在深刻地改变政府治理的形式和逻辑。技术赋能尤其是数字赋能被寄予很高的期望，比如，提高政府的办事效率和治理能力、政府更加公开透明、促进公民参与和善治等。事实上，技术赋能并不必然带来良善之治，技术赋能的成效与政治体制、传统行政模式、政社关系、治理理念等紧密相关。其中，压力型体制是影响技术赋能成效的重要因素。其表现在以下三个方面。

一是"对上负责"与"为民服务"的冲突。在层层发包的压力型体制下，目标责任在条条之间、块块之间以及党群部门之间层层分解，并以量化指标的形式进行考核，问责制成为各级政府或部门头上的"达摩克利斯之剑"。[①] 上级政府具有目标制定权、考核权和奖惩权等，有时还具有"一票否决权"，即下级一项工作没有完成好，则工作绩效全部为零。下级官员的评优、升迁主要掌握在上级领导手中，因此，服从上级领导的命令和安

排成为下级官员的必然选择。在这样的压力型体制下，基层政府官员缺少决策权，更多的是服从和执行，缺少自主性、独立性和主动性。下级政府疲于应付上级的各种任务，很难对民众的需求做出及时准确回应。"上面千条线、下面一根针"是基层政府处境的生动写照，这也形塑了基层政府的策略主义逻辑。

技术赋能要求政府主动运用信息技术提升自身治理能力和民众的参与能力，促进政府信息公开透明和民众参与，更好地回应民众诉求。事实上，在压力型体制下，虽然"为村"平台和网格化治理等技术治理方式被基层采用，但是并不是基层政府为了更好地服务民众主动为之的结果，而是上级政府的考核要求，并且随着上级注意力的转移而"虚置"或"空转"，即政府纳入考核指标并且需要群众反馈的工作，服务群众的效果好，比如12345热线，没有群众参与和反馈的工作，比如"为村"平台和网格化管理，则随着上级注意力的转移而流于形式，基层政府疲于应对，并没有解决和处理平台中反映的问题。可见，信息技术并不一定为基层政府赋能，也可能减能，为基层政府增加沉重的负担。因此，在压力型体制下，这些技术治理方式并没有提升民众的参与能力，也没有激发民众的参与热情。

二是"晋升锦标赛"与"公众满意"的冲突。晋升锦标赛指上级政府通过设置竞赛标准（如GDP增长率或其他可度量的指标），同时让多个下级政府部门的行政长官进行竞赛，优胜者获得晋升的制度安排。这里涉及的地方官员主要是各级地方政府的行政首长。[1] 在晋升锦标赛机制下，地方政府官员非常热衷于GDP和相关经济指标的排名，并且在不同层级政府之间出现层层分解、层层加码现象。在淘元镇也出现了类似的现象，地方政府主要以经济和产业发展为中心，在医疗、教育、人居环境、文化娱乐等公共服务方面滞后。比如，淘元镇党委组织委员杜继明说：

> 我们看到网商发展十几年存在的问题，我们自己也在反思，政府这么多年做了什么，工作上有没有滞后性。我们城镇的配套和功能服务上与产业是不相匹配的。连个像样的酒店都没有，其他方面像学校、

---

[1]　周黎安：《中国地方官员的晋升锦标赛模式研究》，《经济研究》2007年第7期。

教育都跟不上，我们淘元镇连大产权房都没有，全是小产权房，每天下午连跳广场舞的地方都没有。（20200902 杜继明）

信息技术和电子商务的发展大幅度增加了农民的收入，改善了农民的生活条件，也激发了农民更多元化的需求。然而，在压力型体制下，政府主要关注经济增长，在公共服务方面严重滞后，使得农民的需求得不到充分满足。为了使孩子接受更好的教育，淘元镇农民纷纷到商羽市和文博县买房，人口出现了"反留守"，进一步制约了淘元镇教育和医疗水平的提升。技术赋能旨在通过信息技术提升政府治理能力、社区发展能力和农民满意度，然而，在晋升锦标赛机制下，技术赋能也无法逃脱赋能的片面性。

三是"政府主导"与"多元参与"的冲突。在压力型体制下，社会治理采用的是政府主导的一元化管理模式。为了完成上级的考核任务，基层政府通过"一把手挂帅"的形式，在最短的时间内集中各种资源，压制市场或个人可能采取的拖延行为。压力型体制还通过"政治化机制"，即上级政府把任务安排上升为"政治任务"，来保障下级政府的有效执行。在压力型体制下，留给企业和个人以"治理主体"的身份进行讨价还价和批评监督的空间非常有限。数字治理要求治理的网络化、扁平化和多元化，要求政府部门、社会组织和企业等能够进行优势互补、资源互助、协作配合，共同促进公共利益的发展和良政善治的达成。然而，在压力型体制下由政府主导的数字治理改革实践的现状是：制定目标不能充分考虑公众需求，而是由政府各部门内部制定；改革成效缺乏社会参与评价，而是由上级政府和政府部门进行评价或者本级自我评价；治理内容也缺乏非政府力量介入，而是仍然局限在"电子政务"形态。①

四 现代技术嵌入与乡村乡土性之间的张力

"张力"一词来源于自然科学，描述的是一种相互联结又朝着相反方向伸展的作用力。张力太大会对物体产生破坏作用，张力太小会使物体失去活力。人文社会科学借用张力概念主要表达三种含义：（1）把张力看成是

---

① 赵玉林、任莹、周悦：《指尖上的形式主义：压力型体制下的基层数字治理——基于 30 个案例的经验分析》，《电子政务》2020 年第 3 期。

冲突与紧张的关系，认为张力是消极的力量；（2）把张力看成是离开某种束缚的一种自由发展，认为张力是积极的力量；（3）把张力看成是一种具有调解作用的对立统一的力量，即库恩（Kuhn）所讲的"必要的张力"[①]。本书中的"张力"就是一种"必要的张力"，即，既相互联结又相互制约，既相互依存又相互排斥的对立统一的关系属性。[②]

在技术与乡村的互动过程中，存在着四组具有对立统一性的张力因子，影响着技术与乡村之间的相互作用，即"普适性－地域性""现代性－乡土性""理性－情感""效率－价值"。每一对因子之间的关系属性都呈现对立统一关系。因此，在技术与乡村相互作用的过程中，要把握好技术赋能的尺度和边界，技术一旦超越边界，则会破坏技术与乡村之间的"必要的张力"，使乡村技术赋能陷入困境。

（一）技术"普适性"与乡村"地域性"之间的张力

技术是指人们在社会实践过程中所采用的工具和知识的总和。技术兼具自然属性和社会属性。技术的自然属性是指，技术的产生和发展总是建立在一定的物质基础之上，并遵循一定的自然规律。当技术作为人类行动的工具时，技术的自然属性决定了技术是根据自然规律（而不是人的主观意志）作用于行动对象的。技术的社会属性是指，技术的产生、发展和应用受各种社会因素的影响和制约。[③] 技术的二重性告诉我们，技术具有"一般性"的特征，同时，技术的应用要和乡村"特殊"的场景相匹配，才能发挥技术应有的效能。

因此，技术"普适性"与乡村"地域性"之间的张力体现在当"技术下乡"具备适宜的乡村场景，且技术很好地"嵌入"乡村场景中时，技术能够很好地为乡村赋能。而当技术不能很好地和乡村场景匹配时，技术赋能就会陷入困境。在淘元镇电商发展初期，"技术下乡"具备了"天时、地利、人和"等条件。"天时"表现在淘元镇电子商务的发展赶上了淘宝网等电商平台初创期的红利，国内已经发展起来的巨大的网络消费市场以及信

---

① 〔美〕托马斯·S.库恩：《必要的张力：科学的传统和变革论文选》，范岱年、纪树立、罗慧生译，福建人民出版社，1981，第222～235页。
② 刘祖云：《行政伦理关系研究》，人民出版社，2007，第169页。
③ 邵娜：《论技术与制度的互动关系》，《中州学刊》2017年第2期。

息化建设所带来的有利的技术环境；"地利"表现在淘元镇具有便利的交通条件、浓厚的经商传统和积极进取的社区文化；"人和"表现在淘元镇电商带头人"不安分""爱折腾""有头脑""善经营"的特点。"天时、地利、人和"为电子商务的发展提供了前期准备，使电子商务能够在淘元镇萌芽。而自下而上的技术创新很好地适应地方性知识，农民、政府、电商平台、专家学者和新闻媒体等多元主体的合作进一步提升了技术赋能的效果。电子商务成功为淘元镇赋能，不仅是因为淘元镇具有承接信息技术的适宜土壤，也是因为信息技术"巧妙"地嵌入淘元镇的乡村场景中。电商平台的"有用性"和"易用性"符合农民的技术接受意愿，互联网和社会网络的"双网融合"加速了技术传播。在电商转型升级阶段，淘宝网初创红利消失，农民的认知能力无法满足电商转型升级需要，电商协会无法将网商组织起来进行有序竞争，政府的社会治理能力不足，既无法为电商产业发展提供及时的公共服务，也没有发挥好战略组织者和领导者的角色作用，通过联盟治理方式将不同的主体联结起来，进行能力互补、资源交换与知识联盟。因此，在电商转型升级阶段，技术赋能没有获得多元主体的支持，无法实现与乡村场景匹配，技术赋能面临困境。

可见，技术"普适性"与乡村"地域性"之间的张力体现在：当技术下乡具备适宜的条件，技术与乡村场景匹配时，技术能够很好地为乡村赋能；当技术下乡不具备适宜的条件，技术无法与乡村场景匹配时，技术赋能则可能面临困境。因此，要实现技术"普适性"与乡村"地域性"的匹配，才能更好地实现乡村技术赋能。

（二）技术"现代性"与乡村"乡土性"之间的张力

技术"现代性"与乡村"乡土性"之间的张力体现在农民既想要享受现代文明成果，又希望保留乡村独特的地域景观、风俗习惯和文化传统。同时，现代技术既可能破坏乡村"乡土性"，也可能为"乡土性"的保留和传承提供技术手段。一方面，现代技术可以促进乡村产业发展、增加农民收入、改善人居环境、丰富文娱活动、提供便捷的公共服务，使农民拥有便捷、舒适、时尚的生活方式。技术在给农民带来现代化生活方式的同时，也有按照高度标准化、同质化和格式化的方式改造乡村的冲动，使乡村独特的地域景观、风俗习惯和传统文化面临冲击，导致"千村一面"。另一方面，现代技术又为乡村传统文化、风俗习惯的保留提供了手段。利用现代技术挖掘整合传统文化资源，以数字化和网络化的方式，使本土文化资源得以共享与传承。例如，通过为传统村落建设数字博物馆等方式，保护和传承当地的特色文化、村庄风貌和特色产业。此外，以信息网络技术为依托，打造涵盖省、市、县、乡的四级乡村公共文化服务体系，促进传统与现代文化的融合与发展。

可见，技术"现代性"与乡村"乡土性"之间的张力使得技术对乡村进行现代化改造的过程中，有可能破坏乡村的传统文化和独特性，也可能为乡村传统文化和风俗习惯的保存提供技术手段。关键在于如何在技术"现代性"和乡村"乡土性"之间保持合理的张力。只有将乡村的"现代性改造"和"技术性保护"结合起来，才能破除技术赋能的困境，真正为乡村发展赋能。

（三）技术"理性"与乡村"情感"之间的张力

技术"理性"与乡村"情感"之间的张力体现了两者之间既相互联结又相互制约，既相互依存又相互排斥的对立统一关系，具体表现在四个方面。一是乡村"情感"为技术传播创造了条件。在淘元镇电商发展初期，乡村在长期的生产生活实践中形成的互助互惠、诚实守信的精神以及熟人关系网络极大地促进了技术传播。这种亲朋之间守望相助的"情感"使得由理性计算产生的"保密条约"失效，促进了淘元镇电商产业的裂变式增长。二是乡村"情感"阻碍了企业管理技术升级。在淘元镇电商发展初期，由乡村"情感"联结的前店后厂式的家族制企业极大地降低了生产成本、管理成本和信任成本，是处于起步阶段的厂商的必然选择。在企业初创阶段，夫妻关系、血亲关系、姻亲关系中有几个能干的助手对于创业者来说是成功的关键。然而，在电商向企业化和品牌化转型的过程中，由"情感"联结的家族制企业受管理水平、企业规模、管理规范等因素的制约，影响企业向现代化、标准化和规模化转型，阻碍了企业管理技术升级。三是技术"理性"促进了乡村和谐。技术"理性"提升了农民的知识和技能，使农民网商更加职业化、专业化和理性化，促进农民更好地适应市场规则，组织企业生产和管理，促进了乡村产业发展和人们生活富裕。电商产业发展提供了大量的创业机会和工作岗位，不仅增加了农民的收入，还使农民重新回归家庭和村落，使得分散的家庭重新完整化，有效解决了农村养老、教育和社会伦理等问题，增进了亲子关系和夫妻感情，使村庄重现生机和活力。镇上原本无事可做的年轻人都忙碌了起来，社会治安也明显转好，乡村生活和谐有序。四是技术"理性"所蕴含的理性计算，也可能伤害村民"情感"。现代技术在把农民变得越来越现代化、职业化和理性化的过程中，也可能破坏乡村传统的情感和价值，进而影响社会团结。社会交往不再仅仅表现为情感交流，而是理性或工具性的。传统乡村的信任、诚信原则以及情感交流遭到破坏，乡村伦理面临巨大考验。

可见，在技术"理性"与乡村"情感"之间存在着明显的张力。乡村"情感"可以促进技术"理性"的传播，技术"理性"可以为乡村"情感"培育提供基础和条件。同时，乡村"情感"的束缚也可能阻碍技术"理性"的发挥，技术"理性"的过度渗透也可能破坏乡村"情感"。因此，必须在技术"理性"与乡村"情感"之间保持"合理的张力"，使技术能够更好地为乡村赋能。

（四）技术"效率"与乡村"价值"之间的张力

技术"效率"与乡村"价值"之间的张力体现在两者对立统一的关系中。乡村"价值"既指乡村自身的价值，也指乡村所蕴含的公平、正义的传统价值。

第一，现代技术可以更有效率地提升乡村价值。无论是机械化大生产、智慧农业、高效农业、观光农业还是农村电子商务，现代技术的运用都在一定程度上提升了农业生产效率和价值，促进了乡村产业发展和振兴。同时，利用乡村规划技术对村庄人居环境进行设计整改，可以有效利用乡村既有资源，提升村容村貌，改善村民的生活质量。此外，现代技术下乡提升了乡村道路、网络、电力等基础设施的建设水平，加强了农村与外部世界的连接，既激活了乡村资源价值，也缩小了城乡之间的技术鸿沟，促进社会公平正义。

第二，技术的效率取向可能破坏乡村价值。一方面，相比于城市，乡村具有其独特的价值。在愈加硬核的现代化的社会里，乡村所代表的传统的地域景观、生活方式和价值观念则越发具有吸引力。如果不加节制地对乡村进行技术性改造，那么必然破坏乡村独特的价值，造成"千村一面"

的情况。比如，在过去的乡村建设过程中，更多地考虑如何运用现代技术更有效率地促进生产发展、更快速地改变村容村貌。于是我们看到土地流转、机械化大生产和设施农业、高效农业等在全国各地遍地开花，修路、刷墙、拆猪圈、农民上楼等直接改变村容村貌的措施被频繁使用，政府主导的自上而下的乡村规划和乡村旅游也成为乡村建设的主要做法。技术在硬邦邦地改造乡村的过程中，也使乡村本身的特色和价值被忽视。

另一方面，技术对"效率"的片面追求可能挤压"社会公平"。机械化大生产和农民集中居住是提高农村土地使用效率的重要举措。但技术在追求效率的同时，却常常忽视了公平、正义的价值。因为在土地流转过程中，往往具有物质资本和社会资本优势的能人和大户最终争得土地经营权，小农户逐渐被边缘化，乡村内部的贫富分化进一步拉大。对技术"效率"的过度追求，还可能导致乡村空间异化和正义缺场。一是外来者对本地居民的空间排斥。由于外来人员的介入，传统的乡村生产生活空间转变为现代消费空间，当地人的生存空间遭到严重挤压。外来者通过对本土乡村空间的霸占和垄断，将本土人群和元素剥离出去，按照新的身份认同评价标准形成了一种区隔的空间——传统融合有机的乡村聚落变成了充斥着城乡隔阂的"二元社区"①，反映出强烈的空间排他性。二是村庄内部精英和弱势群体之间的分化。在村庄技术化和现代化的过程中，政府为了降低成本、风险以及提高资本运行效率，往往倾向选择具有更多权力、信息和社会资源的精英农户作为合作者。在淘元镇电子商务发展的过程中，也存在贫富差距拉大的风险。那些率先发展起来的头部企业在贷款、税收、土地、境外订单、进驻电商产业园、使用"淘元镇"集体品牌等方面都具有优势，享受着先发优势，而那些小微企业则在场地限制、资金短缺风暴中关停了。在电商转型升级的过程中，村民之间的贫富差距可能会越来越大。

可见，技术的"效率"追求可能提升乡村的价值，促进社会公平，也可能破坏乡村价值，挤压社会公平。关键在于在技术应用与乡村价值保护之间保持合理的张力，通过法律、政策、制度设计，保护乡村传统不被破坏，实现乡村的公平正义。

---

①　周大鸣：《外来工与"二元社区"——珠江三角洲的考察》，《中山大学学报》（社会科学版）2000 年第 2 期。

第三节　乡村技术赋能困境的破解

现代技术是实现乡村振兴的关键变量，有利于推动农业农村现代化，但这一过程不是自动完成的。技术要想发挥积极作用，需要社会为技术的应用创造有利条件，需要与一定的社会制度、社会管理组织以及人们的认知水平相适应。马克思在对资本主义的批判中指出，现代技术之所以被质疑，不是因为他所追求的目标，而是因为它无法实现这些目标①，也就是说，社会环境制约了技术作用的发挥。德国社会学家卡尔·曼海姆（Karl Mannheim）指出了"组织技术"对技术承接的重要作用，他认为"组织技术与我们已经描述的任何技术至少是同样重要的，它甚至更为重要，因为若不产生相应的社会组织，这些机器便不能在公用事业中得到应用"②。著名经济学家吴敬琏认为："一个国家、一个地区高新技术产业发展的快慢，不是决定于政府给了多少钱，调了多少人，研制出多少技术，而是决定于是否有一套有利于创新活动开展和人的潜能充分发挥的制度安排、社会环境和文化氛围。"③可见，认知、文化、社会、制度、组织等因素都影响着技术效用的发挥。因此，提供与技术赋能相匹配的场景是技术赋能困境的破解之道。

一　认知升级：技术赋能的主体要求

农民认知能力无法匹配技术发展是技术赋能的主要困境，因此，促进农民认知升级是实现技术赋能的必然要求。淘元镇网商具备创新精神和商业头脑，这在电子商务发展初期已经得到了充分证明。然而，"淘元镇网商毕竟脱胎于农民、农户，距离现代企业有很大的距离，缺少制度建设"④，这也是淘元镇网商的真实写照。淘元镇网商凭借着自身的拼劲、闯劲，在淘元镇浓厚的商业文化底蕴上，凭借着电子商务初创的东风，实现了野蛮

---

① 转引自吴国盛编《技术哲学经典读本》，上海交通大学出版社，2008，第6页。
② 〔德〕卡尔·曼海姆：《重建时代的人与社会：现代社会结构研究》，张旅平译，译林出版社，2014，第189~190页。
③ 吴敬琏：《发展中国高新技术产业：制度重于技术》，中国发展出版社，2002，第162页。
④ 转引自于李丽颖、吴佩《淘元镇：村庄里的"电商王国"》，《农产品市场周刊》2014年第47期。（已匿名处理）

式增长，也为自己带来了丰厚的财富。但是量的增长之后，如何实现质的突破，如何应对不断升级的技术平台，在市场的大浪淘沙之后依旧能够生存下来，就需要农民不断迭代自己的认知水平。

（一）农民主体性的发挥是实现认知升级的关键

1. 农民主体性的内涵和作用

庞绍堂认为现代性的本质就是"不断发掘、重申人、人类的主体性"①。人的主体性就是主观能动性，是人们在社会实践过程中所体现的自由意志和自由精神，表现为独立、自觉、能动、自主的特性。马克思主义认为，农民主体性是指农民在实践活动中能够自主选择和创造，展现农民对合目的性和合规律性的统一把握。② 中国共产党始终坚持以人为本，尊重农民主体地位，发挥农民首创精神。乡村振兴必须落实到培育现代农民上。主体化、知识化和组织化的农民才是乡村振兴最关键的力量。中国"三农"问题的本质不是农业农村问题，而是农民和农民发展问题，是提升农民主体性和现代性的问题。③ 在我国长期的农村实践中，真正富有成果的改革都是以农民为主体的，比如家庭联产承包责任制等；凡是忽视农民的主体性和能动性，单纯依靠外部力量推动的乡村改革和建设，都收效甚微，比如农业学大寨运动。《乡村振兴战略规划（2018—2022年）》指出："要坚持农民主体地位，充分尊重农民意愿，切实发挥农民在乡村振兴中的主体作用，调动亿万农民的积极性、主动性、创造性。"④ 因此，能否激发农民的主体性是决定乡村振兴成败的关键，也是技术能否为农民赋能的关键。

2. 充分激发农民的主体性

在淘元镇电商家具产业发展壮大的过程中，农民主体性的发挥起到了关键作用。2006年，淘元镇第一位农民网商通过网络销售赚了钱，将互联网和农民的切身利益相连接，激发出农民内在积极性，极大地促进了电商

---

① 庞绍堂：《现代性、主体性、限制性》，《学海》2008年第6期。
② 转引自李明宇、张真真《马克思恩格斯的农民主体性思想及其当代意义》，《南京政治学院学报》2015年第5期。
③ 徐旭初：《应该提倡"农民主体观"》，《浙江社会科学》2009年第2期。
④ 《中共中央 国务院印发〈乡村振兴战略规划（2018—2022年）〉》，中国政府网，2018年9月26日，https://www.gov.cn/zhengce/2018－09/26/content_5325534.htm，最后访问日期：2023年9月10日。

家具产业的扩张。到 2010 年，仅用了 3 年时间，赵圩村已经有 2000 多家网店，400 余户村民加入电商家具产业，年销售额达 3 亿元，成为我国最早认定的三个"淘宝村"之一。淘元镇淘宝村的快速崛起和农民主体性发挥密切相关。一方面，网商带头人的创新和拼搏精神是淘元镇电商萌芽的关键；另一方面，淘元镇农民不甘人后的进取心在淘元镇电商裂变式增长过程中发挥了重要作用。农民主体性的发挥不仅促进了淘元镇电商产业的裂变式增长，而且促进了农民自身认知升级和技能提升。淘元镇农民网商从最开始连电脑打字都不会，靠着一根手指戳着键盘（俗称"一指禅"）和顾客交流，到现在"人人会淘宝，家家做电商"。这是农民主体性发挥的过程，也是农民主动寻找、接纳、运用新技术的过程。

目前，淘元镇第一代农民电商在应对技术平台快速变革的规则面前显得力不从心。这时需要政府、电商平台等提供良好的外部支持，但本质上还是要依靠农民的自我发展与蜕变。就像汪向东教授所说："要相信农民自发的行动力。"淘元镇电商家具产业转型问题，关系着每一个农民网商的生计和切身利益，他们有足够的动力使其发展得更好。因此，政府等外部力量要做的就是引导他们往更好的方向发展，通过提供培训等方式帮助他们升级观念，并提供必要的资金、土地、公共服务和配套设施等，在他们实现自我变革的路上助一把力，而不是代替他们行动。对于农民自身来说，一方面，要积极走出去，通过参观、培训等方式学习其他地方的先进经验，开阔眼界。江东省在乡镇企业发展中积累了丰富的制度、组织、管理和技术创新经验。网商要主动与外部同行和各界人士交流，学习和借鉴其他地方更成功的乡镇企业家的经验，为自身发展提供更多的思路。另一方面，对于地方政府组织的讲座和培训，要积极参与，突破思想的局限，不能只参加和自己切身利益相关的，要有全局意识和长远眼光。

（二）善于"借势"，利用外部资源为自身发展赋能

在努力提高自身的认知能力和知识水平的同时，网商也要善于"借势"，借助外部资源来为自身赋能。因为，认知能力的提升需要一个过程，而产业发展的列车不会减速。通常网商是在产业发展的过程中倒逼自己不断实现认知升级的。况且，每个人的认知能力都是有限的，不可能全知全能，因此，分工就变得非常必要。网商要改变自己集生产、设计、运营、

管理于一体的状态，善于利用产业链的优势，将自己不擅长的部分交由专业人士来做，让专业的力量来为自己赋能。为此，本地网商要欢迎新网商、新服务商、新物种的成长和进入，特别是要欢迎更有实力的外来企业加入本地电子商务系统中。一方面，本地网商可以充分利用这些新能源、新资源和新能量，通过专业分工，弥补自身的能力短板，突破企业发展的认知天花板；另一方面，外部资源的引入可以加大系统内部的差异性，让系统远离低水平平衡状态，激发本地企业的活力，为企业发展注入新动能。在网商充分发挥主体性、利用内外部资源提升自身认知能力、突破企业发展天花板的过程中，农民网商就实现了认知升级和迭代。

二　组织培育：技术赋能的社会基础

（一）技术赋能需要乡村组织的承接

乡村技术需要从城市引入，这是不言而喻的。因为，从历史上看，农业生产和乡土社会更多地依赖于言传身教的感性体验与经验积累，而技术从本质上看，它产生于工业社会与城市社会，而且服务于工业文明与城市文明。无论是空间技术、农业技术还是信息技术，这些外引的技术要想落地于乡村社会，就需要一个承接它的载体，这个载体就是内生于乡村社会且具有现代性的乡村组织。法国资深组织社会学专家埃哈尔·费埃德伯格（Erhard Friedberg）在谈到协作、集体行动时，充分肯定了组织的重要作用。他说："不能将社会秩序及我们行为活动的生成，视为简单的、自动生成的结果，其间不可能没有规则，它们也不是规则强制的结果。……组织的这一维度，为集体行为活动的发展与有效性，提供了路径与可靠支撑。"[1]　在乡村社会中：当我们谈"乡村社会"时，它指的是一个抽象的共同体，这个抽象的共同体是由一个个具体的"族群"组成的；当我们谈"乡民"时，它指称的是一个虽具体，但虚弱的个体，这些个体被淹没在一个个"族群"中。因此，无论是乡村社会还是乡民都不能成为乡村技术生长的"根"，而只有处于这两者之间的乡村组织才能通过规则与集体行动，为乡村技术的有效生长提供基础。因为，正如法国组织社会学专家费埃德伯格所说的，

---

① 〔法〕埃哈尔·费埃德伯格：《权力与规则——组织行动的动力》，张月等译，格致出版社，2008，第2页。

"协作的建构出自实际的交互作用过程，通过交互作用过程，各利益集团努力要维持最低限度的创新性和行动的自主能力。协作的建构现在是，将来仍然是人类集体行动的核心"①。因此，在乡村社会的技术生长中，乡村组织通过协作而维持的集体行动能力无疑是重要的。

德国社会学家卡尔·曼海姆在《重建时代的人与社会：现代社会结构研究》一书中，提出了一个非常重要的概念，即"组织技术"。他说："起初，'技术''技术发明'两词只用于像机器那样的有形物体。属于这一意义上的发明有电视、电话、电报机、无线电收音机（精神沟通的工具），铁路、汽车、飞机（交通工具），枪炮、炸弹、坦克（攻防工具），铲、犁、拖拉机（生产工具），以及卫生保健的改善，等等。这些东西使大规模建立社会秩序并对其有效地加以维持成为可能。但是，除此之外，还有另外一种水平的技术进步，对于把它描述为技术的，我们开始踌躇不决，因为与它相关的并非可见的机械，而是社会关系和人本身。"② 在这里，曼海姆把这种技术进步称为"组织技术"的进步，因为它涉及的是"社会关系与人本身"。曼海姆又说："组织技术与我们已经描述的任何技术至少是同样重要的，它甚至更为重要，因为若不产生相应的社会组织，这些机器便不能在公用事业中得到应用。"③ 相对于城市社会与工业社会而言，乡村组织及其协作与集体行动的能力是薄弱的，这也是阻碍技术赋能的重要因素。

（二）建立超出家庭的功能性组织与认同，塑造"我们感"

在淘元镇电商企业中，绝大多数是家庭制，而在家庭制中，又以核心家庭为单位组建的企业居多。淘元镇电商家具产业呈现"多、小、散、弱"的特点。由于无法将众多的小企业组织起来对接市场，淘元镇电商产业呈现无序竞争的状态。在当今中国农村，农民基本的行动单位已经缩小到"核心家庭"的范围内，核心家庭以外的行动单位难以获得他们的认同。同时，现代性因素打破了传统规则和地方性知识，却没有建立起新的合作规

---

① 〔法〕埃哈尔·费埃德伯格：《权力与规则——组织行动的动力》，张月等译，格致出版社，2008，第2页。

② 〔德〕卡尔·曼海姆：《重建时代的人与社会：现代社会结构研究》，张旅平译，译林出版社，2014，第189～190页。

③ 〔德〕卡尔·曼海姆：《重建时代的人与社会：现代社会结构研究》，张旅平译，译林出版社，2014，第189～190页。

范。市场经济带来了农村的现代化，却未能使多数农民享受到现代化红利。因此，建立超出家庭的功能性组织与认同，有利于实现农民的组织化，促进农民合作，提高公共服务水平，带动乡村产业发展。

目前，淘元镇已经具备一些建立超出家庭的功能性组织的基础。比如，淘元镇并不完全是原子化的村庄，在核心家庭之上，存在一个家庭联合体这一共同行动单位。而且，在家庭联合体之外，有一些因网商之间相互"认同"而组成的"小团体"，比如，电商王博涵就在这样一个小团体里，他们之间经常相互切磋和交流做淘宝网店的经验。此外，有成立于2012年的淘元镇电商协会，尽管人们对它的作用不甚满意，但是它毕竟已经存在多年并被人们知晓和了解，并且网商们对它还抱有很大期望。电商协会可以通过自身的不断变革，提升自身的组织、管理和服务能力，有条件成为网商行动的基础。此外，在淘元镇还存在一些积极分子，他们愿意为网商的联合积极努力，并曾经采取过行动。比如，孙煦联合5位生意规模大的网商建立现代企业，徐逸飞试图把整个淘元镇的专利保护起来，丁一鸣试图联合卖电视柜的网商采取共同行动，王博涵愿意成为能把大家联合起来的领头人。具备了这些建立超出家庭的功能性组织的基础，下一步就是考虑如何将这些力量整合到一起。可以以协会为基本盘，以联合家庭、积极分子、小团体和协会中处于"节点"的人物为关键行动者，利用他们将不同的联合家庭、小团体联合到协会中。

在联合之前，首先，需要改变协会在网商心中的"官办"色彩，使协会"去官僚化"，成为真正的网商利益的代表者和发言人。其次，要提高协会的治理水平，多开展和电商平台的合作，利用互联网和大数据技术赋能协会组织，使协会能够全面及时地掌握本地网商的经营动态、诚信状况等，从而更好地为网商提供服务，并规制网商的行为。最后，在吸引和团结更多网商加入协会的过程中，要运用"节点"网商的作用，重塑协会的规范，让协会具有更强的约束力。其办法有以下三条。一是对不守规则的人进行惩罚，让他们付出代价，也就是通过硬规范来规制。二是将组织规范内化为组织成员的文化认同，让村民打心里对协会产生"我们感"，从组织利益的角度考量自身行为，通过软约束来规范村民行为。三是培育农民的"公共性"。现在，一些淘元镇农民主要从"私"的角度考虑问题，尤其在涉及自身利益时，甚至不惜伤害兄弟之间、朋友之间的感情。有部分网商具有一定的责任担当和"公心",但是在和自身利益做权衡时,也常常会倒向自身利益。这部分人是发展和培育村庄"公共性"的切入点。要将这些人凝聚起来,给他们正向激励,赋予他们更多的使命感和责任感,让他们的"公心"超越"私心",愿意为公共利益做事。并以他们为节点,将他们所在的一个个圈子联结起来,形成一个更大的共同体。无论是硬规范还是软规范,都旨在让村民将协会作为一个基本的行动单位,对协会产生文化上的认同,即"我们感"。① 当村民对协会产生"我们感",村民采取行动就不再是基于理性考量和算计,而是出自身体的无意识和个人义务,从而容易达成合作和共识。

三 制度创新:技术赋能的保障机制

"制度构造了人们在政治、社会或经济领域里交换的激励,制度变迁决定了人类历史中的社会演化方式"②,"在社会系统中具有战略性结构的意义"③。因此,制度创新对于充分发挥技术赋能的效用具有保障作用。

(一) 加强技术赋能的顶层设计

顶层设计是从整体出发,运用系统论方法对某项任务或项目的各方面、各层次、各要素进行统筹规划,以整合各方资源高效实现目标。对于乡村技术赋能来说,顶层设计尤为重要。一方面,对于基层政府来说,拥有的资源和权力有限,在数字化治理转型中,必须依靠中央、省、市、县四级政府在更高的层面上进行顶层设计和整体推动,基层政府更多是在既定的制度和技术框架下执行。另一方面,政府治理的数字化转型需要不同层级、不同部门的协调和配合,需要在整体上确立统一的法律、政策和技术标准,协调推进,才能保证技术治理的效能,因此,只有更高层级的政府部门才有足够的权力和资源进行统一布局,整体规划。正如淘元镇党委组织委员杜继明所言:

> 我们政务系统没升级,不是我们不升级,因为好多的平台都是靠

---

① 贺雪峰:《村治模式:若干案例研究》,山东人民出版社,2009,第73页。
② 〔美〕道格拉斯·C. 诺思:《制度、制度变迁与经济绩效》,杭行译,格致出版社,2008,第6页。
③ 〔美〕D. P. 约翰逊:《社会学理论》,南开大学社会学系译,国际文化出版公司,1988,第521页。

上级的平台来做的。我原来在编办，搞"放管服"改革，推政务服务一张网的时候，面对的最大问题就是部门之间数据对接不上，县级都没有能力对接，何况我们镇级，我们建议还是以省里为主。（20200902 杜继明）

可见，必须加强制度的顶层设计，才可能充分发挥技术治理的效能。浙江省数字化转型的制度体系正是从顶层设计入手取得制度优势和综合效应的。在制度建设上，浙江省制定了清晰的战略规划，强调对理论体系和框架的研究，构建了系统完备、科学有效的制度体系。在实践上，浙江省通过建设全省统一的公共数据平台，推进业务协同和数据共享，推广掌上办公"浙政钉"、掌上办事"浙里办"，以及经济运行监测分析平台等一批标志性重大项目，在服务企业、服务群众、服务基层和促进政府部门高效协同等方面成效明显，极大地促进了经济数字化和社会数字化转型。

（二）建立技术赋能的在地化机制

技术赋能的在地化机制是指基层政府必须树立数字治理和智慧治理的理念，主动利用信息技术变革自身，主动对接省、市、县三级的数字治理体系，使技术治理落地，并完成自身治理能力的变革。

第一，政府必须牢固树立服务意识，以及运用互联网变革自身的意识和决心。在淘元镇，农民已经依靠信息技术的赋能，实现了由"农民"向"网商"的转变。然而，政府的治理方式却没有因为电子商务的发展而升级，总体上还是传统的治理方式，使得政府在淘元镇这场信息技术的变革中落伍了。政府的治理方式已经不能适应电商发展的需求，并与淘元镇"时髦的"治理场景不匹配。一方面，政府不能根据网商的经营特点，调整政策执行方式。政府沿用传统的"一刀切"的政策执行办法，严重影响了网商的经营。政府一查环保，产业园里的所有厂商都要停工，一停就是两三天，对网店的信誉和权重产生很大影响。企业要投入更多的资金进行推广，严重影响网商经营。另一方面，政府的服务意识不强，官僚作风依然存在，工作效率低下。网商去政府办事，还要靠关系，才能把事情顺利办下来。而浙江省政府之所以能够发起一场刀刃向内的政府治理革命，本质上是为人民服务的意识和责任在驱动。倘若政府没有树立这样的服务意识，那么政府便失去了自我变革的动力，再先进的技术都不会发挥作用。因此，政府必须从根本上革除官僚作风，牢固树立为人民服务的理念，这才是一切变革之源。此外，淘元镇政府要树立用新技术变革自身的意识。尤其是淘元镇这样已经置身于信息化浪潮之中，其自身的电商产业发展如火如荼，身处其中的农民都深受信息化、网络化的洗礼，而且是最名副其实、最具互联网思维的网民，在这样的"电商王国"中，如果政府不能树立用互联网变革自身的意识，不具备用互联网革新自身的勇气和能力，那么政府将是淘元镇这个网络生态中最落伍的一方主体，将无法管理或服务好产业发展和百姓生活。

第二，政府要运用信息技术提升服务效率。从调研中可以看出，即使是淘元镇这样经历了电商革命，并且外界关注度颇高的小镇，政府的办事效率仍然低下，明显赶不上农民的期待，也与电商发展这个追求效率和速度的产业不相匹配。在利用信息技术推进政务服务方面，浙江提供了宝贵的经验。一方面，在服务企业方面，2019年底浙江实现了政务事项的100%网上可办，80%实现掌上办理，90%实现跑零次，90%以上的事项实现一证（身份证）通办。支持企业"浙里办"扫描亮证代替纸质证件，实现刷脸办，从企业准入到退出全生命周期实现一网通办，常态化实现企业开办，一日办理，最快10分钟办理。建立在线项目审批3.0版，企业投资项目实现审批事项100%网上办，竣工、验收最多90天，建设公共信用信息平台，推行信义贷。另一方面，在服务百姓方面，"浙里办"提供掌上办事、掌上咨询和掌上投诉，提供查缴社保等420项便民服务，活跃用户1100万人，省、市、县94.5%的事项可以实现网上办，掌上办的比例达到90%，跑零次比例达到93.3%，81%的事项可以实现一证通办。利用互联网＋医疗健康卡，推进先看病再付费的智慧医疗，200多家医院先看病再付费。淘元镇政府应当积极学习浙江无纸化办公、掌上办、跑零次、一证通办、一网通办的先进经验，主动运用信息技术提升自身的服务效率，主动进行治理革命，为技术赋能创造良好的环境。

（三）建立技术赋能的系统化机制

技术赋能的系统化机制是指针对技术赋能过程中不同层级、不同部门、不同主体之间的沟通协调障碍而建立的层级协调机制、部门协调机制和主体协调机制。技术赋能的系统化困境首先表现为：在一个"条块分割"的多层级政府和"一轴多元"的治理体系中，各层级、各部门、各主体难以形成推进技术赋能的合力。公众要申请办理社会事务时必须来回奔波于不同部门与科室之间。因此，政府要通过建设公共数据平台，推进业务协同和数据共享，促进政府内部横向联动、上下联通，使政府各部门联动协同更为有效。浙江省在"最多跑一次"的流程再造和改革中，通过省、市、县三级信息资源充分共享，联动协同更为高效，从单一部门权力行使转变为统一政府的协同行动，从单部门实施向多部门协同联动转变。"浙政钉"就实现了政府业务协同的网上办公，六级互联互通，从上到下全系统的协同。

此外，大数据、物联网和云计算等新一代信息技术的发展，对政府治理能力提出了新挑战。单纯依靠政府的力量已经难以应对技术赋能过程中出现的新问题和新现象，而企业、高校和社会组织等则在数据资源和智力资源等方面占据明显优势，在技术赋能的过程中发挥着重要作用。这就要求政府必须以更加积极、开放和合作的心态，与社会中的其他主体建立"战略联盟"，通过信息共享、资源交换和能力互补，提升社会治理能力。在这一过程中，政府不仅要提高自组织的治理能力，还要提高"联盟治理能力"，即通过系统化的制度设计，形成以政府治理能力为核心的集体治理能力。在多元的、网络的社会治理结构与体系中，政府最重要的作用是通过法律法规的颁布和良好的制度设计，明确不同主体的权责边界[1]，建立利益协调机制，最大程度地满足不同参与主体的目标和利益，化解不同主体间的利益冲突[2]，"促进多元社会治理主体所提供的公共服务相互补充和支持，并联为一个有机的系统化整体"[3]，从而为技术赋能提供良好的制度土壤。

四　价值确认：技术赋能的根本路径

(一)　遵循"地方逻辑"，尊重地方性知识

尽管我们在前面指出，淘元镇贫富差距的拉大带来了村庄共同体的分化，技术理性破坏了互助互惠的乡村伦理，但是我们并不能因此认为淘元

① 张新红、于凤霞：《共享经济100问》，中共中央党校出版社，2019，第160页。
② 段盛华、于凤霞、关乐宁：《数据时代的政府治理创新——基于数据开放共享的视角》，《电子政务》2020年第9期。
③ 张康之：《论政府行为模式从控制向引导的转变》，《北京行政学院学报》2012年第2期。

镇村民完全抛弃了熟人社会的行动逻辑，转而完全采用理性行动逻辑。在"专利风波"中，我们看到农民的理性行为逻辑在起推动作用，而熟人社会形成的地方性知识引导事态向可控的方向发展，并最终得以解决。徐逸飞将赵圩村几乎所有的产品都抢注了专利，他意识到专利对赵圩村可持续发展的重要性，希望通过申请专利把赵圩村的电商家具产品保护起来，而他之所以愿意花很多的时间、金钱和精力来申请专利，最重要的是因为他看到了巨大的商机，能使他获利。可以说，正是理性行为逻辑推动着徐逸飞抢注专利。而这件事触碰了淘元镇其他网商的利益，遭到了淘元镇网商的全体抵制，徐逸飞面临着巨大的舆论压力。最终徐逸飞免费把申请的200多个产品专利拿出来与大家共享，交给淘元镇电商协会打理。可见，虽然理性行动逻辑告诉徐逸飞，在这些专利的背后有巨大的商机，但是在熟人社会里，不是一次博弈论成败，而是多次博弈的结果。尽管，在这次博弈中，徐逸飞可以通过专利投诉获取利益，但是破坏熟人社会的运行规则带来的强大的舆论压力，以及以后的被孤立，这种后果是徐逸飞无法承担起的。因此，尽管徐逸飞在这次"专利风波"中损失惨重，但是他只有将专利与大家共享才能获得在熟人社会中生存下去的敲门砖。

在技术赋能的过程中，技术带给农民的现代性改造是非常必要的，它使农民的思维方式、行为方式和知识能力更能匹配工业化生产的要求，也更能适应市场经济的运行规则。用"理性"代替"经验"，用"科学"代替"感觉"在企业生产和运行中是必不可少的。然而，对技术理性过度推崇会导致人们只关注个人利益的最大化，使合作变得困难，使无序竞争成为常态，从而损害别人的利益，并影响整个生态的健康发展。技术与社会的互构论告诉我们，技术赋能不是技术单方面作用的结果，技术是在特定的乡村场域中发挥作用的，要想充分发挥技术赋能的效用，必须充分利用乡村的传统文化和地方性共识。地方性共识就是一个地方的人们所共享的文化，是特定地方人们展开行动的基础。它在很大程度上决定了农民的组织化程度和集体行动的能力，进而影响对技术的承接和运用效果。因此，充分发挥技术赋能的效果，需要依靠村庄的文化性力量，要重视农民作为地方性知识拥有者的一面，而非仅仅作为一个理性行动者。① 当前淘元镇网商需要合作才能解决同质化

---

① 贺雪峰：《村治模式：若干案例研究》，山东人民出版社，2009，第88~89页。

恶性竞争的问题，只有合作才能让大多数网商享受电商家具产业发展带来的收益。因此，淘元镇网商要处理好"技术"与"文化"，"技术理性"与"地方性共识"的关系，预防理性计算可能带来的风险。

（二）遵循"乡土逻辑"，促进"生产－生活－生态"融合发展

淘元镇电商发展的生产价值是显而易见的，也是淘元镇电商发展最突出的价值。2021年淘元镇电商销售额达到135亿元，创造就业岗位3.15万个。家具电商的发展带动了相关产业链的完善，推动了电力、银行、电信等服务商的发展。淘元镇目前仍然以电商家具产业为主导产业，也正在以系统化思维，广泛挖潜拓源，强化扶持培育，进一步丰富电商产品门类，目前形成以家具为主，生态绿植、特色农产品和小饰品并行发展的"1＋3"产业体系。电商产业在生活和生态价值方面也显示出积极的一面。在生活价值方面，电商产业的发展让农民找到了致富的新路子，2021年淘元镇农民人均纯收入27359元，是10年前的10余倍。电商产业还吸纳了大量文化程度不高的农村妇女、五六十岁的老年人和残疾人从事客服、包装和打磨等工作，使本地贫困人口获得较好的收入。电子商务吸引了众多外出打工的农民和大学毕业生返乡创业或就业，使农村家庭结构重新完整化，乡村重现生机与活力，淘元镇农村"留守"问题迎刃而解，乡村生活和谐有序。在生态价值方面，电子商务的发展改善了淘元镇的生态环境，使淘元镇从"破烂镇"变为"中国淘宝第一镇"，使村庄的环境得到了很大的改善。

相比生产价值，淘元镇电子商务在生活和生态价值方面还有待提高。在生活价值方面，淘元镇公共服务设施低质导致淘元镇人的消费外流，消费外流反过来又阻碍了淘元镇公共服务设施质量的提升，如此，形成了一个恶性循环。在生态价值方面，尽管电商家具产业的发展明显改善了淘元镇的环境状况，但是淘元镇整体的生态建设水平离宜居还有很长的路要走。淘元镇镇区及周边在政府的统一规划下逐渐向城镇化转变，形成了集电商产业园、物流园、商业街、居民小区和公共服务于一体的生产生活空间，但是还存在着电商产业园、前店后厂的商业街、厂房包围农房等多种空间形式并存的现象，淘元镇整体的城镇化水平偏低。在镇区边缘，乡村的整体空间结构仍保持原有传统乡村格局，基础设施不健全，缺少娱乐休闲活

动空间。① 总体上来说，淘元镇的生活、生态环境远未达到宜居的水平。因此，一方面应该加强镇区城镇化建设，加大软硬件基础设施的投入，加快教育、医疗、生态、休闲等公共服务提供，提高小城镇的建设水平，吸引更多的外部资源注入，促进淘元镇生产生活水平提高；另一方面在电商化程度不高的外围，应该加强生态环境建设和基础设施建设，可以利用淘元镇区既有的电商基础设施和平台，以及既有的产业基础，如葡萄种植、日本梨生产、稻蟹养殖、大棚种植草莓、甲鱼养殖等，发展设施农业和观光农业，让电子商务基础设施为其赋能，实行"电商＋农业""旅游＋农业"。在电商化程度最低和传统农作物种植的区域，可以进行土地流转和规模化生产，提高机械化操作水平。这样，在核心层、中间层和外围层，就形成了第一、第二、第三产业融合的大农业体系，既降低了家具电商单一产业发展的风险，又保留了乡村的传统特色，打造生产发展、生活幸福、生态宜居的乡村空间。

（三）遵循"情感逻辑"，培育情感共同体

1. 情感对"社会团结"的意义与价值

情感在中国的传统文化和日常生活中占据着重要作用。中国社会是一个"关系社会"和"人情社会"。中国文化是一种"温性文化"，常常人情大于规则。就像梁漱溟先生在东西方文化比较中多次提到的，西方文化"理智作用太强太盛"，东方文化"处处尚情而无我"。② 他认为，西洋人是理智的和有我的，中国人是注重情感的和无我的。③ 那么情感对于"社会团结"和组织化具有什么意义呢？法国思想家涂尔干（Durkheim）认为，集体情感在促成"社会团结"中具有重要作用。利用周期性的、反复的仪式活动，集体情感可以转变为集体意识，进而促成社会团结。④ 美国伦理学家玛莎·C. 纳斯鲍姆（Martha C. Nussbaum）认为公共情感中的"好情感"可以推动社会团结，维系良好的社会秩序，并且好情感可以防御坏情感，有

---

① 王竹韵：《东沿市"淘宝村"空间特征与影响因素研究——以文博县淘元镇为例》，硕士学位论文，中国矿业大学，2019，第72～73页。（已匿名处理）
② 梁漱溟：《东西文化及其哲学》，商务印书馆，2010，第51～74页。
③ 梁漱溟：《东西文化及其哲学》，商务印书馆，2010，第171页。
④ 转引自宋红娟《两种情感概念：涂尔干与柏格森的情感理论比较——兼论二者对情感人类学的启示》，《北方民族大学学报》（哲学社会科学版）2015年第1期。

助于实现社会团结。①

2. 过度的技术理性正在破坏"社会团结"

一方面，过度的技术理性导致社会关系网络断裂和意义消解。技术在为乡村带来经济发展和社会进步的同时，也促进了乡村社会关系和交往方式的改变，并重构了村民日常生活的方方面面。现代技术使村民之间的社会连接由"情感"向"理性"转变。村民之间的关系经历了功利主义的重建，以往村民之间的交流多是基于地缘关系的情感交流，现在更多的是基于业缘关系的生产和商业交流，传统村庄里无私和团结的精神很快被工业精神排挤。现代性促进了个体化的发展，降低了相互依赖，破坏了互惠主义，导致社会关系网络断裂。淘元镇网商之间为了利益相互砸价，恶性竞争使得村民之间互惠互助的乡村伦理遭到破坏。乡村意义由"历史感"和"当地感"构成。"历史感"是指由于祖祖辈辈居住在村落里，村民对村落历史形成情感认同。而"当地感"是对村落空间的占有和依赖，体现地域上的稳定性和封闭性。② 显然，淘元镇电子商务的发展已经破坏了乡村的"历史感"，淘元镇作为传统的村庄走上了城镇化的道路，正在向建设文博县副中心大步迈进。而"当地感"也因为几乎每家每户都有汽车，和一半的淘元镇人在城里买房居住，过着城乡流动的"两栖"生活而被打破。电子商务的发展使淘元镇再也不是"封闭"的小村庄，而是人流、物流、信息流的集散地。当乡村的"历史感"和"当地感"遭到破坏，乡村意义由此坍塌。③ 技术作为社会交往的媒介，扼杀了人们面对面的社交活动。以往人们用以情感交流的主要场所和方式，如乡村公共空间和仪式性的活动，也随着手机、电视、网络等技术的发展而消解，技术把人们从乡村公共空间驱赶到各自的家庭内部，仪式性的活动也因为外部文化的冲击而失去了原有的神圣感，乡村内部的情感联结变得微弱和松散。而随着淘元镇家庭汽车的高度普及化，以往人们步行或者骑行穿过村庄而随时进行的信息交流和情感联结活动也被汽车密闭的空间阻隔。文化是乡村的底色，文化使

① Martha C. Nussbaum, *Political Emotions*: *Why Love Matters for Justice*, Cambridge, Massachusetts: The Belknap Press of Harvard University Press, 2013, p. 202.

② 杨华：《绵延之维：湘南宗族性村落的意义世界》，山东人民出版社，2009，导论，第 1 ~ 7 页。

③ 李佳：《乡土社会变局与乡村文化再生产》，《中国农村观察》2012 年第 4 期。

乡村是其所是。因此，我们应当关注技术给乡村的传统价值和社会团结带来的负面影响，并通过技术与文化的联姻，"恢复一个有精神灵性、有伦理规范、彼此关怀和仁德本性的现代中国乡村"①。

另一方面，利益共同体淡化了社会情感。在中国的后乡土社会中，乡村共同体呈现出两个倾向：一是原有的以血缘、地缘、家族以及政治团结为核心的各种共同体正在广泛解体；二是工业化与市场化也催生出多种形式的利益共同体，如专业合作组织的诞生。利益共同体是乡村在市场经济、工业分工下的理性选择，是基于用最小投入获得最大产出的理性计算，这种理性计算为农民带来了较好的经济收入，却将农民之间基于乡村伦理和情感联结而形成的共同关系，演化为冷冰冰的金钱和利益关系，使乡村社会失去了原有的人情和温度，也拆解了村规民约等"软法"的治理功能，不利于促进乡村振兴。

3. 建立情感共同体的"三要素"

刘祖云教授等人在《乡村振兴语境下培育"情感共同体"》一文中给出了建立情感共同体的三要素，即共同在场、唤醒同感和追求共同的善。在此基础上，他们提出了情感共同体的三个培育策略：一是为共同体"情感互动"提供公共空间；二是举行仪式感的活动以强化"人之同感"；三是打造村庄公共品牌以产生"情感共鸣"。② 刘祖云教授等人的研究为淘元镇培育情感共同体提供了很好的借鉴。淘元镇可以紧密结合自己"淘宝小镇"的特色，打造具有小镇特色的公共空间，通过"回顾、反思、展望"呈现电子商务的发展历程强化村民对淘元镇发展的认同，通过打造"淘元镇"公共品牌让村民产生情感共鸣。

首先，让淘元镇的公共空间"接地气"和"聚人气"。村庄的公共空间是建立情感共同体的载体，公共空间将分散的个体、组织、家庭联系起来，进行情感互动和交流。在传统的村庄，村里的主要干道、小卖部、村部、祠堂等都是人们进行信息和情感交流的场所，这些由村民自发形成的聚集性场所就是村里的"社会空间"。随着乡村建设的推进，文化广场、好人

---

① 渠岩：《艺术乡建：许村家园重塑记》，《新美术》2014 年第 11 期。

② 刘祖云、李烊：《在乡村振兴语境下培育"情感共同体"》，《江苏行政学院学报》2019 年第 1 期。

园、公园、图书室、党员活动室等"建成空间"成为人们聚集性活动的场所。而在后乡土社会，无论是传统的"社会空间"还是"建成空间"都面临着衰落的迹象，农村空间亦出现了文化荒漠和空间空壳化等一系列问题。① 在淘元镇，由于外出打工人员基本返乡了，而且还吸纳了 1.2 万名外来人员，淘元镇总体上是不缺"人气"的。然而，由于淘元镇人整日忙于生产和工作，一部分在城里生活的人工作之余还要在城乡之间流动，最缺的就是时间，所以对这些公共空间无暇光顾。那么，如何让这些公共空间"有人气"呢？

一方面，让淘元镇的建成空间"接地气"。在淘元镇，也不乏这样的"建成空间"，如好人园、小镇客厅、智慧电商产业园里的达摩院、党员活动室、图书室、创客水街等，但是这些公共空间并没有被很好地利用。很多的公共空间就像高高在上的"楼阁"，没有实现"平民化"。比如，小镇客厅是接待来访人员的场所，图书室、儿童活动室成了休息和参观的场所，达摩院很久才被启动一次，这些被建得"高大上"的场所成了没有"人气"的场所。反而是小镇客厅门前的一片空地，成了村民心中的"广场"。晚上，工作人员下班后，村民开始在这里聚集，有跳广场舞的，有摆摊做小买卖的。然而，这里却只有路灯，没有广场灯，村民只能在昏暗的灯光下活动。要想让淘元镇的公共空间"接地气"，首先要保持空间的"开放性"，让淘元镇的"公共空间"既接待得了宾客，又服务得了村民。很多花巨资为淘宝峰会打造的空间要向村民开放，可以把这些空间进行一些改造。比如，"小镇客厅"有一间大的会议室，可以把它改造成淘元镇的"文化礼堂"，为村民提供公共活动空间，使这里成为淘元镇人的"精神家园"和"文化地标"。无论是"个体性的仪式"还是"公共性的仪式"都在这一空间中举行，无论是当地人、外来创业者还是"城归"都可以"共同在场"，这样便能够增加多方主体情感和行为的互动。在这一互动中，村民的情感和行为在唤起"集体回忆"的同时，也共同创造着新的"集体记忆"，有利于促进社会团结。

另一方面，要让传统的社会空间"聚人气"。由于很多"建成空间"都

---

① 王红艳：《新乡贤制度与农村基层治理：梁寨样本》，《江苏师范大学学报》（哲学社会科学版）2017 年第 4 期。

是被"规划"好的，这样有一定规格的建成空间数量不会太多，其"可及性"和"便利性"就不能保证。繁忙的村民不可能每次都专门到这样的"建成空间"里活动。因此，让传统的公共空间重聚"人气"就显得非常重要。因为，传统的公共空间是村民在日常的生产生活实践中自发形成的，天然地便于人们进行交往和交流。比如村里的小卖部、棋牌室等。对于这些传统的"公共空间"，可以进行一定的补贴和扶持。利用这些小卖部、棋牌室既有的空间和桌椅等资源，再给予一些茶水等补贴。这样，既给这些地方带来了"人气"，还减少了政府的投入，又为村民提供了更好的交流互动空间。

其次，用仪式感的活动培育淘元镇"人之同感"。"仪式具有生产和再生产共同情感的功能，仪式是一种相互专注的情感和关注机制，它形成了一种瞬间共有的实在，因而会形成群体团结和群体成员身份的符号。"[1] 仪式具有广泛参与性、程式化、重复性、象征性和表演性等特征，能够强化"人之同感"。[2] 在文化礼堂等公共空间中，可以举办"个体性的仪式"，如结婚典礼等人生中的重要仪式；也可以举办"公共性的仪式"，如新春祈福仪式、民俗庆典仪式等村民共同参与的仪式。一方面，充分利用了公共空间资源；另一方面，在这样有点官方的场合，村民共同在场见证了个人人生中的重要仪式，这样被"官宣"的"庄重安排"足够给每个淘元镇人人生的转折点涂上浓重的一笔，使"个体性的仪式"被尊重、被见证。而在这一公共空间中举行的"公共性的仪式"，一方面是传统习俗，凝结了人们对传统的共同记忆，另一方面体现当代村民的真实生活与情感，比如，淘元镇举办的金秋纳凉晚会、"淘宝村英雄会"主题晚会等。在这些公共性的仪式中，不同村民主体进行着情感和行为互动，起到了很好的情感联结的作用。

需要说明的是，在这些"公共性的仪式"活动中，应该强调普遍的参与感，每一个微小的个体都应该被看见，而不是仅为成功人士准备的颁奖礼。比如，"淘宝村英雄会"主题晚会上为十大电商人物颁奖，这无可厚

---

① 张秀梅：《仪式的实践与乡村共同体重塑——关于浙江农村文化礼堂建设的思考》，《浙江学刊》2018 年第 3 期。

② 刘祖云、李烊：《在乡村振兴语境下培育"情感共同体"》，《江苏行政学院学报》2019 年第 1 期。

非，时代需要领跑者，也需要模范的力量，也应该褒奖先进，但是时代也应该看到那些虽弱小却坚守诚信、品质等原则，奋勇向前的人。在"淘宝村英雄会"主题晚会这样具有仪式感的活动中，不仅应该颁奖给电商大户，也应该给那些坚守品质的"小户"颁以"最佳品质奖"，给那些不断创新的颁以"最佳创新奖"，给那些规模不是很大，但增速很快的颁以"最佳成长奖"等。总之，仪式是一个"共同刷存在感"的方式，在公共空间中，"个体性的仪式"活动通过被见证，而被赋予其以历史的厚重感，加强了相关参与人员的情感联结。"公共性的仪式"活动中，那些传统的习俗通过被集体回忆，唤起了大家作为一个"乡村共同体"的"我们感"，有利于消弭社会隔阂，增进社会联结。而那些反映新时代人们新思想和新生活的"公共性仪式"，应该传递正确的价值导向，每一个努力做好的人都应该被看见、被承认，而不是只有走在前面的人才会被看见，每一个人都可能成为仪式的主角。政府通过这样有仪式感的活动，引导淘元镇网商做"善"的事，诚信、创新、进取，把淘元镇网商"拧成一条绳"。

最后，通过"追求共同的善"产生"情感认同"。伽达默尔说："支配我们对某个文本理解的那种意义预期，并不是一种主观性的活动，而是由那种把我们与传承物联系在一起的共同性所规定的。"[①] 在淘元镇，最可能成为这种"共同性"的就是"淘元镇"电商家具这一公共品牌。过去的10多年，在淘元镇网商的共同努力下，淘元镇受到了国内外很多地方的关注，得到了各级政府的支持，也收获了很多荣誉，比如，最佳网商沃土奖、改革开放40周年先进集体、全国社会扶贫先进集体、江东省农村电子商务示范村、中国家具电商产销第一镇等。这些荣誉增强了淘元镇人的荣耀感和自豪感。淘元镇人在这样的"利益共同体"中充分享受到了产业链红利。在这10多年的奋斗中，淘元镇人收获了"名"，也实实在在地收获了"利"，在这"名利双收"的时刻，淘元镇人却感到失落了"情"。"以前人没那么多心眼儿""相互砸价，恶性竞争""不撤诉，就砸你的店"，电子商务的发展正在慢慢撕裂这个"乡村共同体"。但是，人不能只为利益而存在，人是一个有着强烈情感需要的个体，尤其是当衣食住行等基本的需要

---

① 〔德〕汉斯－格奥尔格·伽达默尔：《诠释学Ⅰ：真理与方法——哲学诠释学的基本特征》，洪汉鼎译，商务印书馆，2021，第399页。

获得满足，对情感的需要就更加强烈。人们需要在日常的情感互动中产生情感共鸣。

如何使淘元镇人在利益的纠葛中还能产生"情感共鸣"，追求共同的善，这就需要人们不忘初心，心怀感恩。可以充分利用"好人园"等公共空间，提醒人们记住那些曾经帮助过自己的人。很多地方都有"好人园"，但并不是每个地方的"好人园"都要建成标配版。淘元镇的"好人园"就可以建成村民的"创业走廊"和行走的"精神博物馆"。可以充分利用"老物件"、"老照片"和"模型"帮助淘元镇人记住那些共同奋斗和创业的瞬间，记住淘元镇人一路走来的互帮互助和相互扶持，记住淘元镇人永不停歇的创新精神。可以通过"创业走廊"记录淘元镇从种植养殖业到废旧塑料回收加工业再到电商家具产业一路走来的历程，从生产生活用具、村容村貌、村民相处方式等各个方面记录下淘元镇发展的历程，让淘元镇人在"共同的回忆"中找寻集体情感。"好人园"不一定要展示得票最高的好人或是"官方承认"的好人，每个人都可以成为别人的好人，尤其是淘元镇的电商家具产业本来就是通过熟人社会网络得以传播和扩散的，可以说，每个人在电商发展的过程中都得到过别人的帮助和恩惠。通过"感恩墙"，让那些点亮的瞬间被记住，让那些点亮别人的人被看见。不是所谓成功的人才值得被记住，每个人都可以成为别人的英雄。通过这些表达和记录，可以让淘元镇人不忘初心，不忘感恩，在生活富裕的同时让精神也丰满起来。当你在感恩着别人的同时也被别人感恩着，当每一个淘元镇人都被这种情感连接着，去追求共同的善，或许，那些恶性竞争、那些误解和隔阂会消解一些。

（四）遵循"正义逻辑"，建立利益共享的分配机制

淘元镇电子商务的发展，正是实现了技术与利益的紧密结合，使越来越多的农民自发变身网商，加入互联网发展的大潮中，实现了淘元镇电商产业的裂变式增长。"淘元模式"的意义恰恰在于它的包容性增长。"淘元模式"的核心是"网络＋公司＋农户"。它在传统的"公司＋农户"的基础上增加了"网络"，而正是"互联网技术"的增加，使其具备了与传统模式完全不同的意义。在传统的"公司＋农户"的模式下，公司常常利用其相对于农户的信息优势，控制农户生产，与农户争利。而在信息技术的赋能

下，农民具有了信息化和市场化的能力，农户可以利用信息技术直接与大市场对接，成为自主经营、按需生产的平等的市场主体。在这一过程中，农民获取了平等对接大市场的机会，获得了定价权和自主生产权，摆脱了中间商赚差价，真正获得了利益和实惠。在信息技术赋能的过程中，小农户分享到了现代信息技术带来的红利，主动运用信息技术、计算机和网络工具，成为电子商务和价值链的主人。并且在这一过程中，老人、妇女和残疾人都被包容在产业发展中，每个人都能从产业发展中获利。因此，电商产业使淘元镇农民的生活水平得到了实实在在的提升。正是在利益共享的机制下，加速了淘元镇电商家具产业的爆发式增长。

然而，随着电商发展早期的一波红利退去，淘元镇电商产业的竞争日趋激烈，利润率已由最初的100%以上下降到现在的不足10%。随着中国经济增速放缓，尤其是在"绿水青山就是金山银山"的理念和相关政策导向下，对环保的要求越来越严格，使得很多小企业因达不到环保要求而被迫停业。根据中国矿业大学硕士研究生王竹韵的调查，自2018年起实施新的环保检查政策后，淘元镇各村商户数量均有不同程度的减少。[①] 对此，淘元镇电商支部书记刘峻茂的态度是：

> 要遵从市场规律，市场秩序被规范后，前店后厂必然被淘汰，不能不舍得。这些厂既危害环境，产品做出来也达不到要求，一定不能存在。千军万马大家一起往前跑，谁跑得快谁就生存。如果有的企业年销售额1亿元，不甘心，就让这样的企业去创品牌，如果创不出来，自己变成了小微企业，那对不起，也要被淘汰。（20190716刘峻茂）

对于那些被淘汰的网商，他表示：

> 这些被淘汰的企业可以销售大企业的产品。在网上销售，别人给他供货。淘元镇人开了这么多店，销售能力肯定没问题。他们生产能力不行，没有场地，生产的产品不合格，不如去卖产品。个人有个人

---

① 王竹韵：《东沿市"淘宝村"空间特征与影响因素研究——以文博县淘元镇为例》，硕士学位论文，中国矿业大学，2019，第72~73页。（已匿名处理）

的办法，可以在抖音、快手、京东等平台上卖，保证利润，统一定价，统一供货，统一质量。（20190716 刘峻茂）

引入市场竞争机制，激活当地自组织的活力，是打破目前淘元镇电商家具产业低水平均衡状态的一个有效办法。然而，在追求市场"效率"的同时，我们也必须建立"利益共享"的价值机制。"淘元模式"的核心价值就是它的包容性和共享性，电子商务的发展一开始就和农民利益直接相连，因此，它激发了农民的巨大热情和能动性。倘若在后续产业发展转型的过程中，技术发展的红利只能被少数人享用，那么将严重抑制社会创新的动力和活力。因此，如何在引进市场竞争激发自组织活力的同时，建立利益共享的分配机制，是淘元镇电商产业转型成功的关键。中小型网商在淘元镇电商产业转型中处于弱势地位，因此应当重视中小型网商话语权的表达，在淘元镇电商协会领导成员中，不应该只有网商大户，中小型网商的利益和诉求也应该得到尊重和表达。只有通过多主体的合作治理，使草根智慧与庙堂智慧有机融合，"创造一个既包含自我又包含他者的框架，并使得两者都不处在支配地位，这样才是一个基本公正的图景"①。

本章小结

本章重点研究了乡村技术赋能的困境及成因和破解之道。

乡村技术赋能的成效很大程度上取决于乡村场景与技术的匹配程度。一旦乡村场景与技术不匹配，则可能使技术赋能陷入困境。乡村技术赋能的困境及其成因表现在四个方面：一是在教育、文化和公共服务方面的三重桎梏下，农民的认知能力无法满足技术发展需求；二是个体化、市场化与城镇化弱化乡村联结，使乡村社会组织无法有效承接技术下乡；三是碎片化、路径依赖与压力型体制阻碍政府变革，消解了技术治理效能；四是现代技术嵌入与乡村乡土性的冲突，可能破坏乡村价值和关系网络。

鉴于此，可以通过认知升级、组织培育、制度创新和价值确认破解乡

---

① James Boyd White, *Justice as Translation: An Essay in Culturat and Legat Criticism*, Chicago: Chicago University Press, 1990, pp. 257－260.

村技术赋能困境。首先，认知升级是技术赋能的主体要求。农民要充分发挥主体性，并善于"借势"，利用外部资源为自身发展赋能。其次，组织培育是技术赋能的社会基础。技术赋能需要乡村组织的承接，因此要建立超出家庭的功能性组织与认同，塑造"我们感"。再次，制度创新是技术赋能的保障机制。要加强技术赋能的顶层设计，建立技术赋能的在地化和系统化机制。最后，价值确认是技术赋能的根本路径。要遵循"地方逻辑"，尊重地方性知识；遵循"乡土逻辑"，促进"生产－生活－生态"融合发展；遵循"情感逻辑"，培育情感共同体；遵循"正义逻辑"，建立利益共享的分配机制。

第六章　技术赋能对乡村振兴的意义

第一节　技术赋能与乡村场景的匹配

施罗德（Schröter）认为，科学和技术本身并不一定会改变他们自己的理性行动范围之外的生活。[①] 这提醒我们，技术的作用是有边界的，一旦超出技术的合理行动范围，技术就可能带来一系列意想不到的消极后果。张成岗指出，技术的发展存在三重悖论：一是"主奴悖论"，即人与技术主奴地位的颠倒，人类从技术的主人沦落为技术的奴隶，因此，需要对技术加以控制；二是"不均衡悖论"，即社会的文化、制度、规约以及伦理道德进化的速度赶不上技术发展的速度，因此，出现了技术与社会制约力量不匹配的现象；三是"工具和目的悖论"，即作为工具的技术成为目的或意义本身。[②] 同样的，在乡村技术赋能的过程中，如若不对技术赋能的边界加以圈定，则技术赋能可能也会产生消极影响。当技术由"赋能"走向"控制"的时候，技术非但不能带来乡村的发展，反而可能会破坏乡村原有的景观、意义和功能。因此，我们要在技术的迷人光环下保持足够的理性和克制，圈定技术的边界，遵循"以人为本"的底层逻辑，在追求技术先进性的同时，给地方性、社区文化、个体价值和道德留下足够的空间，促进技术特征和乡村气质的匹配，保持技术与传统、技术与文化、技术与价值、技术与道德的统一，再造乡村共同体，还人们以确定性、安全感和归属感，充分释放技术的正价值，促进人类的发展和进步。

[①] Manfred Schröter, *Philosophie der Technik* [Philosophy of Technology], Munich: Oldenbourg, 1934, p. 6.

[②] 张成岗：《新技术演进中的多重逻辑悖逆》，《探索与争鸣》2018 年第 5 期。

一　技术"普适性"与乡村"地域性"的匹配

首先，适宜的乡村场景为技术赋能创造条件。技术赋能不是将技术简单植入乡村的过程，它涉及各种复杂的过程。技术赋能是多种因素作用的结果，需要具备各种条件，淘元镇电子商务的发展就是"天时、地利、人和"的结果。"天时"表现在淘元镇电子商务的发展赶上了淘宝网等电商平台初创期的红利，国内已经发展起来的巨大的网络消费市场以及信息化建设所带来的有利的技术环境；"地利"表现在淘元镇具有便利的交通条件、浓厚的经商传统和积极进取的社区文化；"人和"表现在淘元镇电商带头人"不安分""爱折腾""有头脑""善经营"的特点。"天时、地利、人和"为电子商务的发展提供了前期准备，使电子商务能够在淘元镇出现。

其次，自下而上的技术创新有效地适应地方性知识。过去，在政府自上而下的信息技术推广中，由于政府不了解当地农民的需求和地方性知识，农民也看不到应用信息技术的好处，自上而下的信息技术推动难以得到农民群众的支持，导致国家花费了很大的人力、物力推进农村信息化，实际效果并不理想。于是，电子商务被认为不适合农村，因为农民科学文化素质比较低，难以从事具有高科技属性的电子商务。有学者对 ICT4D 项目进行评估，认为大多数 ICT4D 项目都以失败或收效甚微告终，因为项目实施者以技术为中心，自上而下地推广，对当地环境或需求了解较少。而淘元镇的电子商务一开始就是由农民自发引入的，"生于斯，长于斯"的电商带头人最了解当地的文化和地方性知识，因此，他们能够很好地将技术与当地的特殊环境匹配起来。比如，在选择产品时，孙煦知道什么样的家具产品是当地木匠的手艺能够驾驭得了的，也了解什么样的产品适合运输和网上销售，因此，才选择了将简易拼装家具作为创业的起点。可见，孙煦选择的创业项目是能够和当地的技术、资金和知识水平相匹配的，选对了产品才有了日后产业的大发展。孙煦身处于当地的熟人社会网络中，他的一举一动都是"公开"的，因此，他创业的消息能够第一时间得到传播，而他通过在网上销售家具赚了钱的事实乡亲们都看在眼里，这就直接将"技术"和农民的切身"利益"联系到一起，因此，根本不用外界宣传推广，农民就会自发行动起来，利用"社会网"将"互联网"技术传播开来。而且，由于孙煦生活在当地的乡村社会网络中，大家对他知根知底，他能做成功的事情农民自然相信自己也可以做成功，这是一种当地的"默会知识"，是无须多言的，农民根本不需要对自己的此次创业做风险评估、市场预测，等等，他们只要看着孙煦能做成就大体知道自己也可以做成，就像看着"样板间"，他们只需要照着模仿就行了。可见，自下而上的技术创新能够很好地和地方性知识相匹配，有利于技术的传播和应用。淘元镇巧妙地将农民自下而上的发展需求与多年建成的自上而下的农村信息化能力对接起来了。

最后，多元主体的合作提升了技术赋能的效果。乡村技术赋能是在乡村场域中进行的，乡村场域不是由农民单独构成的，而是多方行动主体共同构成的生态，这个生态系统也在很大程度上影响技术赋能的效果。第一，在淘元镇电商发展初期，企业平台赋能发挥了至关重要的作用。电商平台使农民突破了时空障碍，将农民与全国乃至全球的大市场相连接，进行人流、信息流、资金流等交换。此外，电商平台提供了低准入门槛和巨大的消费市场和流量，降低了农民的信息成本、交易成本和学习成本，赋予了农民信息化和市场化的能力。同时，新闻媒体的报道使"农民淘宝"这一自发创新行为得到了外界的广泛关注，也得到了政府的大力扶持和外部各方资源的注入，促进了淘元镇电商产业链的发展和产业规模的壮大。第二，在集群化发展阶段，政府发挥了重要作用。如果说电商带头人是"探路"的人，那么政府就是"修路"的人。政府为电子商务的发展提供了大量的政策、资金、土地等支持。政府进行宣传推广和知识技术培训，提供了大量的资金、土地进行园区高标准厂房建设和物流园建设，促进了产业集群发展。政府通过设立家具设计研发院、申请注册"淘元镇"集体商标、设立"淘元镇官方旗舰店"、建立国家木制家具及人造板质量监督检验中心和喷涂中心、引进项目等措施促进淘元镇家具的品牌化发展。此外，在淘元镇电子商务发展的过程中，专家学者发挥了关键作用。事实上，在"技治主义"坚持的两条核心原则中，专家政治就是其中之一。专家学者在技术赋能的过程中起到了重要的"掌舵"作用，提炼总结了"淘元模式"和"文博经验"，对于"淘元模式"的宣传推广和健康发展贡献了智慧和经验。正是各方行动者集体行动，促进技术在乡村传播和扩散，最终实现为乡村赋能。

二　技术"现代性"与乡村"乡土性"的匹配

技术的"现代性"要求按照高度标准化、同质化和格式化的方式改造乡村，而"乡土性"则要求保持乡村独特的地域景观、文化景观和风俗习惯，"现代性"与"乡土性"的交锋，必然要求两者的妥协和融合。一味固守传统，就是拒绝现代社会便捷、舒适、时尚的生活方式；一味追逐现代技术，就是对传统的舍弃，必将失去持续发展的动力。因此，我们要在把握乡村历史文脉，守住文化传统的情况下，引进有益于本土文化传承的先进手段和工具，对乡村历史传统进行嵌入式创新，使其具有与时俱进的文化光彩。只有将"技术性保护"和"现代性改造"结合起来，才能真正为乡村发展赋能。

在这方面，乌镇的经验很具有借鉴意义。乌镇通过技术最深度的介入，实现原汁原味的传统，使"现代性的技术"与"传统古村落"完美结合。乌镇被水道分成东栅、西栅、南栅和北栅四个部分。东栅是"乡土性"的体现，保留了原汁原味的古镇风貌。项目负责人陈向宏对东栅的改造做的是"减法"，他认为，古镇就要有"古"的样子。于是，果断拆除了所有与"古镇"不协调的建筑。通过做"减法"，使小镇保持了"古镇"的特色。西栅是"现代性"的体现，东栅保留了很多原来的居民，西栅则把他们都迁了出去，然后对西栅进行"现代性改造"，统一规划和管理景区的基础设施、酒店民宿和餐饮。在基础设施方面，铺管道煤气、建直饮水厂和无线网络。在酒店民宿方面，西栅景区内的住宿一律由景区按标准化的管理自己经营。乌镇在保留东栅"古色古香"，西栅"现代化改造"之后，又通过乌镇戏剧节和木心美术馆将东栅的"传统"和西栅的"现代"完美地结合起来，为乌镇注入了灵魂。

正是因为将"现代技术"与"传统村落风貌"完美匹配，乌镇才取得了今天的成功。在乌镇，人们既可以享受高品质的现代服务，又可以体验古镇的恬淡气质；既有田园牧歌，又有干净的抽水马桶和淋浴设施；既有古色古香，又有 Wi-Fi 信号；推开窗是江南小巷，转回身就是酒店大床。这样的成绩和效果正是现代技术与传统古镇完美结合的产物。乌镇除了东栅和西栅，实际上还有南栅和北栅。南栅和北栅不在景区里面，过去发展得很落后，但景区的基础设施改善之后，镇里也开始修路修桥了。南栅在景区的外边自己发展了起来。要想看原汁原味的古镇，要去南栅。北栅现在还没有开发，北栅的特色建筑也很多，一样有历史底蕴。经济学家何帆认为，乌镇是一个生态系统。就像要拍一场戏，东栅、西栅、南栅和北栅都是演员，都要出场。① 先是东栅登台，它的任务是探路，然后是西栅登台，它的任务是修路，修完路得有人用这条路，那就是南栅，最后还得有人护林护路，那可能就是北栅。探路人、修路人、用路人和护路人，缺一不可。

从乌镇来看淘元镇，我们就要从传统和现代的融合以及生态系统的角度来看淘元镇的发展。首先，淘元镇淘宝一条街上前店后厂模式的家具生产企业和各个行政村里家庭作坊式的小家具企业就像是乌镇的东栅，是淘元镇电商家具产业刚发展起来时候的模样，是"探路"的。这里的小企业具有市场敏感性和灵活性，随时变化产品，且厂房都是利用自己家的宅基地或者以很低的价格租地盖起来的，具有成本低的优势。但是这些企业产业规模、管理规范、创新能力、安全生产方面存在一系列问题，面临进一步扩大发展的阻碍。其次，工业园区里的电商家具企业就像是乌镇的西栅，无论是车间、设备还是管理，这里都是被现代技术改造和赋能的，属于正规军。政府进行软硬件基础设施建设，建设高标准厂房、物流园和电商综合服务中心，促进产业集群化发展；建设喷涂中心，让中小型家具企业集中喷涂；建设家具质量监督检验中心，每次三四千元的检测费，企业只需交几百元，其余由镇里补贴。淘元镇还与南京林业大学等高校合作，邀请设计师为企业设计更美观时尚的家具。此外，为了提升淘元镇的品牌知名度，镇政府自己出面申请注册了"淘元镇"集体商标，淘元镇电商协会还成立了"淘元镇官方旗舰店"。可见，淘元镇政府正在通过基础设施建设围绕家具主导产业建立产业链。再次，目前镇政府正以电商家具产业为核心进一步丰富电商门类，形成以家具为主，生态绿植、特色农产品和小饰品并行发展的"1+3"产业体系，可以说这就像是乌镇的南栅，是"用路"的，充分利用电商基础设施和平台，孵化更多的产业，从而分担生态系统的风险。最后，在淘元镇，虽然每个行政村都是"淘宝村"，但是每个行政村的电商发展程度是不一样的。淘元镇电商化程度较高的三个村庄和社区包括赵圩村、淘元社区和钱圩村，这三个地方电商户数超过了70户，还有像陈圩村、楚圩村等7个行政村电商化程度较低，电商户数低于30户，其他7个行政村的电商户数介于30户与70户之间，属于电

---

① 何帆：《变量2020—2049：推演中国经济基本盘》，中信出版集团，2020，第23~29页。

商化程度一般的行政村。① 电商化程度较低的行政村还是以种植粮食作物为主，这些村庄构成了淘元镇的"北栅"，是"护路"的，是维系整个生态系统平衡的。

事实上，无论是淘宝一条街还是电商产业园区，这些地方早已被现代技术改造成小城镇的模样，电子商务高标准厂房、物流园、智慧电商产业园、商务综合服务中心、小镇客厅、特色电商街区、家具检测中心以及新型居民小区等，处处彰显着现代化小城镇的色彩。也正是这样的基础设施建设和现代化改造，为淘元镇电商产业转型提供了更大的可能和发展空间，吸引了中国淘宝村高峰论坛落户淘元镇。然而，倘若只有现代性的改造，而没有对"乡土性"的保护，那么淘元镇将失去乡村的神韵，可能沦为单纯的生产功能地域，而非宜居宜业的乐土。后生产主义乡村理论对乡村"多功能性"的强调启示我们，乡村不仅是生产空间，更是生活空间和生态空间，乡村空间具有多重意义和价值。由于淘元镇各个行政村的电子商务发展程度是以赵圩村为中心向外辐射的，在圆圈的中心，赵圩村、淘元社区和钱圩村是电商发展程度最高的行政村，中间层是电商发展程度一般的行政村，外围层是电商发展程度较低的行政村，利用这个分层系统，刚好可以实现淘元镇"现代化改造"和"传统乡村性保护"的平衡。在核心层，加大软硬件基础设施的投入，加快教育、医疗、绿化、休闲娱乐等公共服务提供，提高小城镇的建设水平，吸引更多的外部资源注入，促进淘元镇电商产业链的发展。在中间层，利用核心层已经建成的基础设施和平台，在发展既有的电商产业之余，发展特色农业和高效农业，利用淘元镇既有的电子商务基础设施为其赋能，实行"电商 + 农业"，完成农产品上行。在外围层，继续种植传统农作物，建设防护林，可以进行土地流转和规模化生产，提高机械化操作水平。这样，在核心层、中间层和外围层，就形成了第一、第二、第三产业融合的大农业体系，既降低了家具电商单一产业发展的风险，又保留了乡村的传统特色。因此，在乡村建设中，用外围乡村的宁静、休闲与安逸，缓冲核心层的喧闹与忙碌，重新发现"乡村生活"；用外围乡村农耕文明发展出的一整套生活伦理、人生意义与处世态度，"治愈"核心层由理性计算和恶性

---

① 王竹韵：《东沿市"淘宝村"空间特征与影响因素研究——以文博县淘元镇为例》，硕士学位论文，中国矿业大学，2019，第 72~73 页。（已匿名处理）

竞争带来的身心疲惫和人际紧张；用外围空间的乡土性、地方性以及差异性有效缓冲核心层的高度标准化、格式化与同质化，熨平"现代性之殇"①，促进淘元镇生产、生活、生态的和谐。因此，在技术赋能的过程中，我们要将"现代性的技术"和"传统的乡村"有机地匹配起来，充分重视乡村的多功能性，打造生产发展、生活幸福、生态宜居的乡村空间。

三 技术"理性"与乡村"情感"的匹配

在技术"理性"与乡村"情感"之间保持"合理的张力"，是实现和谐乡村的重要途径。技术"理性"与乡村"情感"之间的张力太大，容易导致乡村的撕裂；技术"理性"与乡村"情感"之间的张力太小，容易使乡村失去活力。事实上，在乡村发展的过程中，同时存在"技术理性不足"与"乡村情感淡化"的双重问题。

一方面，技术理性有利于促进网商更好地适应市场规则，组织企业生产和管理。农民网商组织生产开始按照经济和技术的准则来管理，而不是仅仅依靠经验与感觉，家具企业的组织形式和操作程序体现着工业社会专业、标准和分工等原则。但总的来说，技术理性在乡村社会的总量是不足的，村民在很大程度上还是依靠经验、感觉和试错来获得新认知。例如，在淘元镇电商企业中，工厂管理主要还是依靠未受过专业培训的家庭成员担任，科学化和规范化水平有待进一步提高，农民电商的组织管理能力、成本控制能力、创新能力、产权意识和合作意识等还有待提高。因此，要进一步加强对农民的法律、政策、规则、知识和理念的培训，引导企业主动寻求合作，有序开展竞争，形成良性竞争格局；进一步培育和引进先进企业，以起到示范和引领作用；进一步健全公共服务体系，加大智力资源支持。通过进一步增强农民网商的技术理性，提升农民网商经营管理企业的能力，形成正确的竞争合作理念，打造"利益共同体"，从而促进淘元镇电商产业的健康可持续发展，为乡村社会的和谐奠定坚实的物质基础。

另一方面，在增强技术理性、打造"利益共同体"的同时，也要增强乡村"情感"的分量，坚守传统乡村的互惠主义、诚信原则以及情感交流，

---

① 刘祖云、刘传俊：《后生产主义乡村：乡村振兴的一个理论视角》，《中国农村观察》2018年第 5 期。

建设"情感共同体",形成对"理性"强有力的制约作用,预防理性计算可能带来的风险,增强乡村社会的"黏性"。关于"情感共同体"的建立,上文已经论述,此处不再赘述。

四 技术"效率"与乡村"价值"的匹配

乡村"价值"指代两个方面的内容。一是乡村本身的价值,即乡村相对于城市的价值。二是"公平正义"的价值。在愈加硬核的现代化的社会里,乡村所代表的传统的地域景观、生活方式和价值观念则越发具有吸引力。在对乡村进行技术性改造的过程中,必须尊重乡村在数千年的农耕文明中所形成的独特的地域和文化价值,尊重乡村在生产之外的生活、生态功能,重视"乡村性"对"现代性"的缓冲功能。乡村本身的价值主要体现在以下三个方面。

一是乡村农耕文明提供了一种极具特色的"地方感"。对"地方"的依恋已成为一种"现代性的后果"。[①] 在技术对乡村改造的过程中,实现普适性与地方性、传统与现代、理性与情感、效率与价值之间合理的张力变得非常重要。因此,中国一边对乡村进行现代化改造,一边对传统进行技术性保护。事实上,当代中国社会对"农耕文化"的留恋,是在地方感的营造中承载着"折返的现代性",是在对"过去的再现"中促成"地方的呈现",也是在将"时间上的过去"与"空间上的地方"重新组织起来。[②] 如今,中国传统的农耕文明越来越具有"后生产主义"的功能,除了具有生产的价值外,它更在维护文化的多样性、传承文化遗产和构建地方性知识方面具有独特价值。在传统的农耕文明中,孕育了一整套生活伦理、价值理念和人生哲学。中国广袤的乡村大地,看上去永远那么平和宁静,它对生活在忙碌和浮躁的现代社会中的人们来说,具有独特的"治愈价值",它使人们在面对挫折时变得更有"韧性",在面对成功时变得更加"平和"。因此,对淘元镇的电商家具产业发展而言,在追求产业化、集聚化、城镇化的过程中,切不可为了追求产业发展效率和城镇化水平而破坏乡村的

① 张原:《从"乡土性"到"地方感":文化遗产的现代性承载》,《西南民族大学学报》(人文社会科学版)2014年第4期。

② 刘祖云、刘传俊:《后生产主义乡村:乡村振兴的一个理论视角》,《中国农村观察》2018年第5期。

"地方性"，不可一味地追求效率和理性而忽视乡村的生活伦理，因为，乡村传统的地域景观和文化精神是乡村现代化建设的缓冲器，只有以乡村传统的农耕文明为底色，才可以实现乡村现代化建设的"软着陆"。

二是乡村兼具生产、生活、生态的功能。乡村的生产功能是不言而喻的，相比于传统乡村单纯的农业生产功能，越来越多的乡村发展出第二、第三产业。生活价值是乡村的本质所在，相比城市生活的便捷性和现代性，乡村生活具有宁静、闲适和安逸的特点，在高速公路、高铁和高速信息网快速发展的今天，距离不再是乡村发展的硬约束，乡村开始成为城里人休闲度假的场所。生态价值是乡村价值的核心，"绿水青山就是金山银山"很好地诠释了乡村生态价值。因此，在淘元镇发展电商家具产业的过程中，不能仅仅追求乡村的生产价值，更要实现生产、生活、生态价值的融合。目前，很多网商富裕之后选择到城里生活，正是因为淘元镇更多地追求乡村的生产功能，对乡村的生活和生态功能重视不够，导致乡村难以显示出相对于城市的独特价值。

三是"乡村性"对"现代性"的缓冲功能。在城市化快速发展的背景下，乡土性、地方感及农耕文明的个性化等文化价值，能够有效缓冲现代社会的高度标准化、格式化与同质化。[①] 乡村空间的自然性、通透性、无边际性可以使人的精神得到充分释放。因此，淘元镇在进行城镇化建设的过程中，在对镇区进行现代化改造的同时，要保留外围的乡村景观，以有效缓冲镇区所带来的"现代化之殇"。

此外，要维护乡村"公平正义"的价值。在对乡村进行现代化改造的过程中，要维护乡村的公平正义，建立利益共享的分配机制。在乡村技术赋能的过程中，必须始终将农民的利益置于核心位置，对效率的追求必须服膺于公平、正义的价值，技术带来的收益也必须回到农村、农民、农业的本体之中。"只有当技术红利在各个利益相关群体中普惠，才能够为新技术创造足够的社会支持基础。"[②] 因此，在技术赋能的过程中，明确乡村的主体，谁应当成为乡村发展的最大受益者是技术赋能成功的关键。现代技

---

① 刘祖云、刘传俊：《后生产主义乡村：乡村振兴的一个理论视角》，《中国农村观察》2018年第5期。

② 张茂元、邱泽奇：《近代乡绅技术观转型的社会经济基础——以近代珠三角机器缫丝技术应用为例》，《开放时代》2016年第5期。

术虽好，但如若与小农户无关，甚至与小农户构成了竞争关系，这样的技术引入和制度设计就是失败而危险的，因为它不但不能为小农户赋能，反而会减能。如何站在小农户的立场上，使技术更好地为农民赋能，是技术赋能最根本的问题。

第二节　技术赋能重塑乡村发展逻辑

一　乡村技术赋能强化了新内源性发展模式

（一）技术－现代化：外源性农村发展方式

目前，理论界主要存在三种乡村发展模式理论：外源性发展模式理论、内源性发展模式理论和新内源性发展模式理论。外源性发展模式是现代主义、福特主义和自上而下的主流发展模式的象征。[①] 农村外源性发展模式具有两大核心特征：一是外源性农村发展的力量主要来自政府补贴等外部投入，国家主导了农业服务和农业实践；二是外源性农村发展模式遵循技术现代化逻辑，鼓励技术从城市和工业部门向农村地区转移，同时鼓励农村劳动力和资本向城市迁移流动，其核心是形成规模经济和集聚经济，促进农业产业化和专业化，为不断扩张的城市提供粮食和原材料。[②]

技术这一外源性要素的投入带来了乡村的现代化。从国外乡村发展的实践来看，政府投入大量技术和物资为乡村提供了基础设施和公共服务，改善了乡村的生产生活条件和生态环境。技术引入实现了传统农业向现代农业的转变，其表现为：以机械化操作代替传统畜力和人力，以科学知识和实验代替经验直觉，以专业化大生产代替小农的自给性生产，发达国家进入了以机械化、良种化、化学化、电气化、信息化等为主的农业现代化时期。从中国乡村发展的实际来看，技术正在推动乡村走向现代化。首先，技术带来农村生产方式的现代化。农业机械化带来小规模家庭农场的"兼

---

① 方劲：《内源性农村发展模式：实践探索、核心特征与反思拓展》，《中国农业大学学报》（社会科学版）2018 年第 1 期。

② E. Galdeano-Gómez, J. A. Aznar-Sanchez, J. C. Pérez-Mesa, "The Complexity of Theories on Rural Development in Europe: An Analysis of the Paradigmatic Case of Almeria (South-east Spain) ," *Sociologia Ruralis*, Vol. 51, No. 1, 2011, pp. 54－78.

业化"和"集约化",加速农业规模化经营。此外,伴随信息技术和物流系统的发展,"淘宝村"成为中国乡村独特的景观。截至 2018 年 10 月,全国淘宝村达到 3202 个,淘宝村网店年销售额超过 2200 亿元,带动就业机会超过 180 万个[①],"淘宝村"颠覆了传统的产业结构和生产销售方式。其次,技术带来农民生活方式的现代化。乡村基础设施的完善和现代生活设施的普及,极大地提高了农民的生活水平。交通和通信等基础设施的优化升级压缩了乡村的"时空距离",将乡村和外部世界相连接,改变了乡村的闲暇、消费、交往和精神生活方式。最后,技术带来了农村空间布局的变化。新空间技术,特别是地理信息系统(GIS),正促成历史和其他人文学科对地理空间的重新发现,规划师、地理学者等更多地参与乡村空间的测量、规划与利用,影响农村空间布局。

然而,乡村的外源性发展模式受到了诸多批评。罗威(Lowe)等人认为农村的外源性发展将导致依附性发展、扭曲性发展、破坏性发展以及支配性发展等问题。[②] 基于罗威等人的研究,本书认为将"技术"作为一种外源性要素所带来的乡村现代化是一种依附性的、非正义的、无主体性的以及"无根"的现代化。具体体现在以下几个方面。第一,依附性的现代化。一方面,技术投入主要依靠外部支持,具有外源性;另一方面,技术虽然带来了乡村物理上的现代化,但并没有为农民和乡村组织赋能,外源性乡村发展模式下的技术投入并没有为乡村发展带来内生动力。第二,非正义的现代化。外源性发展模式下,技术和资本的不均衡分配造成了农村内部发展的不平等。在农业规模化、专业化发展的同时,没有建立起完善的制度机制,使众多小农户被排挤在农业发展之外,技术和补贴等多被大户、能人甚至黑恶势力俘获,小农户被进一步排挤和边缘化。第三,无主体性的现代化。在技术应用过程中,政府和外来技术专家在乡村发展中主导着话语权,而作为乡村主体的农民和地方性知识力量却处于"失语"状态,乡村的走向和命运由一群"外人"主导。第四,"无根"的现代化。在"技术现代化"的强势话语下,乡村传统的、地域性的、文化的元素被碾压,

---

① 阿里研究院:《淘宝上的中国城市》,2018。

② P. Lowe, C. Ray, N. Ward, et al., *Participation in Rural Development: A Review of European Experience*, Newcastle, England: Centre for Rural Economy, University of Newcastle, 1998, p. 6.

城市的建筑形态被移植到乡村，破坏了传统村落的生态、交往和教化价值，乡村的文化景观失忆和传统失落，成为遗失情感和传统的冷冰冰的物理空间。因此，必须转变"技术－现代化"这一外源性发展模式，激发出乡村发展的内生力量。

（二）技术－能力：新内源性乡村发展方式

新内源性发展模式吸纳了外源性发展模式和内源性发展模式的长处。不同于"技术－现代化"发展逻辑，内源性农村发展是以地方为基础的发展，是一种自下而上的发展道路，主张充分利用地方资源，如自然资源、人力资源和传统文化等，实现乡村可持续发展。它强调"发展的内源性潜力、追求可持续性生计、注重地方民众的自主参与以及构建民众的区域认同"[①]。然而，由于内源性发展理念过于强调对自身资源的挖掘和利用，轻视与外部力量的合作，近年来内源性发展理论逐渐被新内源性发展理论替代。

在继承内源性发展模式的基础上，新内源性发展模式重点强调两个核心原则。一是强调地方力量与全球力量的互动。新内源性发展模式倡导开放性的区域经济，认为任何地方发展都是外源性力量和内源性力量动态建构的过程。二是强调人力资本的作用，注重增强地方发展能力。美国经济学家西奥多·W. 舒尔茨（Theodore W. Schultz）发现人的能力和技术水平的提高能够快速提高现代农业生产率，增加人力资本投入，促使农民通过教育、培训等方面的投资形成驾驭现代农业生产要素的能力，是农业经济增长的主要源泉。[②] 罗威（Lowe）等人也认为新内源性发展行动的关键是人力资本的作用[③]，全球化和信息技术变革是新内源性发展的动力所在，农村发展的重点是增强地方能力，加强社区意识与社区认同，促进赋能和解放。西方农村发展模式经历了从自上而下的外源性发展模式到自下而上的传统内源性发展模式，再到强调以地方主导的混合"内源－外源动力"的新内

---

① 方劲：《内源性农村发展模式：实践探索、核心特征与反思拓展》，《中国农业大学学报》（社会科学版）2018 年第 1 期。

② 〔美〕西奥多·W. 舒尔茨：《改造传统农业》，梁小民译，商务印书馆，1987，第 132 ～ 150 页。

③ P. Lowe, C. Ray, N. Ward, et al., *Participation in Rural Development：A Review of European Experience*, Newcastle, England：Centre for Rural Economy, University of Newcastle, 1998, p. 6.

源性发展模式的转变。①

表6-1　三种农村发展模式的比较

	外源性发展模式	内源性发展模式	新内源性发展模式
发展方式	依靠规模和集聚效应	深度挖掘自然条件和文化等本地资源	地方力量与全球力量的互动
动力来源	外部支持	地方的主动性和创造性	全球化和技术变革
功能定位	城市粮食和初级产品的供给者	服务型经济的提供者	知识经济的参与者,地方行动者深度参与"外来-本土"互动
现实挑战	生产效率低下,处于经济发展的边缘地带	地方参与经济活动的能力受限	面对全球资源配置与竞争
发展重点	农业产业化和专业化;促进劳动力和资本流动	提升能力,积极参与	增强地方能力,促进行动者有效参与内外互动

资料来源:方劲《内源性农村发展模式:实践探索、核心特征与反思拓展》,《中国农业大学学报》(社会科学版)2018年第1期。

（三）乡村技术赋能实现了新内源性发展

技术作为乡村发展的外源性要素,依靠政府补贴或外部决策机构引入,由政府或技术专家主导,促进乡村现代化。但这种外源性发展模式最终有可能带来依附性发展、扭曲性发展、破坏性发展和支配性发展,导致依附性的、非正义的、无主体性的以及"无根"的现代化。而"技术-能力"则是通过"技术"为农民和乡村组织赋能,提高农民的认知能力和知识水平,形成驾驭现代生产要素的能力。技术赋能正是通过"技术"这一外源性要素"赋能"给农业、农村和农民,从而转化为"能力"这一内源性要素,赋予农村发展内生动力。因而,技术赋能是一种内外融合的乡村发展模式,既能充分利用"技术"这一外生性要素,又能够激活乡村自身发展的能力,撬动乡村的地方性知识和本土资源,激发乡村发展的内源性潜力。通过"外来-本土"的互动,既调动了外部资源,突破地方发展的局限,又保留了乡村独特的生态价值和文化价值,从而赋予乡村可持续发展能力。乡村技术赋能是一种新内源性发展道路,表现在以下四个方面。

---

① 方劲:《内源性农村发展模式:实践探索、核心特征与反思拓展》,《中国农业大学学报》(社会科学版)2018年第1期。

1. 乡村技术赋能过程中农民主体性的彰显

与政府自上而下地推动农村信息化建设不同，淘元镇电子商务的发展完全是农民自下而上草根创新的结果。电商带头人的创新精神、淘元镇人的进取精神和商业意识是促使电商萌芽和发展的关键力量。淘元镇电商带头人孙煦和陈震"不安分""爱折腾""有头脑""善经营"的特点使他们不断尝试新的事物，经过各种尝试和试错，找到了电商家具这片"蓝海"，开启了淘元镇电商家具产业的序幕。当村民听说他们在网上卖货赚了钱，利益驱动他们自发地复制和模仿，促使淘元镇网店数量呈现裂变式增长。这时，一开始创业的网商大户们则主动跳出家庭作坊式的传统经营模式，纷纷到村外设厂，进行企业化生产，促进了产业链的完善和产业集群化的发展。目前，淘元镇网商们又在为产业转型升级和淘元镇家具电商的品牌化而不断探索和创新。网商之间激烈的竞争也促使他们不断更新产品设计，使得淘元镇家具产品实现了由"木条子"到板式家具再到实木家具和钢构家具的转变。可见，正是农民网商随着市场需求和产业发展需要不断创新的精神促使淘元镇电商家具产业不断发展壮大。

2. 内外部资源互动促进技术赋能

淘元镇电商发展体现了外源性力量和内源性力量动态建构的过程，富有创新、冒险和学习精神的电商带头人以及乡村社会网络是内源性力量的体现，而电商平台、政府、专家学者和新闻媒体则是外源性力量的体现。正是由地方主导的混合"内源－外源动力"推动着淘元镇电商产业的发展。

第一，在电商萌芽阶段，电商平台的支持和返乡知识青年的引领起着主导作用。外部市场的资源支持和内部自下而上的草根创新的合力促进了电商萌芽。一方面，电商平台提供的低准入门槛，直接对接大市场的机会以及淘宝初创期的红利都为农民从事电子商务创造了非常便利的条件。此外，便捷的物流和支付系统也为电商的萌芽提供了外部资源支持。另一方面，网商带头人自发的创新撬动了这些外部资源，最终促进了电商萌芽。第二，在淘元镇电商的传播和扩散阶段，以淘元镇积极进取的社区文化和熟人社会网络为表征的乡村人力资本等地方资源，主导了电商在乡村社会内部的传播进程，而新闻媒体的报道和专家学者的研究则通过提高淘元镇电商的知名度，主导了淘元镇电商向外扩散的速度。第三，在淘元镇电商的企业化和品牌化阶段，政府的服务和规制以及网商的自主创新起主导作用。这一阶段，政府自上而下的服务与监督在电商产业转型升级中起到关键作用。一方面，在淘元镇电商初具规模后，面临土地、资金、品牌、人才、配套基础设施等一系列制约发展的问题，政府为淘元镇电商产业的发展提供了强有力的支持。另一方面，为了促进电商健康可持续发展，政府对电商进行规制和监管，建立了国家木制家具及人造板质量监督检验中心和喷涂中心，定期进行环评和安监，要求企业安装除尘设备和消防设备，为淘元镇安全生产和绿色生产保驾护航。而淘元镇电商发展若要真正达到企业化和品牌化，则网商的自主创新能力起到根本性的作用。综上所述，正是内外部资源的互动推动着淘元镇电商产业从萌芽不断地传播扩散，最后向企业化、品牌化转型。

可见，以农民为主体的多元行动者的配合是更好地发挥技术赋能效用的条件。农民是乡村振兴的主体，是推动乡村发展的内因，政府、市场、社会网络和组织都是乡村发展的外因。内因是推动事物发展的根本力量，而外部环境的支持也不可或缺，如果没有外部力量的支持，仅靠农民的力量很难在乡村振兴中取得突破性进展。因此，在乡村振兴的过程中，地方行动者要积极参与内外互动的发展过程，既要充分调动自身的主动性和创造性，深入挖掘本地资源，通过教育、培训等方式，形成驾驭现代农业生产要素的能力，也要善于借助外部力量，将外部支持力量转化为自身的行动能力，从而促进乡村振兴。

3. 技术赋予了乡村内生发展能力

技术赋能最大的价值在于增强了地方内生发展能力。互联网技术通过"连接"为农民赋能。互联网的底层逻辑使人们的生产生活更高效。互联网技术使我们突破本地圈子，实现跨空间、跨地域的连接，将不同地方的人通过互联网联系起来，并将个人的信息和技能以及社会信息放大到更多地方。电子商务就是通过互联网的连接功能将农民和全国乃至全球的市场相连接，让农民突破了传统乡村的地域限制，实现"买全球、卖全球"。互联网可以帮助网商克服信息不对称，准确掌握市场供需状况，及时调整产品设计和结构。互联网可以放大社会资源的利用率，将价值更大化，让更多人参与到社会资源的共享当中，消除局限和阻隔。电商平台就是将原来局限在小范围的服务放大到供全国各地的人群使用，这些都是互联网技术赋予的能量。

可见，淘元镇电子商务提高了农民的认知能力、行动能力和心理能力，带动了淘元镇整个电商产业链的产生和发展，促进了淘元镇电商企业及时迭代产品、升级营销手段以及改进生产设备，提升了乡村社区的产业发展能力、社会治理能力和人才吸引能力，增强了社区意识与社区认同。通过内外部资源的互动，利用"技术"这一外部要素"赋能"给个人、企业和社区，从而转化为"能力"这一内部要素，赋予农村发展内生动力，最终增强了地方发展能力。

4. 乡村技术赋能促进新型政社关系的建立

一直以来，我国政府在乡村建设中发挥着主导作用，导致农民本来作为乡村建设的主体，却被当作乡村建设的客体"被改造"。政府大包大揽的事情时有发生，结果大多是政府投入了大量的财力和精力，项目却无法得到有效实施，或者经济效益不可持续，无法获得农民认同。农民对乡村建设的态度是漠不关心、事不关己的，以一个旁观者的态度看待自己生活环境的变化。然而，农业是农民自己养家糊口的产业，农村是农民自己安身立命的家园，农民有意愿、有权利也有能力促进农业农村发展。因此，政府要尊重农民的主体地位，做一个"赋能者"而非"包办者"，才能真正促进农民能力的提升，促进乡村可持续发展。

淘元模式的可贵之处在于它不是政府花大价钱引进的大项目，而是农民以很小的成本自发成长起来的内生于当地的经济发展方式。这种发展方式对政府的索取很小，对当地经济发展的贡献却很大。在淘元镇电子商务发展的过程中，政府一改过去"父爱式""大包大揽"的行事风格，变为"导师式的""赋能者"的角色，积极宣传、引导电子商务的发展，提供各种必要的基础设施的支持，同时监督电商发展中的不良因素，促进淘元镇电商健康可持续发展。在淘元模式中，农民真正成为乡村发展的主体，农民的主体性、创新性和能动性得以充分地释放出来，农民能够根据市场需求及时调整生产策略，迸发出很强的生命力和活力。而在淘元镇电子商务发展的过程中，政府发挥着"导师或教练"的角色作用，"不缺位、不越位"体现了政府的责任和克制。在淘元镇电商的初创阶段，政府不干扰电商的经营活动，同时在税收优惠和消防等方面提供支持，使草根创新活力充分迸发，实现了淘元镇电商的"野蛮式增长"。电商发展壮大之后，在资金、土地、品牌发展等方面面临困难时，政府及时提供各种政策和基础设施支持，促进了电商的集群化发展，并通过成立淘元镇家具设计研发院、申请注册"淘元镇"集体商标、建立"淘元镇官方旗舰店"、引进项目等方面引领企业朝品牌化方向发展。并且在淘元镇电商发展的过程中，通过让电商企业安装除尘设备、消防设备，将喷漆这一污染环节从产业链中摘除，实行集中喷涂，促进电商的健康可持续发展。在淘元镇电商发展的过程中，政府始终把农民放在乡村建设的主体地位，自己只充当支持者和辅助者的角色。政府对农民进行技能培训，提供各种政策和基础设施支持，却不干预农民的自主行动。事实上，在淘元镇，农民始终拥有电商发展的决策权和话语权，充分释放了自己的创新活力。政府就像"导师"，引导农民依靠自己的能力和热情建设乡村，实现自我发展和成长。因此，政府在淘元镇电商发展过程中发挥了重要的推动作用。

二 乡村技术赋能巩固了包容性发展方式

包容性发展旨在促进经济与社会的协调发展，促使人们平等地享受经济发展成果，拥有公平的发展机会。党的十七届五中全会提出实现包容性增长，转变经济增长方式，让更多的人从经济发展中获益，使弱势群体的利益得到保护，在经济增长过程中促进经济社会的协调发展。党的十九大进一步提出"打造共建共治共享的社会治理格局"，"共建共治共享"本质上也蕴含着包容性发展的理念和追求。金字塔底层（Bottom of Pyramid，简称 BOP）理论倡导让低收入人群融入主流经济中，通过创业行为和商业机制分享机会公平带来的经济增长收益。根据森（Sen）① 的理论，穷人之所以穷，是由于机会不平等使他们遭受收入、能力和权利贫困。包容性发展可以减少不平等。包容性发展强调人的发展，尤其是关注社会底层人们能力的发展，激发其积极性和主动性。通过促进机会公平，让贫困人群能够充分分享经济发展的成果，实现经济社会公平、共享与可持续发展。实现包容性发展的关键在于技术的推动，尤其是以互联网为表征的数字技术的出现，为低收入人群参与经济社会活动提供了渠道和便利。电子商务有助于实现包容性发展。电子商务为农民提供了创业平台，促进了农民能力提

---

① A. Sen, "*Issues in the Measurement of Poverty*," *Measurement in Public Choice*, Vol. 81, No. 2, 1979, pp. 285 – 307.

升，通过产业集聚实现包容性发展。内生包容性发展带来了人的可行能力和内生能力的双提升，内生能力包括人力资本提升和心智模式改善。内生能力的增强反过来促进公平与效率相结合的包容性发展。农民通过电子商务创业，掌握订单权、生产权和分配权，打破了传统的价值链和利益分配格局，激发了致富热情和劳动积极性。

从淘元镇电商发展的过程来看，电子商务通过结构赋能、资源赋能和心理赋能三种方式为 BOP 群体①赋能，使得 BOP 群体在创业、就业和竞争中不断学习，从而提升其内生发展能力。第一，通过结构赋能，电子商务使农民利用"一人（创业者）、一线（网络数据线）、一电脑"打破了农村的分散、偏远和隔离的状态，将农民与外部大市场相连接，农民不再是一个缺乏连接的孤点，而是存在于全球化的网络中，从而克服了地理位置的偏远、时间的迟滞、经济的弱势和信息的贫乏等一系列结构性障碍，在自己家中就可以直接对接市场、主动掌握信息，自主经营、按需生产。第二，通过资源赋能，农民能够在互联网上平等地获取各种知识和信息，从而不断提升自身能力。淘元镇很多网商都精通多种技能，比如，产品设计、店铺运营、产品推广等，这些技能除了通过线下社会网络交流学习所得，更多的是通过线上资源自学得来的。通过线上资源赋能，农民具有了持续学习的动力和内生发展能力。第三，通过心理赋能，农民的自尊心、自信心和自豪感显著增强。电子商务平台具有进入门槛低、技术难度小、初始资金需求量少等优势，且对从业人员无严格要求，能将更多弱势群体纳入创新创业主体范围。电商的主力是返乡创业的青年，他们普遍文化程度不高，开网店之前，主要依靠打工维持生计，电商产业使这些原本在社会生活底层的群体重新找到并实现了自己的价值，从为生计奔波到成为百万、千万富翁。从乡村社区来看，赵圩村由 10 年前的"破烂村"变为"中国淘宝第一村"，淘元镇由贫困镇变为"特色小镇"，走上了新型城镇化的道路。这一切都让淘元镇人在电商创业的浪潮中更加自尊和自信，增强了对淘元镇的情感认同和身份认同。

概而论之，数字技术赋能不仅促进了淘元镇电商产业的集聚和发展，促进经济高效率发展，也使得淘元镇农民这一群体能够像城里人一样平等

---

① 指平均收入低于 3000 美元的人群。

地享受数字经济的红利，使女性的才华得以充分施展，使老人和残疾人也参与到电商产业发展中，享受劳动带来的价值和尊严，在包容中实现发展，促进社会公平。

三　乡村技术赋能拓展了就地城镇化路径

新型城镇化的核心是人的城镇化，是产业发展和城镇建设的协同发展。过去，由于我国"人口城镇化"的速度远远落后于"土地城镇化"的速度，两亿多农民工因户籍问题难以享受城市化发展成果，农民工在城市工作和生活，而其社会保障在农村，由此形成"候鸟式""钟摆式"迁徙，农民存在"城市和农村两张床"的问题。而淘元镇电子商务改变了这种状况。农民从城市返乡创业，把"城里的床"给消灭了。本地电商家具产业的发展壮大，实现了淘元镇的就地城镇化，农民在家门口实现了就业创业。淘元镇电商产业发展使农民不出家门就赚钱①，农民以家庭为单位，以公司为载体，以社会网络为依托，利用互联网的公共消费性和低交易费用这种新生产力特性，实现了生产生活一体化，有利于消除城乡差别，统筹城乡发展。

淘元镇电子商务的发展实现了城乡要素的双向流动，改变了过去农村的人口、土地、资金向城市单向流动的局面，为乡村发展注入了新的资源和活力。淘元镇电商产业的发展使得乡村青壮年劳动力纷纷返乡创业，促使城市的资金、人才、资源向乡村流动，为乡村发展提供了资源和智力支持。通过互联网，乡村克服了时间和空间的双重障碍，使得偏远、闭塞不再是制约乡村发展的硬性障碍，而乡村的低土地和人力成本，低消费水平，乡村的开阔空间和生态家底，都为乡村发展提供了竞争优势。在互联网的赋能下，村民足不出户就可以实现"买全球、卖全球"，促进了资金、信息、产品等的双向流动，带来了乡村产业的发展。产业发展进一步带动乡村人居环境的改善、社会保障水平的提升以及生活方式的现代化，加快了乡村城镇化的步伐。

---

① 姜奇平：《不出家门就赚钱——重新审视家庭在整体经济中的地位》，《互联网周刊》2010年第23期。

第三节　技术赋能再造乡村治理方式

技术赋能再造乡村治理方式，使乡村治理向科学管理、专家治理和治理工具的信息化方向转变。

一　乡村技术赋能强化科学管理

技术对乡村治理领域的赋能，促使乡村治理方式由经验治理向科学管理转变。中国传统的社会治理主要表现为经验治理，社会治理的理性化、科学化、技术化程度不高。经验治理就是决策者根据既有的知识和经验对事情做出决策和安排的过程。经验治理具有人格化特征，决策过程存在一定的模糊空间。思想家韦伯（Weber）认为，中国传统的治理主要依赖于儒士熟练地运用儒家经典，而以税务管理为代表的计量技术则粗放、落后，这造成了巨大的治理困难。① 对此，黄仁宇先生在《资本主义与二十一世纪》一书中提出的思路是，中国社会"所谓各种黑暗与腐败，并非全系道德问题，而是有这样一个基本的技术问题存在。今日中国趋向现代化，必须彻底解决此根本技术问题"②。现代社会是一个技术大爆发、大变革的时代，尤其是 21 世纪以来信息技术的广泛应用，乡村开始成为技术赋能的重要场域。乡村治理越发精细化和标准化，且更具前瞻性。

（一）乡村治理的精细化

在中国传统社会，乡村主要依靠儒士凭借道德和"儒家简单粗浅而又无法固定的原则"进行治理，因此，治理过程和结果充满了主观性、不确定性和模糊性。税费改革前，村庄以人工的方式进行信息传递，且村庄充当着联结国家和个体农民的中介，国家和村民之间的信息传递和政策实施要通过乡、村两级来实现，为乡、村两级治理主体留下了变通甚至是谋利空间，使政策执行"走样"，不利于提高乡村治理绩效。

信息技术的发展使得政府得以改变过去"总体性治理"的方式，以技术化的手段进行精细化治理，以达到精准治理的目的。首先，在社区治理

---

① 转引自王雨磊《数字下乡：农村精准扶贫中的技术治理》，《社会学研究》2016 年第 6 期。
② 黄仁宇：《资本主义与二十一世纪》，生活·读书·新知三联书店，1997，第 27 页。

方面，推行网格化管理。网格化管理由联动中心、网格长、网格员组成，将乡村社区划分为不同的管理网格，由网格员开展网格内每日巡查，负责党的政策宣传、问题信息收集、矛盾纠纷调解和民生服务等，并对村民反映的问题进行及时回应和处理。联动中心和网格长负责监督管理以及对疑难问题反馈处理。网格化管理将村社划分为不同的责任片区，并将问题在网格内解决，使"小事不出网格，大事不出村镇"，实现了治理的精细化和回应性。其次，在政策实施方面，国家利用技术化手段绕开镇、村两级直达个体农户，提高政策实施的精准度，使个体农民能够真正享受到政策红利，提高社会的公平正义。一方面，利用治理技术对治理程序进行调整和监管。例如，精准扶贫运用科学有效程序精确识别、帮扶和管理扶贫对象，利用大数据整合和比对技术评定和调整低保农户，等等。另一方面，设计技术平台或系统提高治理的科学性和规范性，克服人为操作的模糊性和随意性。例如，土地流转交易平台、阳光政务和纠纷调解系统等通过"互联网＋"的方式提高了治理过程的透明度和精准度，实现了对农村的全方位管理和监控。最后，在公共服务提供上，利用现代技术提高公共服务的精准度。例如，利用云计算系统为村民提供精准的出行服务，贵州的"通村村"就是其中的典型。

（二）乡村治理的标准化

乡村治理的标准化包括乡村治理的程序化和非人格化。治理程序化指在乡村治理的过程中，通过制定严格的流程和技术指标促使村干部在乡村治理的过程中进行规范化操作。例如，12345热线对于每个工单的签收、办结和回访都有严格的时间限制和流程设置，承办单位和个人必须在规定的时间内按照程序处理工单。12345热线量化、标准化和体系化的指标设置，在一定程度上能够促使村干部接近群众，听取群众的呼声，具有一定的合理性。又例如严格的评定程序和标准在一定程度上保证了低保评定的公开、公平和公正。乡村治理的程序化有利于保证形式正义，从而促进实质正义的实现。治理非人格化是指利用不具人格特征的标准化方式治理乡村，使乡村治理更客观和科学[①]，主要表现为：强调"办事留痕"的台账资料、网

---

① 韩鹏云：《乡村治理转型的实践逻辑与反思》，《人文杂志》2020年第8期。

格化管理、农民满意度调查等。通过非人格化治理，乡村治理更有规可循。

（三）乡村治理的前瞻性

传统的乡村治理方式大多是问题解决型，即问题出现以后，由乡村中有权威的个体或者职业化的村干部凭借其经验、地方性知识、人情、面子或职权等进行化解，这是一种被动的事后治理，只能尽可能地降低损失而无法避免损失，是在能力约束范围内的策略选择。而技术赋能则借助新一代信息技术强大的数据收集、存储、分析、加工和计算能力，对乡村事务进行精细化和数据化管理，通过对海量数据的相关性分析，提前捕捉和预测居民需求，研判乡村治理中可能存在的风险，做到事前预防和事中管控，将乡村治理关口前移，提升乡村治理的科学性和有效性。技术赋能可以在以下两个方面实现源头治理。

第一，提供精准服务。过去，政府在乡村公共服务的提供中常常存在着供需错配的问题，主要原因是政府与村民之间的信息沟通不畅。政府和村民之间的沟通以政府自上而下的单向信息传递为主，农民多数情况下只是被动地接收信息，却难以将自身的需求向上传递，尤其是税费改革之后，这种问题愈加突出。因此，在政府和农民之间存在着严重的信息不对称。因此，21世纪以来，当国家对农政策由"索取型"变为"给予型"，加大对农村的资金投入时，全国便出现了刷墙和兴建乡村图书馆等千篇一律的现象，全国多数的乡村图书馆处于闲置状态或被用作聊天和打牌的场所，而农民对水利设施维修、道路硬化、厕所改造等方面的需求却得不到有效回应，导致政府投入了大量的财力和物力，农民却常常不买账，造成了大量的资源浪费和乡村治理的低效。新一代信息技术的发展不仅为乡村治理提供了有效的工具，还倒逼政府转变治理理念和治理方式。大数据和云计算等新一代信息技术的发展为精准治理提供了手段。新一代信息技术打通了上下沟通的渠道，将自上而下的单向信息传递转变为上下互通的双向信息联系，使得政府能够准确获知农民的需求。一方面，政府通过网格化管理等技术将乡村中关于农业生产、基础设施、公共服务、环境保护、民生、综治等海量数据收集起来，并对海量数据进行分析，提前预测农民的需求，主动为农民提供公共服务，政府由被动的问题回应者变为主动的服务提供者。另一方面，通过"为村"平台、微信群等方式为农民自下而上的信息反馈提供了通道，政府可以及时获取并回应村民的需求，为村民提供个性化和精准化的服务。例如，通过"为村"平台，可以开展低保评议、下发通知、家校联络、招募用工、办证咨询、讨论村建等活动，对于低保评议、村建等村民敏感的、涉及村民切身利益的事项，事先在村民群中充分讨论，有利于化解矛盾。办证咨询等服务的提供，有助于帮助村民事先了解办事流程和所需材料，帮助村民节省办事时间，提高办事效率。此外，技术赋能不仅提高了政府提供精准服务的能力，并且为企业、社会组织等其他主体的参与提供了便利。例如，腾讯的"为村"平台为乡村连接情感、信息和财富。可以说，在现代技术的赋能下，形成了以政府治理能力为核心的集体治理能力，共同为乡村提供精准服务。

第二，预防社会风险。大数据技术实现了数据管理、存储和分析方式的颠覆性变革。通过抓取海量数据，并对这些数据进行相关性分析，及时发现乡村治理中隐藏的风险，提前制定预案，加强事前预防和事中管控，将风险扼杀在萌芽状态，减少风险的发生以及由风险带来的损失。[①] 例如，网格化管理将社区划分为若干个网格，每个网格有网格员，每个网格员有一部手机，专门采集农村户籍、人口、低保、残疾、社区、低收入户、房屋等信息。网格化管理是一种以防万一的逻辑，在矛盾产生之前，防患于未然，从而促进基层的和谐和稳定。

二 乡村技术赋能吸纳专家治理

过去我国的乡村治理主要经历了乡土社会的"长老统治"和新中国成立之后政府的大包大揽，却很少依靠接受专业训练的技术专家来治理。中国社会变迁的速度很慢，且乡村是农民世世代代生活在一起的熟人社会，因此，生产生活中遇到的问题基本都可以依靠长老的经验来解决。新中国成立到 20 世纪末，政府在乡村治理中发挥着主导作用，拥有专业技术的专家很少参与到乡村治理中。21 世纪以来，快速发展的技术正深刻地改变乡村的生产方式和治理模式。党的十九届四中全会提出要完善"党委领导、政府负责、民主协商、社会协同、公众参与、法治保障、科技支撑的社会

---

① 赵敬丹、李志明：《从基于经验到基于数据——大数据时代乡村治理的现代化转型》，《中共中央党校（国家行政学院）学报》2020 年第 1 期。

治理体系"①。技术下乡使得越来越多的技术专家参与到乡村治理中，成为乡村治理不可或缺的力量。

乡村技术赋能强调吸纳不同领域的专家学者参与到乡村治理中，为乡村振兴提供智力支持。20世纪上半叶兴起的技术治理运动就试图通过组建一个由科学家、建筑师、教育工作者、经济学家与统计学家等组成的"技术联盟"，通过教育与培训等手段使人们能够掌握基本的技术操作与技术工具，以满足"技术性社会"在生产生活与管理等方面的要求，同时，它也提出了一些具体的治理措施，比如社会测量、社会统计、社会调查以及专家库建设等，这些措施已成为当今社会治理的基本技术。② 从新农村建设、美丽乡村建设到乡村振兴和数字乡村建设，各行各业的技术专家在乡村治理中发挥着越来越重要的作用，尤其是管理学者、社会学者、地理学者、规划学者、经济学家和信息技术专家等在乡村产业发展、空间规划和乡村治理中发挥着重要作用。

在淘元镇技术赋能的过程中，专家治理发挥了至关重要的作用。首先，淘元镇通过开展政校合作，与西安交通大学等多所高校建立全国电子商务和电子政务联合实验室，与南京林业大学联合成立淘元镇家具设计研发院，通过与电子商务研究专家和设计专家的合作，有效地提升了淘元镇农民电子商务的经营水平和家具的设计研发能力。其次，引进淘宝大学和高端师资，开展网络创业培训、残疾人培训、新型职业农民培训，提升了淘元镇农民的创业水平。最后，专家学者率先将"淘元现象"提炼为"淘元模式"，助推了"淘元模式"的发展演化，通过一系列高级别的研讨会推动"淘元模式"得到了国家重要领导、专家学者以及媒体的广泛关注，为淘元镇电商发展赢得了各种资源。

三　乡村技术赋能促进治理工具的信息化

信息技术和乡村治理的深度融合促进了乡村治理工具的信息化。乡村治理工具的信息化表现在充分利用大数据、物联网和云计算等现代信息技

①　习近平：《中共中央关于坚持和完善中国特色社会主义制度、推进国家治理体系和治理能力现代化若干重大问题的决定》，《人民日报》2019年11月6日，第1版。

②　刘祖云、王丹：《"乡村振兴"战略落地的技术支持》，《南京农业大学学报》（社会科学版）2018年第4期。

术为政治、经济、文化、社会、生态等乡村治理的各个方面赋能。

第一，村务治理的信息化是指利用互联网技术搭建的各类线上公共服务平台和村庄诉求反馈平台，既为农民在线办理日常事务提供智能化服务，又为农民及时表达诉求提供了反馈渠道。一方面，利用信息技术优势搭建的集党建、综治、社保、计生、人口、土地、住房等于一体的多功能网络平台，不仅可以及时向民众公布各类政务信息，还可以为村民在线办理各项事务，促进信息精准高效传递，为政府科学决策和风险管理提供了数据支持，也为不同地区、不同层级和不同部门之间信息共享和高效协同提供了条件，推动乡村政务高效运行。目前，许多发达地区的乡村已经建立了如"智慧社区""村情通"等信息平台，打通了公共服务的"最后一公里"，实现了"线上办公、指尖办事"，提高了公共服务的效率。另一方面，信息技术的发展为村民提供了更多的表达自身诉求和参与公共决策的渠道。许多地区已经建成村庄诉求反馈平台，例如12345热线等，村民可以就生产、生活中遇到的各种问题及时向政府反馈，政府设置专门的机构和人员进行流程化处理，及时回应民众的诉求。郑永年就曾表示"互联网能够对民众进行技术赋权，扩大他们的政治参与，使政治过程能够直接或有效地回应公众意见和大众需求"[①]。

第二，乡村经济治理的信息化体现在智慧农业、农村电商和智慧旅游等领域。智慧农业体现在农业种植、管理、收获和销售等各个环节的机械化、智能化、数据化和信息化。农村电子商务主要是富有创新精神的草根创业者利用信息技术和电商平台，依托本地的主导产业或资源禀赋，打破乡村的时空限制，促进城乡之间物流、资金流、信息流、人才流等的互联互通和双向流动，推动乡村电子商务产业的快速发展，为农民提供了大量低成本、低风险的就业创业机会，促进乡村产业发展、农民致富和乡村重构。智慧旅游指运用新一代信息技术对乡村旅游的设计规划、宣传推广和组织实施等各个环节赋能，充分运用抖音和微信等平台进行宣传推广，运用云计算对旅游景点的人流车辆进行智能化管理，使游客既能在旅游中感受乡土特色，又能享受现代技术的智能和便捷。

---

① 郑永年：《技术赋权：中国的互联网、国家与社会》，邱道隆译，东方出版社，2014，第100页。

第三，乡村文化治理的信息化表现在三个方面。一是促进了乡村传统文化的数据化、信息化和网络化，使乡村传统文化得以继承和延续。比如，通过建立传统村落数字博物馆，保存传统村落独特的文化记忆。二是利用互联网等现代技术，将城市的优质文化资源（比如课程、讲座、表演等）传播到乡村，促进了乡村的精神文明建设。三是利用信息技术建立了覆盖省、市、县、乡四级的公共文化服务体系，有利于乡村文化的传承和发展。

第四，乡村社会治理的信息化主要体现在两个方面。一是基础设施建设方面，乡村网络基础设施、交通设施和物流系统等技术的发展，直接提升了乡村与外界的连接能力，方便农村与外界进行物质、信息、知识等方面的交换，极大地改善了农民的生产生活状态。二是民生保障方面。通过在教育和医疗中引入信息技术，不仅可以改变乡村教育和医疗在硬件设施方面的落后状态，还可以通过远程教育、远程医疗等方式弥补乡村在师资和医疗资源方面的不足，提升乡村的教育质量和医疗水平，解决农民在教育和医疗方面的老大难问题，切实提升乡村的公共服务能力。

第五，乡村生态治理的信息化旨在利用信息技术降低乡村的资源浪费，提高乡村的资源利用率，拓展乡村的生态空间，具体可以通过垃圾智能分类，二维码溯源、环保信息数据共享和公共电子设备的应用等措施，提高乡村的生态治理水平，提升农民生活品质和满意度。

本章小结

在对乡村技术赋能的条件、要素、困境及其破解之道研究的基础上，本章对乡村技术赋能进行提炼、总结和升华，认为乡村技术赋能通过与乡村场景匹配，重塑乡村发展逻辑，再造乡村治理模式，最终达致乡村振兴。

首先，技术赋能需要与乡村场景匹配。其表现在四个方面。一是技术"普适性"与乡村"地域性"的匹配。技术赋能不是将技术简单植入乡村的过程，它涉及各种复杂的过程，需要具备各种条件，例如适应地方性知识，多元主体合作，等等。二是技术"现代性"与乡村"乡土性"的匹配。技术的"现代性"要求按照高度标准化、同质化和格式化的方式改造乡村，而"乡土性"则要求保持乡村独特的地域景观、文化景观和风俗习惯。因此，要将"技术性保护"和"现代性改造"结合起来，才能真正为乡村发展赋能。三是技术"理性"与乡村"情感"的匹配。现代技术使农民更加职业化、专业化和理性化，又在破坏着乡村情感和乡村伦理。因此，在技术赋能的过程中，应处理好"理性"与"情感"的关系，既能接受现代社会的价值观念、生活态度和行为方式，又能通过坚守传统乡村的互惠主义、诚信原则以及情感交流，预防理性计算可能带来的风险，增强乡村社会的"黏性"。四是技术"效率"与乡村"价值"的匹配。过去乡村建设，更多考虑如何运用现代技术更有效率地促进生产发展。"技术"在硬邦邦地改造乡村的过程中，也使乡村本身的特色和价值被忽视了。一方面，要重新发现乡村的价值，即"地方感"、"生产、生活、生态"的功能、对"现代性"的缓冲功能。另一方面，要维护乡村"公平正义"的价值，建立利益共享的分配机制。

其次，技术赋能重塑乡村发展逻辑。第一，乡村技术赋能强化了新内源性发展模式。乡村技术赋能促使乡村发展由"技术－现代化"这一外源性发展模式向"技术－能力"这一新内源性发展模式转变，激发了农民的主体性，促进了内外部资源的互动，赋予乡村内生发展能力，促进新型政社关系的建立。第二，乡村技术赋能巩固了包容性增长方式。技术赋能使农民和城里人一样享受数字经济带来的商业机会，使村里的男女老少都能够参与到网络经营中，使农民共享发展成果，促进了公平正义。第三，乡村技术赋能拓展了就地城镇化道路的实现。就地城镇化的核心是人的城镇化，是产业发展和城镇建设相融合。过去，我国"人口城镇化"滞后于"土地城镇化"，乡村技术赋能带动产业发展，促使农民从城市返乡创业，实现了就地城镇化。技术赋能促进城乡要素双向流动，为乡村发展注入了新的资源和活力。

最后，技术赋能再造乡村治理方式。乡村技术赋能强化了科学管理，吸纳了专家治理，促进了治理工具的信息化。第一，技术赋能强化了科学管理，表现在乡村治理的精细化、标准化和前瞻性。第二，乡村技术赋能强调吸纳不同领域的专家学者参与到乡村治理中来，为乡村振兴提供智力支持。第三，乡村技术赋能促进治理工具的信息化，表现在充分利用大数据、物联网和云计算等现代信息技术为政治、经济、文化、社会、生态等乡村治理的各个方面赋能。

第七章　结论与展望

我们已经进入一个"技术社会"。"技术社会"是一个处处渗透着技术且以技术为工具的社会，技术成为与自然环境、社会环境具有同等意义的技术环境。[①] 一方面，技术带来了城市的大发展大繁荣，然而，乡村却在相当长的时间内被现代技术"遗忘"，造成了城乡分离以及城乡差距的形成。[②] 未来，城乡"技术鸿沟"尤其是"数字鸿沟"将不仅是网络接入、信息技术缺乏等"硬"鸿沟，更重要的是网络行为、知识获取等"软"鸿沟，使城乡差距面临进一步拉大的危险。另一方面，近年来技术又给乡村带来了深刻的变化，比如电子商务的发展和"为村"平台。《中国淘宝村研究报告（2009～2019）》显示，2018 年我国农村网络零售额为 1.37 万亿元，仅淘宝带动就业机会就超过 683 万个，国家级贫困县的淘宝村年交易额接近 20 亿元。[③] 而"为村"平台则以"互联网＋乡村"的模式，为乡村连接情感、信息和财富。截至 2019 年 9 月 29 日，14228 个村庄加入"为村"平台，251 万名村民和 15.7 万名党员在线[④]，实现了党务、村务、事务、商务等社区关联的"上下交互"，创造了各类行动主体真实或虚拟的"共同在场"。可见，技术的发展既可能将农民进一步排挤在现代化发展潮流之外，又是缩小城乡差距的契机，关键在于如何让技术为乡村赋能。

21 世纪以来，中央对"三农"问题高度重视，并把"科技兴农"作为解决"三农"问题的重要抓手。党的十八大提出以"互联网＋技术"驱动现代农业向信息化和智能化发展。"十三五"规划纲要直接提出"发展智慧

[①] 吴国盛编《技术哲学经典读本》，上海交通大学出版社，2008，第 130～145 页。

[②] 刘祖云、王丹：《"乡村振兴"战略落地的技术支持》，《南京农业大学学报》（社会科学版）2018 年第 4 期。

[③] 阿里研究院：《中国淘宝村研究报告（2009～2019）》，2019，第 21～22 页。

[④] 郭芳：《"为村"十年：乡村振兴的数字化实验和变革》，《中国经济周刊》2019 年第 19 期。

农业"。党的十九大报告提出"实施乡村振兴战略",乡村振兴的关键在于解决乡村的"连通性"和乡村发展的"能力"问题,而技术赋能很好地实现了两者的结合。2019 年,《数字乡村发展战略纲要》提出加快推进农业农村现代化,构建乡村数字治理新体系,培育信息时代新农民。党的十九届四中全会把"科技支撑"作为核心议题纳入社会治理体系的建设内容。可见,"技术"作为实现乡村振兴的关键变量得到了政策话语的支持。因此,为了更好地落实乡村振兴战略,必须大力推进数字乡村建设,让技术为乡村赋能,增强乡村可持续发展能力。技术赋能是指在多元主体的合作下,现代技术通过结构赋能、资源赋能和心理赋能的方式,为农民、组织和社区赋能。技术赋能的条件、要素、困境及其破解之道是本研究探讨的核心问题。

第一节　研究结论

（一）技术赋能的条件是"技术下乡",实现技术与乡村场景匹配

"技术下乡"是有客观依据的。城乡之间的技术鸿沟与发展能力差异是"技术下乡"的动力来源。城乡之间的技术鸿沟表现在改革开放以来城市的现代化与技术化处于高速发展的进程中,而乡村在这一轮社会现代化中大大地落后了,乡村与城市的技术分野明显具有了"代差"。此外,由于历史和现实的因素,我国城乡之间存在着巨大的能力差异,主要表现在经济发展能力、公共服务能力、治理能力和人的知识能力四个方面。识别并缩小这些能力差异,是实现城乡一体化和乡村振兴的关键。而技术可以赋予乡村内在发展能力,其表现在:技术可以通过升级传统农业、赋能现代农业和发展农村电子商务等方式提升农村经济发展能力;可以通过改善农村的生产、生活、生态状况,解决教育和医疗中存在的问题,切实提升乡村的公共服务能力;可以通过"互联网＋乡村"的模式,为乡村连接情感、信息和财富,提升乡村的治理能力;可以通过扩大农民获取信息的渠道和改变农民的思维方式,提升农民的知识能力。因此,通过技术创新赋能农业、农村、农民,是乡村振兴的关键一环。

过去,乡村技术落后的原因在于技术"供给不足"和乡村"承接不力"。技术"供给不足"主要是由于政策不利、地理障碍和市场的逐利性。

乡村"承接不力"主要受我国农业从业人口特征和乡村组织弱化的影响。目前，"技术下乡"已经在政策、资本和市场方面具备了坚实基础。一是国家进行了一系列的政策创新。表现在21世纪以来，国家对农政策发生了重大转变，由"索取型"变为了"给予型"。尤其是党的十九大以来，国家出台了一系列政策文件，把"科技进步"作为实现农业农村现代化的关键，把"科技支撑"作为建设社会治理体系的核心议题，并提出"数字乡村"建设目标。二是乡村在物质资本和人力资本方面实现了双提升。三是交通和电信等基础设施的普及、中低端通信市场的成熟、人们收入的增长以及农村巨大的消费潜力，使得越来越多的"新技术"投入农村。可见，"技术下乡"得到了政策、资本和市场的支持。

党的十九大提出"实施乡村振兴战略"。乡村振兴战略落地除了需要一系列的规划、计划与政策出台，在乡村社会这个层面上，最重要的因素之一就是"技术下乡"。历史地看，中国传统的社会治理主要表现为"经验治理"，社会治理的理性化、科学化、技术化程度不高，造成了巨大的治理困难；从世界范围来看，伴随着现代化、工业化的飞速发展，社会治理的技术化程度越来越高，"技术治理"成为社会治理的一种新模式；现实地看，我国在乡村建设过程中，已有一些地方在引入"技术"这一重要的治理要素。因此，"乡村振兴"国家战略要想落地，必须走"战略＋技术"的组合模式，促进"技术下乡"。

东沿市淘元镇是信息技术重构乡村社会的典型案例。淘元镇信息技术重构得到了宏观、中观和微观条件的支持。在宏观条件上，中国电子商务市场高速发展为农村电商发展提供了巨大的网络消费市场，淘宝网的出现为中小卖家提供免费、可靠、易学的开店平台，我国信息化建设进程不断加深为农村电子商务的发展提供了有利的技术环境。在中观条件上，淘元镇交通便利，具有浓厚的经商传统和积极进取的社区文化。在微观条件上，网商带头人的成长经历和创新精神是淘元镇电商萌芽的关键。"技术下乡"是一个寻找场景、适应场景和改造场景的过程，最终实现与乡村场景的匹配。首先，适宜的乡村场景是技术下乡的前提。淘元镇自下而上的草根创新成为技术下乡的有效方式，"天时、地利、人和"为技术下乡提供了适宜的土壤，合适的产品成为技术落地的有效载体。其次，技术自身要更好地"嵌入"乡村场域中，并在与乡村互动的过程中进行自我调适。最后，技术改造了乡村社会，给淘元镇带来"结构－细胞－基因"的深层变革。信息技术改变了"结构"，促进农村经济和社会结构的深刻变革；信息技术赋能于"细胞"，赋予农民信息化和市场化的能力；信息技术转变了"基因"，转变着农村经济社会的发展模式。而信息技术改造淘元镇的内生动力来自淘元镇人不甘人后、敢于创新的精神以及拼搏进取的社区文化。

（二）乡村技术赋能指在多元主体的合作下，现代技术通过结构赋能、资源赋能和心理赋能的方式，为农民、组织和社区赋能

乡村技术赋能需要多元主体的合作。第一，乡村精英赋予乡村技术赋能内生动力。乡村精英自下而上的草根创新在淘元镇电商发展中起到关键作用。第二，地方政府为乡村技术赋能提供服务与监管。在淘元镇电子商务发展的过程中，政府扮演着"导师型"的角色，既不过分干预电子商务的发展，又能够为电商发展提供必要的引导和支持。一方面，政府为电商发展提供各种支持，充分发挥好服务的功能。另一方面，政府为电商发展提供各种规制和监管，促进电商健康可持续发展。第三，企业平台是乡村技术赋能的孵化器。一方面，互联网平台为农民提供了强大的网络协同生态，赋予农民信息化和市场化的能力；另一方面，电商平台在淘元镇电商发展过程中给予了很多实际的支持。第四，专家学者是乡村技术赋能的"助产士"。专家学者为淘元镇电商家具产业的发展提供了智力支持，表现在：专家为淘元镇电子商务的发展建言献策、贡献智慧，通过召开高级别会议使"淘元模式"得到社会各界的广泛关注，通过推动政校合作为淘元镇电商发展提供人才支持。第五，新闻媒体是乡村技术赋能的"吹哨人"。正是媒体的宣传推广，使得淘元镇电子商务得到了社会各界的广泛关注和资源注入，促进了淘元镇电子商务产业链的形成。

乡村技术赋能的客体是农民、组织和社区。首先，对农民的赋能体现为提升了农民的认知能力，增强了村民的长远意识、规范意识、创新意识、品牌意识和合作意识，改善了村民的心智模式，提高了村民的行动能力，即对接市场的能力和竞争能力，促进了弱势群体的价值实现，赋予淘元镇人平等的发展机会和创业致富的行动能力，使曾经为生计奔波的普通农民变为出色的网店经营者。其次，对组织的赋能包含为政府、企业和社会组织赋能。电商发展提升了政府的"情境认知能力"、"组织调适能力"和

"社会治理能力"。"情境认知能力"的提升是指电子商务的发展使政府面临的外部环境剧烈变化，政府在不断地反思与行动中提高自己的行政能力和服务水平。政府的"组织调适能力"体现在"适应、控制与变革"这三个环节上。电商产业的快速发展提升了政府的"适应能力"，倒逼政府组织转变观念，从"无为而治"到"积极有为"；也表现在政府"控制能力"的增强，信息技术的发展为政府组织促进产业转型提供了新工具，实现了产业的平稳过渡；政府"变革能力"的提升体现在淘元镇电子商务的发展使政府的治理理念实现了由"管理"到"服务"的转变，体现在政府通过机构和部门改革以及作风改善提升自己的服务能力，体现在政府在面临突发情况时，能够通过自我革新来应对外部环境变化。政府的"社会治理能力"首先体现在"社会价值"的实现上。互联网的发展，使政府可以通过"互联网＋"的方式更好地促进经济可持续发展与经济公正。电商产业的发展为农民提供了新的生计模式，为政府取缔污染严重的废旧塑料回收加工产业扫除了障碍，减少了对环境的危害，促进自然的可持续利用与环境公正。电子商务的发展催生了"电商经济＋脱贫攻坚"新的扶贫模式，为政府治理提供新工具，促进社会可持续发展与社会公正。政府的社会治理能力还表现为"联盟治理能力"。在淘元镇电商发展的过程中，政府的"联盟治理能力"得以提升。"联盟治理能力"主要体现在"引进来"与"走出去"。电子商务为企业赋能，促进淘元镇家具业的产生和发展，推动企业产品迭代、营销手段升级和生产设备智能化。电子商务为社会组织赋能，一方面对社会组织的发育提出了新需求，另一方面为社会组织的发育提供了资金支持。最后，对社区的赋能体现为提升了社区经济发展能力、人才吸引能力、社区治理能力，促进社区商业文化的形成。

乡村技术赋能的方式表现为结构赋能、资源赋能和心理赋能。第一，结构赋能是指电子商务通过打破城乡二元结构，改变了乡村孤立的状态，以及由行政区划形成的城乡之间的单向线性连接方式，促进城乡要素双向流动。电子商务将乡村置于互联互通的网状结构中，突破地域限制，缩短时空距离，使乡村在与全国乃至世界市场的连接中实现了农民及其自身发展能力的提升；电子商务通过提供试错平台和交互媒介，促进了产品创新。第二，资源赋能体现在互联网通过帮助农民"节约成本"和"连接资源"，为农民赋能。互联网最核心的功能就是"连接"。通过连接，电子商务降低了农民的创业成本、资源获取成本和交易成本，帮助农民连接更多资源，获取更多的信息和知识以及全国乃至全球的客户资源，实现资源赋能。第三，心理赋能体现在通过增强农民的自尊心、自信心和自豪感为农民赋能。电子商务通过增加农民收入，让农民过上了有尊严的生活；通过降低农民创业门槛，增强农民的自信心，给农民带来了全新的发展观、资源观和价值观，为农民赋能。电子商务重构了淘元镇的情感归属和身份认同。象征着现代化的电子商务，让村民们重拾了对社区的自豪感。完整家庭单元的重现和家庭情感、自尊、自由和成就感在年轻人心中重新点燃，重塑了传统农村社区的身份，促进了农村价值的回归。

（三）通过认知升级、组织培育、制度创新和价值确认破解乡村技术赋能困境

在技术赋能的过程中，存在着一系列困境，主要表现在四个方面。第一，农民的认知能力无法满足技术发展需求。表现在农民的知识水平无法匹配技术平台升级、网商产品设计能力不足导致同质化竞争、网商管理能力不足影响企业转型升级、网商思想观念落后制约产业可持续发展。第二，乡村社会组织无法有效承接技术下乡。表现在电商协会治理能力不足，农民缺乏认同，网商自发的组织行为也惨遭失败。第三，政府变革的滞后性消解技术治理效能。表现在：工具变革的滞后性，政府公共服务的电子化程度不高；制度变革的滞后性，政府的行政效率和方式阻碍技术赋能；理念变革的滞后性，政府对技术治理认识不到位，技术治理流于形式。第四，技术理性与传统乡村伦理价值的冲突。表现在技术理性破坏了乡村伦理和价值，技术应用拉大了贫富差距，乡村共同体发生分化。

乡村技术赋能困境的成因可以归结为四个方面。第一，教育、文化和公共服务方面的三重桎梏。表现在受教育水平影响农民的认知能力，乡村保守文化和圈层文化不利于创新意识的培育，公共服务设施不完善影响外部智力资源的获取。第二，个体化、市场化与城镇化弱化乡村组织能力。表现在个体化使得村庄的社会关联度变低，市场化削弱了农民的"公共性"和村庄秩序生产能力，城镇化弱化了乡村的价值生产能力。第三，碎片化、路径依赖与压力型体制阻碍政府变革。表现在碎片化使政府变革的成效降低，路径依赖使政府变革的行动受阻，压力型体制使政府变革的目标偏离。

第四，现代技术"嵌入"与乡村"乡土性"之间的张力。表现技术"普适性"与乡村"地域性"之间的张力，技术"现代性"与乡村"乡土性"之间的张力，技术"理性"与乡村"情感"之间的张力，技术"效率"与乡村"价值"之间的张力。

乡村技术赋能困境的破解之道表现在四个方面。第一，农民认知升级是技术赋能的主体要求。农民主体性的发挥是认知升级的关键，农民要充分发挥主体性，并善于"借势"，利用外部资源为自身发展赋能。第二，组织培育是技术赋能的社会基础。技术赋能需要乡村组织的承接，因此要建立超出家庭的功能性组织与认同，塑造"我们感"。第三，制度创新是技术赋能的保障机制。要加强技术赋能的顶层设计，建立技术赋能的在地化和系统化机制。第四，价值确认是技术赋能的根本路径。一要遵循"地方逻辑"，尊重地方性知识；二要遵循"乡土逻辑"，促进"生产－生活－生态"融合发展；三要遵循"情感逻辑"，培育情感共同体；四要遵循"正义逻辑"，建立利益共享的分配机制。

（四）通过技术赋能达致乡村振兴

总体来说，乡村技术赋能是实现乡村振兴的关键变量。而要实现技术赋能，就要促进技术赋能与乡村场景匹配。其表现在四个方面。一是技术"普适性"与乡村"地域性"的匹配。技术赋能不是技术简单植入乡村的过程，它涉及各种复杂的过程，需要具备各种条件。淘元镇之所以能够实现技术赋能是因为"天时、地利、人和"为技术赋能创造了条件，自下而上的技术创新很好地适应地方性知识，多元主体的合作提升了技术赋能的效果。二是技术"现代性"与乡村"乡土性"的匹配。技术的"现代性"要求按照高度标准化、同质化和格式化的方式改造乡村，而"乡土性"则要求保持乡村独特的地域景观、文化景观和风俗习惯，"现代性"与"乡土性"的交锋，必然要求两者的妥协和融合。只有将"技术性保护"和"现代性改造"结合起来，才能真正为乡村发展赋能。三是技术"理性"与乡村"情感"的匹配。一方面，现代技术的应用使农民网商更加职业化、专业化和理性化，另一方面，技术理性的负面影响也在破坏着乡村情感和乡村伦理。因此，在技术赋能的过程中，应处理好"理性"与"情感"的关系，既能在改变的时空情景中自动接受现代社会的价值观念、生活态度和行为方式，又能通过坚守传统乡村的互惠主义、诚信原则以及情感交流，预防理性计算可能带来的风险，增强乡村社会的"黏性"。四是技术"效率"与乡村"价值"的匹配。过去在乡村建设的过程中，更多地考虑如何运用现代技术更有效率地促进生产发展、更快地改变村容村貌。"技术"在硬邦邦地改造乡村的过程中，也使乡村本身的特色和价值被忽视了。一方面，要重新发现乡村的价值。乡村的价值主要体现在三个方面。一是乡村农耕文明提供了一种极具特色的"地方感"。二是乡村兼具"生产、生活、生态"的功能。三是"乡村性"对"现代性"的缓冲功能。另一方面，要维护乡村"公平正义"的价值，建立利益共享的分配机制。然而，在过去的乡村建设实践中，农民的利益却常常遭到侵犯。表现在技术对"效率"的片面追求挤压了"社会公平"，乡村空间异化和正义缺场。因此，在技术赋能的过程中，如何站在农民立场上，使技术更好地为农民赋能，是技术赋能最根本的问题。

技术赋能重塑乡村发展逻辑。首先，乡村技术赋能强化了新内源性发展模式。新内源性发展模式是外源性发展模式和内源性发展模式的融合。新内源性发展模式强调两个核心原则。一是强调地方力量与全球力量的互动，地方行动者要积极参与内外互动的发展过程。二是强调人力资本的作用，注重增强地方发展能力。乡村技术赋能促使乡村发展实现了由"技术–现代化"这一外源性发展模式向"技术–能力"这一新内源性发展模式的转变。技术本来作为乡村发展的外源性要素，依靠政府补贴或外部决策机构引入，由政府或技术专家主导，促进乡村现代化；但这种外源性发展模式最终有可能带来依附性发展、扭曲性发展、破坏性发展和支配性发展，导致依附性的、非正义的、无主体性的以及"无根"的现代化。而"技术–能力"则是通过"技术"为农民和乡村组织赋能，提高农民的认知能力和智识水平，形成驾驭现代生产要素的能力。乡村技术赋能激发了农民的主体性，促进了内外部资源的互动，赋予了乡村内生发展能力，促进新型政社关系的建立。其次，乡村技术赋能巩固了包容性发展方式。技术赋能使农民能和城里人一样享受数字经济带来的商业机会，而且使村里的男女老少都能够参与到网络经营中，使农民共享发展成果，促进了公平正义。最后，乡村技术赋能拓展了就地城镇化道路。技术赋能实现了城乡要素的双向流动，改变了过去农村的人口、土地、资金向城市单向流动的局面，为乡村发展注入了新的资源和活力，带动了乡村产业发展，促使农民从城市返乡创业，就地实现城镇化。

技术赋能再造乡村治理方式。乡村技术赋能强化了科学管理、吸纳了专家治理，促进了治理工具的信息化。具体来说，首先，技术赋能强化了科学管理，表现在乡村治理的精细化、标准化和前瞻性。一是技术赋能促使乡村治理精细化。信息技术的发展使得政府得以改变过去"总体性治理"的方式，以技术化的手段进行精细化治理，以达到精准治理的目的。在社区治理方面，推行网格化管理。在政策实施方面，国家利用技术化手段绕开镇、村两级直达个体农户，提高政策实施的精准度，使个体农民能够真正享受到政策红利。在公共服务提供上，通过技术化手段提供精准的公共服务。二是技术赋能促使乡村治理标准化。乡村治理的标准化包括乡村治理的程序化和非人格化。治理程序化指在乡村治理的过程中，通过制定严格的流程和技术指标促使村干部在乡村治理的过程中进行规范化操作。治理非人格化认为通过客观的、标准化的方式治理乡村，能够提升乡村治理效率。三是技术赋能促使乡村治理具备前瞻性。技术赋能使乡村治理方式从事后治理到源头治理，提升了乡村治理的有效性。技术赋能可以在提供精准服务和预防社会风险方面实现源头治理。其次，乡村技术赋能强调吸纳不同领域的专家学者参与到乡村治理中来，为乡村振兴提供智力支持。最后，乡村技术赋能促进治理工具的信息化，表现在充分利用大数据、物联网和云计算等现代信息技术为政治、经济、文化、社会、生态等乡村治理的各个方面赋能，改变了乡村治理的传统形态。

第二节 研究展望

乡村技术赋能研究旨在突出强调"技术"在乡村振兴中的关键作用。技术不仅可以促进农业农村现代化，建立现代社会治理体系，更重要的在于技术可以通过内外部资源的互动赋予农民、组织和社区自身发展的"能力"，为乡村持续发展提供内生发展动力。然而，技术与社会互构论告诉我们，技术赋能是在特定的乡村场景中展开的，只有实现技术与乡村场景的匹配，技术赋能的效果才得以发挥出来。因此，乡村技术赋能是有条件的，它必须依托于特定的政治体制，依托于由各类治理主体所组成的特定治理结构，也必须接受相应的社会文化、治理理念和制度规则的规范和制约。本研究通过对乡村技术赋能的条件、要素、困境及其破解路径的分析，试图对乡村技术赋能进行初步的学理解释和理论构建。本研究仍有许多值得深挖的研究问题，有待进一步探讨。

（一）针对不同技术和情境进行多案例比较研究

由于受写作时间、精力、人脉等条件的限制，本研究主要讨论的是信息技术。事实上，农业技术、空间技术、环境技术等其他技术，农业生产、乡村旅游和乡村治理等不同情境，以及在东沿市淘元镇以外，同样存在大量技术赋能的典型案例，都应该成为"乡村技术赋能"研究的内容。因此，在未来的研究中，将针对不同技术、不同情境进行多案例比较研究，区分不同技术和情境中乡村技术赋能的共性和差异。

（二）在多案例比较研究的基础上，建立乡村技术赋能的一般理论

折晓叶将研究看作一个整体，即由初始阶段（收集个案）、积累阶段（增加个案）和终极阶段（比较研究）组成，而前两个阶段的成果，则应是终极阶段设立理论假设，进行因果分析的基础。① 因此，本研究在对不同技术和情境的技术赋能进行多案例比较研究，区分它们的共性和差异的基础上，设立理论假设，进行因果分析，总结技术赋能的一般规律，结合赋能理论及其他相关理论，建立乡村技术赋能的一般理论。

（三）进行组织化和制度化建设，促进技术与政府治理体制和社会机制协同增效

行动中的技术是认知、文化、结构和政治嵌入的结果。信息技术作为一种"杠杆"，受到制度安排和组织安排的严重制约。② 因此，如何进行组织化和制度化建设，既能以最低的成本实现技术与先进制度的有机结合，为技术赋能效应的发挥提供有力的组织和制度支持，又能利用组织和制度约束技术工具的自主扩张，化解技术应用的负面效应，推动信息技术与政府治理体制和社会机制协同增效，再造乡村共同体，是下一步要研究的问题。

---

① 折晓叶：《村庄的再造——一个"超级村庄"的社会变迁》，中国社会科学出版社，1997，第30页。

② 吴旭红、何瑞：《超越"虚拟的美丽"：技术与制度互构的理论阐释》，《北方民族大学学报》（哲学社会科学版）2018年第2期。

参考文献

（一）英文文献

Agnew, J., "The New Global Economy: Time-Space Compression, Geopolitics, and Global Uneven Development," *Journal of World-Systems Research*, Vol. 7, No. 2, 2001.

A. Potterfield, Thomas, *The Business of Employee Empowerment: Democracy and Ideology in the Workplace*, New York: Praeger Press, 1999.

Atkinson, R. D., "Economic Doctrines and Network Policy," *Telecommunications Policy*, Vol. 35, No. 5, 2011.

Barley, Stephen R., "Technology as an Occasion for Structuring: Evidence from Observations of CT Scanners and the Social Order of Radiology Departments," *Administrative Science Quarterly*, Vol. 31, No. 1, 1986.

B. C., Briggeman, B. E. Whitacre, "Farming and the Internet: Reasons for Non-Use," *Agricultural and Resource Economics Review*, Vol. 39, No. 3, 2010.

Belloc, F., A. Nicita, M. Alessandra Rossi, "Whither Policy Design for Broadband Penetration? Evidence from 30 OECD Countries," *Telecommunications Policy*, Vol. 36, No. 5, 2012.

Birch, K., A. Cumbers, "Knowledge, Space, and Economic Governance: The Implications of Knowledge-Based Commodity Chains for Less-Favoured Regions," *Environment and Planning A: Economy and Space*, Vol. 42, No. 11, 2010.

Christens, B. D., "Toward Relational Enablement," *American Journal of Community Psychology*, Vol. 50, Nos. 1 – 2, 2012.

Clark, B. Y., J. L. Brudney, S. G. Jang, "Coproduction of Government Services and the New Information Technology: Investigating the Distributional Biases," *Public Administration Review*, Vol. 73, No. 5, 2013.

Davis, F. D., "Perceived Usefulness, Perceived Ease of Use, and User Acceptance of Information Technology," *MIS Quarterly*, Vol. 13, No. 3, 1989.

Davis, F. D., Richard P. Bagozzi, Warshaw, Paul R., "User Acceptance of Computer Technology: A Comparison of Two Theoretical Models," *Management Science*, Vol. 35, No. 8, 1989.

Driessen, C., Leonie F. M. Heutinck, "Cows Desiring to Be Milked? Milking Robots and the Co-Evolution of Ethics and Technology on Dutch Dairy Farms," *Agriculture and Human Values*, Vol. 32, No. 1, 2015.

Falcão-Reis, F., M. E. Correia, "Patient Empowerment by the Means of Citizen-managed Electronic Health Records: Web 2.0 Health Digital Identity Scenarios," *Studies of Health Technology and Informatics*, Vol. 156, 2010.

Faulkner, J., H. Laschinger, "The Effects of Structural and Psychological Empowerment on Perceived Respect in a Cute Care Nurses," *Journal of Nursing Management*, Vol. 16, No. 2, 2008.

F. Awan, D. Gauntlett, "Remote Living: Exploring Online (and Offline) Experiences of Young People Living in Rural Areas," *European Journal of Cultural Studies*, Vol. 16, No. 1, 2012.

Fawcett, S. B., et al., "Using Empowerment Theory in Collaborative Partnerships for Community Health and Development," *American Journal of Community Psychology*, Vol. 23, No. 5, 1995.

Fedotova, O., L. Teixeira, H. Alvelos, "E-Participation in Portugal: Evaluation of Government Electronic Platforms," *Procedia Technology*, Vol. 5, No. 1, 2012.

Ford, G. S., T. M. Koutsky, "Broadband and Economic Development: A Municipal Case Study From Florida," *Review of Urban & Regional Development Studies*, Vol. 17, No. 3, 2005.

Fotoukian, Z., F. M. Shahboulaghi, M. F. Khoshknab, et al., "Concept Analysis of Empowerment in Old People with Chronic Diseases Using a Hybrid Model," *Asian Nursing Research*, Vol. 8, No. 2, 2014.

Gabe, T. M. , J. R. Abel, "Deployment of Advanced Telecommunications Infrastructure in Rural America: Measuring the Digital Divide," *American of Dournat of Agriculturat Ecnomics*, Vol. 84, No. 5, 2002.

Galliano, D. , P. Roux, "Organisational Motives and Spatial Effects in Internet Adoption and Intensity of Use: Evidence from French Industrial Firms," *The Annals of Regional Science*, Vol. 42, No. 2, 2008.

Goggins, S. P. , C. Mascaro, "Context Matters: The Experience of Physical, Informational, and Cultural Distance in a Rural IT Firm," *The Information Society*, Vol. 29, No. 2, 2013.

Groen, W. G. , K. Wilma, Oldenburg Hester S. A. , et al. , "Empowerment of Cancer Survivors Through Information Technology: An Integrative Review," *Journal of Medical Internet Research*, Vol. 17, No. 11, 2015.

Grossman, G. , M. Humphreys, G. Sacramone-Lutz, "'I Wld Like U WMP to Extend Electricity 2 Our Village': On Information Technology and Interest Articulation," *American Political Science Review*, Vol. 108, No. 3, 2014.

Grubesic, T. H. & A. T. Murray, "Waiting for Broadband: Local Competition and the Spatial Distribution of Advanced Telecommunication Services in the United States," *Growth and Change*, Vol. 35, No. 2, 2004.

Grubesic, T. H. , "Efficiency in Broadband Service Provision: A Spatial Analysis," *Telecommunications Policy*, Vol. 34, No. 3, 2010.

Harrison, T. , Waite K. , "Impact of Co-Production on Consumer Perception of Empowerment," The *Service Industries Journal*, Vol. 35, No. 10, 2015.

Helsper, E. J. , "A Corresponding Fields Model for the Links Between Social and Digital Exclusion," *Communication Theory*, Vol. 22, No. 4, 2012.

Hermansson, E. , L. Martensson, "Empowerment in the Midwifery Context—A Concept Analysis," *Midwifery*, Vol. 27, No. 6, 2011.

Hilbert, M. , "The End Justifies the Definition: The Manifold Outlooks on the Digital Divide and Their Practical Usefulness for Policy-Making," *Telecommunications Policy*, Vol. 35, No. 8, 2011.

Hodge, H. , D. Carson, et al. , "Using Internet Technologies in Rural Communities to Access Services: The Views of Older People and Service Providers,"

Journal of Rural Studies, Vol. 54, 2017.

Holmes, Crc G. E., D. Ssleeby, "Empowerment, the Medical Model, and the Politics of Clienthood," *Journal of Progressive Human Services*, Vol. 4, No. 1, 1993.

Holt, L., M. Galligan, "Mapping the Field: Retrospective of the Federal Universal Service Programs," *Telecommanications Policy*, Vol. 37, No. 9, 2013.

Howick, S., J. Whalley, "Understanding the Drivers of Broadband Adoption: The Case of Rural and Remote Scotland," *Journal of the Operational Research Society*, Vol. 59, No. 10, 2008.

Hård, Mikael, "Beyond Harmony and Consensus: A Social-Conflict Approach to Technology," *Science, Technology & Human Values*, Vol. 18, No. 4, 1993.

Hunecke, C., A. Engler, R. Jara-Rojas, et al., "Understanding the Role of Social Capital in Adoption Decisions: An Application to Irrigation Technology," *Agricultural Systems*, Vol. 153, 2017.

Inghelbrecht, L., G. Goeminne, G. V. Huylenbroeck, et al., "When Technology is More than Instrumental: How Ethical Concerns in EU Agriculture Co-Evolve with the Development of GM Crops," *Agriculture and Human Values*, Vol. 34, No. 3, 2017.

Kamuzora, F., "The Internet as an Empowering Agent for Small, Medium and Micro Tourism Enterprises in Poor Countries," *E-review of Tourism Research*, Vol. 4, 2005.

Khakhlary, N., "The Objective of Women Empowerment in A Patriarchal Society and the Role of Higher Education in that Process," *International Journal of Research Culture Society*, Vol. 1, No. 8, 2017.

Koustuv, D., W. Shumei, S. Leif, "Intimate Partner Violence Against Women in Nepal: Ananalysis Through Individual, Empowerment, Family and Societal Level Factors," *Journal of Research in Health Sciences*, Vol. 14, No. 4, 2014.

Laschinger, H. K. S., J. Finegan, J. Shamian, "The Impact of Workplace Empowerment, Organizational Trust on Staff Nurses' Work Satisfaction and Organizational Commitment," *Health Care Management Review*, Vol. 26,

No. 3, 2001.

Lengsfeld, J. H. B., "An Econometric Analysis of the Sociodemographic Topology of the Digital Divide in Europe," *The Informatien Society*, Vol. 27, No. 3, 2011.

Lewis, W. Arthur, "Economic Development with Unlimited Supplies of Labour," *The Manchester School*, Vol. 22, No. 2, 1954.

Lin, G., Xiao ru Xie, ZuYi Lv, "Tao Bao Practices, Everyday Life and Emerging Hybrid Rurality in Contemporary China," *Journal of Rural Studies*, Vol. 47, 2016.

Lord, J., P. Hutchison, "The Process of Empowerment: Implications for Theory and Practice," *Canadian Journal of Community Mental Health*, Vol 12, No. 1, 1993.

Lowe, P., C. Ray, N. Ward, et al., *Participation in Rural Development: A Review of European Experience*, Newcastle, England: Centre for Rural Economy, University of Newcastle, 1998.

L. Wright, A. Newman, C. Dennis, "Commentary Enhancing Consumer Empowerment," *European Journal of Marketing*, Vol. 40, Nos. 9 – 10, 2006.

M., Castells, *The Rise of the Network Society*, *The Information Age: Economy, Society and Culture*, Oxford: Blackwell, 1996.

M. C. S. Bantilan, R. Padmaja, "Empowerment Through Social Capital Build-Up: Gender Dimensions in Technology Uptake," *Experimental Agriculture*, Vol. 44, No. 1, 2008.

Mehra, B., C. Merkel, A. P. Bishop, "The Internet for Empowerment of Minority and Marginalized Users," *New Media & Society*, Vol. 6, No. 6, 2004.

Michailidis, A., M. Partalidou, S. A. Nastis, A. Papadaki-Klavdianou, C. Charatsari, "Who Goes Online? Evidence of Internet Use Patterns from Rural Greece," *Telecommunications Policy*, Vol. 35, No. 4, 2011.

Miller, E. A., D. M. West, "Where's the Revolution? Digital Technology and Health Care in the Internet Age," *Journal of Health Politics, Policy and Law*, Vol. 34, No. 2, 2009.

Milner, H. V., "The Digital Divide: The Role of Political Institutions in Technology Diffusion," *Comparative Political Studies*, Vol. 39, No. 2, 2006.

Mäkinen, M., "Digital Empowerment as A Process for Enhancing Citizens' Participation," *E-Learning and Digital Media*, Vol. 3, No. 3, 2006.

Moon, J., M. D. Hossain, H. G. Kang, J. Shin, "An Analysis of Agricultural Informatization in Korea: The Government's Role in Bridging the Digital Gap," *Information Development*, Vol. 28, No. 2, 2012.

Otte, P. P., L. D. Tivana, R. Phinney, R. Bernardo, H. Davidsson, "The Importance of Gender Roles and Relations in Rural Agricultural Technology Development: A Case Study on Solar Fruit Drying in Mozambique," *Gender, Technology and Development*, Vol. 22, No. 1, 2018.

Pant Prasad, Laxmi, Helen Hambly Odame, "Broadband for a Sustainable Digital Future of Rural Communities: A Reflexive Interactive Assessment," *Journal of Rural Studies*, Vol. 54, 2017.

Peronard, J., F. Just, "User Motivation for Broadband: A Rural Danish Study," *Telecommunications Policy*, Vol. 35, No. 8, 2011.

Prieger, J. E., "The Broadband Digital Divide and the Economic Benefits of Mobile Broadband for Rural Areas," *Telecommunications Policy*, Vol. 37, Nos. 6 – 7, 2013.

Ramírez, R., "Appreciating the Contribution of Broadband ICT with Rural and Remote Communities: Stepping Stones Toward an Alternative Paradigm," *The Information Society*, Vol. 23, No. 2, 2007.

Rennie, E., A. Crouch, A. Wright, J. Thomas, "At Home on the Outstation: Barriers to Home Internet in Remote Indigenous Communities," *Telecommunications Policy*, Vol. 37, Nos. 6 – 7, 2013.

Roberts, E., L. Townsend, "The Contribution of the Creative Economy to the Resilience of Rural Communities: Exploring Cultural and Digital Capital," *Sociologia Ruralis*, Vol. 56, No. 2, 2015.

Salemink, K., D. Strijker, G. Bosworth, "Rural Development in the Digital Age: A Systematic Literature Review on Unequal ICT Availability, Adoption, and Use in Rural Areas," *Journal of Rural Studies*, Vol. 54, 2017.

Salemink, Koen, Dirk Strijker, Gary Bosworth, "Rural Development in the Digital

Age: A Systematic Literature Review on Unequal ICT Availability, Adoption, and Uuse in Rural Areas," *Journal of Rural Studies*, Vol. 54, 2017.

Schewe, R. L., D. Stuart, "Diversity in Agricultural Technology Adoption: How are Automatic Milking Systems Used and to What End?" *Agriculture and Human Values*, Vol. 32, 2014.

Schröter, Manfred, *Philosophie der Technik* [Philosophy of technology], Munich: Oldenbourg, 1934.

Sharifzadeh M., S., C. A. Damalas, G. Abdollahzadeh, et al., "Predicting Adoption of Biological Control Among Iranian Rice Farmers: An Application of the Extended Technology Acceptance Model (TAM2)," *Crop Protection*, Vol. 96, 2017.

Shirazi, F., "Information and Communication Technology and Women Empowerment in Iran," *Telematics and Informatics*, Vol. 29, No. 1, 2012.

Singh, O. R., "Education and Women's Empowerment," *Social Welfare Delhi*, Vol. 48, No. 1, 2001.

Spaiser, V., "Empowerment or Democratic Divide? Internet-Based Political Participation of Young Immigrants and Young Natives in Germany," *Information Polity*, Vol. 17, No. 2, 2012.

Spreitzer, G. M., "Psychological Empowerment in the Workplace: Dimensions, Measurement, and Validation," *Academy of Management Journal*, Vol. 38, No. 5, 1995.

Spreitzer, G. M., "Toward a Common Ground in Defining Empowerment," *Research in Organizational Change and Development*, Vol. 10, No. 1, 1997.

Thomas, K. W., B. A. Velthouse, "Cognitive Elements of Empowerment: An 'Interpretive' Model of Intrinsic Task Motivation," *Academy of Management Review*, Vol. 15, No. 4, 1990.

UN Women, "A Transformative Stand-Alone Goal on Achieving Gender Equality, Women's Rights and Women's Empowerment: Imperatives and Key Components," 2013.

Velaga, N. R., M. Beecroft, J. D. Nelson, D. Corsar, P. Edwards, "Transport-Poverty Meets the Digital Divide: Accessibility and Connectivity in Rural

Communities," *Journal of Transport Geography*, Vol. 21, 2012.

Vlachokyriakos, V., C. Crivellaro, C. A. L. Dantec, et al., "Digital Civics: Citizen Empowerment with and Through Technology," in *CHI Conference Extended Abstracts on Human Factors in Computing Systems*, ACM, 2016.

Wynn, J. R., "Digital Sociology: Emergent Technologies in the Field and the Classroom," *Sociological Forum*, Vol. 24, No. 2, 2009.

Yukse, M., G. R. Milne, E. G. Miller, "Social Media as Complementary Consumption: The Relationship between Consumer Empowerment and Social Interactions in Experiential and Informative Contexts," *Journal of Consumer Marketing*, Vol. 33, No. 2, 2016.

Zimmerman, M. A., "Psychological Empowerment: Issues and Illustrations," *American Journal of Community Psychology*, Vol. 23, No. 5, 1995.

（二）译著

〔美〕阿尔文·托夫勒：《第三次浪潮》，黄明坚译，中信出版集团，2018。

〔美〕埃弗里特·M. 罗吉斯、〔美〕拉伯尔·J. 伯德格：《乡村社会变迁》，王晓毅、王地宁译，浙江人民出版社，1988。

〔法〕埃哈尔·费埃德伯格：《权力与规则——组织行动的动力》，张月等译，格致出版社，2008。

〔美〕埃里克·施密特、〔美〕乔纳森·罗森伯格、〔美〕艾伦·伊戈尔：《重新定义公司：谷歌是如何运营的》，靳婷婷、陈序、何晔译，中信出版社，2015。

〔英〕安东尼·吉登斯：《社会的构成——结构化理论纲要》，李康、李猛译，中国人民大学出版社，2016。

〔美〕布莱恩·阿瑟：《技术的本质》，曹东溟、王健译，浙江人民出版社，2018。

〔美〕戴维·奥斯本、〔美〕彼得·普拉斯特里克：《摒弃官僚制：政府再造的五项战略》，谭功荣、刘霞译，中国人民大学出版社，2002。

〔美〕丹尼尔·贝尔：《后工业社会的来临》，高铦、王宏周、魏章玲译，江西人民出版社，2018。

〔美〕道格拉斯·C. 诺思：《经济史中的结构与变迁》，陈郁、罗华平等译，上海人民出版社，1994。

〔美〕道格拉斯·C.诺思：《制度、制度变迁与经济绩效》，杭行译，格致出版社，2008。

《狄德罗的〈百科全书〉》，梁从诫译，花城出版社，2007。

〔德〕汉斯－格奥尔格·伽达默尔：《诠释学Ⅰ：真理与方法——哲学诠释学的基本特征》，洪汉鼎译，商务印书馆，2021。

〔荷〕E. 舒尔曼：《科技文明与人类未来：在哲学深层的挑战》，李小兵、谢京生、张峰等译，东方出版社，1995。

〔美〕赫伯特·马尔库塞：《单向度的人：发达工业社会意识形态研究》，刘继译，上海译文出版社，2014。

〔加〕亨利·明茨伯格、〔加〕布鲁斯·阿尔斯特兰德、〔加〕约瑟夫·兰佩尔：《战略历程（修订本）》，魏江译，机械工业出版社，2006。

〔美〕简·E. 芳汀：《构建虚拟政府：信息技术与制度创新》，邵国松译，中国人民大学出版社，2010 。

〔德〕卡尔·曼海姆：《重建时代的人与社会：现代社会结构研究》，张旅平译，译林出版社，2014。

〔美〕卡尔·米切姆：《技术哲学概论》，殷登祥、曹南燕等译，天津科技出版社，1999。

〔美〕莱斯利·A. 怀特：《文化科学——人和文明的研究》，曹锦清等译，浙江人民出版社，1988。

〔美〕雷·库兹韦尔：《奇点临近》，李庆诚、董振华、田源译，机械工业出版社，2011。

〔法〕卢梭：《论科学与艺术》，何兆武译，商务印书馆，1959。

〔美〕梅琳达·盖茨等：《超级技术：改变未来社会和商业的技术趋势》，黄强译，中信出版集团，2017。

〔英〕默里·沙纳汉：《技术奇点》，霍斯亮译，中信出版社，2016。

〔美〕尼尔·波斯曼：《技术垄断：文化向技术投降》，何道宽译，北京大学出版社，2007。

〔美〕乔纳森·H. 特纳：《人类情感——社会学的理论》，孙俊才、文军译，东方出版社，2009。

〔日〕三木清：《哲学入门》，陈延、裴蕾译，山东画报出版社，2020。

孙周兴选编《海德格尔选集》，生活·读书·新知上海三联书店，1996。

〔美〕西奥多·W.舒尔茨：《改造传统农业》，梁小民译，商务印书馆，2006。

〔美〕托马斯·S.库恩：《必要的张力：科学的传统和变革论文选》，纪树立、范岱年、罗慧生译，福建人民出版社，1981。

〔以〕尤瓦尔·赫拉利：《今日简史：人类命运大议题》，林俊宏译，中信出版集团，2018。

〔美〕约翰·奈斯比特：《定见未来：正确观察世界的11个思维模式》，魏平译，中信出版集团，2018。

〔美〕D.P.约翰逊：《社会学理论》，南开大学社会学系译，国际文化出版公司，1988。

中共中央马克思恩格斯列宁斯大林著作编译局编《马克思恩格斯全集》（第19卷），人民出版社，1963。

中共中央马克思恩格斯列宁斯大林著作编译局编《马克思恩格斯选集》（第1卷），人民出版社，1995。

（三）中文著作

曹志勇编著《新农村基础设施》，中国社会出版社，2006。

陈恒礼：《中国淘宝第一村》，江苏人民出版社，2015。

陈锡文主编《中国农村公共财政制度：理论·政策·实证研究》，中国发展出版社，2005。

方晓红：《大众传媒与农村》，中华书局，2002。

费孝通：《江村经济》，北京时代华文书局，2018。

风笑天：《社会研究方法》（第四版），中国人民大学出版社，2013。

何帆：《变量2020—2049：推演中国经济基本盘》，中信出版集团，2020。

贺雪峰：《村治模式：若干案例研究》，山东人民出版社，2009。

黄仁宇：《万历十五年》，生活·读书·新知三联书店，1997。

黄仁宇：《资本主义与二十一世纪》，生活·读书·新知三联书店，1997。

金耀基：《从传统到现代》，中国人民大学出版社，1999。

梁漱溟：《东西文化及其哲学》，商务印书馆，2010。

刘祖云等：《江苏新农村发展报告2018》，中国农业出版社，2019。

吕德文：《涧村的圈子——一个客家村庄的村治模式》，山东人民出版社，2009。

潘善琳、崔丽丽：《SPS 案例研究方法：流程、建模与范例》，北京大学出版社，2016。

本书编写组编《马克思主义基本原理概论》，高等教育出版社，2018。

孙立平：《博弈——断裂社会的利益冲突与和谐》，社会科学文献出版社，2006。

吴国盛编《技术哲学经典读本》，上海交通大学出版社，2008。

吴敬琏：《发展中国高新技术产业：制度重于技术》，中国发展出版社，2002。

肖子华主编《流动人口社会融合蓝皮书：中国城市流动人口社会融合评估报告 NO.1》，社会科学文献出版社，2018。

杨华：《绵延之维：湘南宗族性村落的意义世界》，山东人民出版社，2009。

叶秀敏、汪向东：《赵圩村调查——农村电子商务的"淘元模式"》，中国社会科学出版社，2016。（已匿名处理）

张宝文主编《新阶段中国农业科技发展战略研究》，中国农业出版社，2004。

赵建军、方玉媚主编《科技·理性·创新——哲学视域中的科学技术》，北京科学技术出版社，2014。

竺乾威主编《公共行政学》（第二版），复旦大学出版社，2005。

（四）中文论文

蔡宝来：《人工智能赋能课堂革命：实质与理念》，《教育发展研究》2019 年第 2 期。

陈凡：《论技术的本质与要素》，《自然辩证法研究》1988 年第 1 期。

陈锋：《治术变革与治道重建：资源流变背景下乡村治理困境及出路》，《学海》2017 年第 4 期。

陈宏伟、张京祥：《解读淘宝村：流空间驱动下的乡村发展转型》，《城市规划》2018 年第 9 期。

陈靖：《地利分配中的技术治理——基于赣南 C 镇土地开发的分析》，《求实》2016 年第 11 期。

陈文胜：《中央一号文件的"三农"政策变迁与未来趋向》，《农村经济》

2017 年第 8 期。

陈瑜、丁堃：《新兴技术价值前置型治理——应对新兴技术不确定性的新路径》，《自然辩证法通讯》2018 年第 5 期。

戴庆忠：《反贫困思考：制度、组织与文化》，《贵州大学学报》（社会科学版）2000 年第 6 期。

董江爱、王慧斌：《科技驱动与乡村治理变迁》，《科学技术哲学研究》2014 年第 2 期。

董江爱、张嘉凌：《政策变迁、科技驱动与农业现代化进程》，《科学技术哲学研究》2016 年第 5 期。

方劲：《内源性农村发展模式：实践探索、核心特征与反思拓展》，《中国农业大学学报》（社会科学版）2018 年第 1 期。

冯燕、张红：《农业技术在村落变迁中的作用——基于陕西杨村的实证研究》，《中国农学通报》2012 年第 2 期。

关锐捷：《消除城乡国民待遇差异构建和谐社会》，《社科论坛》2006 年第 1 期。

郭芳：《"为村"十年：乡村振兴的数字化实验和变革》，《中国经济周刊》2019 年第 19 期。

郭锦墉、肖剑、汪兴东：《主观规范、网络外部性与农户农产品电商采纳行为意向》，《农林经济管理学报》2019 年第 4 期。

何明升：《智慧生活：个体自主性与公共秩序性的新平衡》，《探索与争鸣》2018 年第 5 期。

何绍辉：《从"技术"到"伦理"：精准扶贫研究的范式转换》，《求索》2018 年第 1 期。

贺雪峰、仝志辉：《论村庄社会关联——兼论村庄秩序的社会基础》，《中国社会科学》2002 年第 3 期。

胡琦：《信息共享与技术赋权：乡村治理中行政壁垒的破除路径》，《探索》2016 年第 5 期。

黄进：《中国农民主体性的现状与重塑》，《高校理论战线》2012 年第 2 期。

黄晓春、嵇欣：《技术治理的极限及其超越》，《社会科学》2016 年第 11 期。

黄晓春：《技术治理的运作机制研究——以上海市 L 街道一门式电子政务中心为案例》，《社会》2010 年第 4 期。

季柯辛、乔娟、耿宁：《农户技术采纳的一个关键影响因素：技术扩散模式》，《科技管理研究》2017 年第 23 期。

贾钢涛、卫梦思：《新时代背景下培育农民科技素质研究——以陕西省为例》，《中国职业技术教育》2018 年第 15 期。

姜奇平：《不出家门就赚钱——重新审视家庭在整体经济中的地位》，《互联网周刊》2010 年第 23 期。

孔晓娟、邹静琴、黄嘉琪：《"乡村信息化善治"：乡村治理的目标选择和路径分析——以广东农村信息化实践为例》，《广东农业科学》2014 年第 15 期。

雷巧玲：《授权赋能研究综述》，《科技进步与对策》2006 年第 8 期。

雷望红：《被围困的社会：国家基层治理中主体互动与服务异化——来自江东省 N 市 L 区 12345 政府热线的乡村实践经验》，《公共管理学报》2018 年第 2 期。

黎熙元：《社区技术治理的神话：政府项目管理与社工服务的困境》，《兰州大学学报》（社会科学版）2018 年第 3 期。

李国英：《"互联网＋"背景下我国现代农业产业链及商业模式解构》，《农村经济》2015 年第 9 期。

李佳：《乡土社会变局与乡村文化再生产》，《中国农村观察》2012 年第 4 期。

李丽颖、吴佩：《淘元镇：村庄里的"电商王国"》，《农产品市场周刊》2014 年第 47 期。（已匿名处理）

李明宇、张真真：《马克思恩格斯的农民主体性思想及其当代意义》，《南京政治学院学报》2015 年第 5 期。

李业昆、姜樊：《互联时代如何给组织赋能》，《经济研究参考》2018 年第 47 期。

李增元、刘杂林：《信息化治理：农村社区治理技术创新及其实现途径》，《社会主义研究》2017 年第 6 期。

梁润冰：《电子信息方式下的乡村治理》，《深圳大学学报》（人文社会科学版）2008 年第 3 期。

刘碧、王国敏：《新时代乡村振兴中的农民主体性研究》，《探索》2019 年第 5 期。

刘冬梅、郭强：《我国农村科技政策：回顾、评价与展望》，《农业经济问题》2013 年第 1 期。

刘乐、张娇、张崇尚、仇焕广：《经营规模的扩大有助于农户采取环境友好型生产行为吗——以秸秆还田为例》，《农业技术经济》2017 年第 5 期。

刘学坤：《"科技下乡"的现代性语境及其教育功用：功能主义的解释》，《求实》2012 年第 8 期。

刘亚军：《互联网使能、金字塔底层创业促进内生包容性增长的双案例研究》，《管理学报》2018 年第 12 期。

刘永谋：《技术治理的逻辑》，《中国人民大学学报》2016 年第 6 期。

刘永谋：《论技治主义：以凡勃伦为例》，《哲学研究》2012 年第 3 期。

刘祖云、李烊：《在乡村振兴语境下培育"情感共同体"》，《江苏行政学院学报》2019 年第 1 期。

刘祖云、刘传俊：《后生产主义乡村：乡村振兴的一个理论视角》，《中国农村观察》2018 年第 5 期。

刘祖云、王丹：《"乡村振兴"战略落地的技术支持》，《南京农业大学学报》（社会科学版）2018 年第 4 期。

卢晖临、李雪：《如何走出个案——从个案研究到扩展个案研究》，《中国社会科学》2007 年第 1 期。

陆汉文、杨永伟：《发展视角下的个体主体性和组织主体性：精准脱贫的重要议题》，《学习与探索》2017 年第 3 期。

吕祖宜、林耿：《混杂性：关于乡村性的再认识》，《地理研究》2017 年第 10 期。

栾轶玫：《人工智能在固态传播中的媒体赋能——以 2018 年全国两会报道为例》，《新闻与写作》2018 年第 4 期。

罗晟：《中国粮食产量或现周期性拐点》，《农产品市场周刊》2009 年第 23 期。

罗玉英：《科技文化对乡村振兴的作用研究》，《乡村科技》2018 年第 19 期。

罗仲伟、李先军、宋翔等：《从"赋权"到"赋能"的企业组织结构演进——基于韩都衣舍案例的研究》，《中国工业经济》2017 年第 9 期。

庞绍堂：《现代性、主体性、限制性》，《学海》2008 年第 6 期。

彭亚平：《技术治理的悖论：一项民意调查的政治过程及其结果》，《社会》

2018 年第 3 期。

钱宁：《农村发展中的新贫困与社区能力建设：社会工作的视角》，《思想战线》2007 年第 1 期。

邱泽奇：《技术与组织的互构——以信息技术在制造企业的应用为例》，《社会学研究》2005 年第 2 期。

邱泽奇：《技术与组织：多学科研究格局与社会学关注》，《社会学研究》2017 年第 4 期。

渠岩：《艺术乡建许村家园重塑记》，《新美术》2014 年第 11 期。

任敏：《技术应用何以成功？——一个组织合法性框架的解释》，《社会学研究》2017 年第 3 期。

邵娜：《论技术与制度的互动关系》，《中州学刊》2017 年第 2 期。

沈费伟：《乡村技术赋能：实现乡村有效治理的策略选择》，《南京农业大学学报》（社会科学版）2020 年第 2 期。

沈费伟、诸靖文：《乡村"技术治理"的运行逻辑与绩效提升研究》，《电子政务》2020 年第 5 期。

宋红娟：《两种情感概念：涂尔干与柏格森的情感理论比较——兼论二者对情感人类学的启示》，《北方民族大学学报》（哲学社会科学版）2015 年第 1 期。

苏泽龙：《乡村视野中的农业技术与社会变迁》，《华南农业大学学报》（社会科学版）2013 年第 4 期。

孙小燕、刘雍：《土地托管能否带动农户绿色生产？》，《中国农村经济》2019 年第 10 期。

谭海波、孟庆国、张楠：《信息技术应用中的政府运作机制研究——以 J 市政府网上行政服务系统建设为例》，《社会学研究》2015 年第 6 期。

谭九生、任蓉：《大数据嵌入乡村治理的路径创新》，《吉首大学学报》（社会科学版）2017 年第 6 期。

谭英：《农村公民人文科学素养的电视信息传播导向研究——从农民的视角》，《科普研究》2007 年第 1 期。

陶群山、胡浩、王其巨：《环境约束条件下农户对农业新技术采纳意愿的影响因素分析》，《统计与决策》2013 年第 1 期。

佟大建、黄武、应瑞瑶：《基层公共农技推广对农户技术采纳的影响——以水稻科技示范为例》，《中国农村观察》2018 年第 4 期。

万秀丽：《农民专业合作组织：发挥农民主体性作用的重要载体》，《宁夏社会科学》2011 年第 3 期。

汪建、庄天慧：《贫困地区社会资本对农户新技术采纳意愿的影响分析——基于四川 16 村 301 户农户的调查》，《农村经济》2015 年第 4 期。

汪向东：《衡量我国农村电子商务成败的根本标准》，《中国信息界》2011 年第 3 期。

汪向东：《农村电子商务与金融转型之思》，《金融电子化》2013 年第 7 期。

汪向东：《农村经济社会转型的新模式——以淘元电子商务为例》，《工程研究 - 跨学科视野中的工程》2013 年第 2 期。（已匿名处理）

汪玉凯：《中国电子政务的功能定位与政府治理创新》，《信息化建设》2003 年第 4 期。

王丹、刘祖云：《乡村"技术赋能"：内涵、动力及其边界》，《华中农业大学学报》（社会科学版）2020 年第 3 期。

王富伟：《个案研究的意义和限度——基于知识的增长》，《社会学研究》2012 年第 5 期。

王红艳：《新乡贤制度与农村基层治理：梁寨样本》，《江苏师范大学学报》（哲学社会科学版）2017 年第 4 期。

王建设：《技术决定论：划分及其理论要义》，《科学技术哲学研究》2011 年第 4 期。

王珊珊、王宏起：《技术创新扩散的影响因素综述》，《情报杂志》2012 年第 6 期。

王书华、郑风田、胡向东等：《科技创新支撑乡村振兴战略》，《中国科技论坛》2018 年第 6 期。

王雅凤、郑逸芳、许佳贤、林沙：《农户农业新技术采纳意愿的影响因素分析——基于福建省 241 个农户的调查》，《资源开发与市场》2015 年第 10 期。

王雨磊：《技术何以失准？——国家精准扶贫与基层施政伦理》，《政治学研究》2017 年第 5 期。

王雨磊：《农村精准扶贫中的技术动员》，《中国行政管理》2017 年第 2 期。

王雨磊：《数字下乡：农村精准扶贫中的技术治理》，《社会学研究》2016

年第 6 期。

吴国盛：《芒福德的技术哲学》，《北京大学学报》（哲学社会科学版）2007
年第 6 期。

吴昕晖、袁振杰、朱竑：《全球信息网络与乡村性的社会文化建构——以广
州里仁洞 "淘宝村" 为例》，《华南师范大学学报》（自然科学版）
2015 年第 2 期。

吴旭红、何瑞：《超越 "虚拟的美丽"：技术与制度互构的理论阐释》，《北
方民族大学学报》（哲学社会科学版）2018 年第 2 期。

西宝、陈瑜、姜照华：《技术协同治理框架与机制——基于 "价值—结构—
过程—关系" 视角》，《科学学研究》2016 年第 11 期。

徐旭初：《应该提倡 "农民主体观"》，《浙江社会科学》2009 年第 2 期。

徐雪琪、程开明：《创新扩散与城市体系的空间关联机理及实证》，《科研管
理》2008 年第 5 期。

杨海娟：《基于心智模式改善的团队积极心育实践研究》，《江苏教育》2016
年第 56 期。

杨琴：《中日电子商务发展现状比较》，《贵州大学学报》（社会科学版）
2008 年第 4 期。

杨志海：《老龄化、社会网络与农户绿色生产技术采纳行为——来自长江流
域六省农户数据的验证》，《中国农村观察》2018 年第 4 期。

易法敏：《产业参与、平台协同与精准扶贫》，《华南农业大学学报》（社会
科学版）2018 年第 6 期。

尹俊、王辉、黄鸣鹏：《授权赋能领导行为对员工内部人身份感知的影响：
基于组织的自尊的调节作用》，《心理学报》2012 年第 10 期。

应小丽、钱凌燕：《"项目进村" 中的技术治理逻辑及困境分析》，《行政论
坛》2015 年第 3 期。

张丙宣：《技术治理的两幅面孔》，《自然辩证法研究》2017 年第 9 期。

张丙宣、任哲：《数字技术驱动的乡村治理》，《广西师范大学学报》（哲学
社会科学版）2020 年第 2 期。

张丙宣：《政府的技术治理逻辑》，《自然辩证法通讯》2018 年第 5 期。

张成岗：《新技术演进中的多重逻辑悖逆》，《探索与争鸣》2018 年第 5 期。

张成林：《网络影响下国家与乡村互动方式的嬗变》，《华南农业大学学报》

（社会科学版）2013 年第 1 期。

张春华：《大数据时代的乡村治理审视与现代化转型》，《探索》2016 年第 6 期。

张红：《村落变迁：动力机制与意义阐释》，《华南农业大学学报》（社会科学版）2011 年第 4 期。

张红、高天跃：《农业技术应用与乡村社会变迁——以陕西 YL 现代农业园区西村为例》，《农村经济》2012 年第 8 期。

张红：《农业技术在乡村社会中的运作机制》，《农村经济》2013 年第 7 期。

张红：《农业现代化进程中的村落变迁研究——山东寿光三元朱村的个案调查》，《重庆大学学报》（社会科学版）2011 年第 6 期。

张京祥、陆枭麟：《协奏还是变奏：对当前城乡统筹规划实践的检讨》，《国际城市规划》2010 年第 1 期。

张静：《案例分析的目标：从故事到知识》，《中国社会科学》2018 年第 8 期。

张茂元、邱泽奇：《技术应用为什么失败——以近代长三角和珠三角地区机器缫丝业为例（1860—1936）》，《中国社会科学》2009 年第 1 期。

张茂元、邱泽奇：《近代乡绅技术观转型的社会经济基础——以近代珠三角机器缫丝技术应用为例》，《开放时代》2016 年第 5 期。

张瑞娟、高鸣：《新技术采纳行为与技术效率差异——基于小农户与种粮大户的比较》，《中国农村经济》2018 年第 5 期。

张文礼：《改革开放以来"三农"政策的创新与发展》，《中国经济史研究》2005 年第 2 期。

张秀梅：《仪式的实践与乡村共同体重塑——关于浙江农村文化礼堂建设的思考》，《浙江学刊》2018 年第 3 期。

张燕、邱泽奇：《技术与组织关系的三个视角》，《社会学研究》2009 年第 2 期。

张原：《从"乡土性"到"地方感"：文化遗产的现代性承载》，《西南民族大学学报》（人文社会科学版）2014 年第 4 期。

赵春萍：《更新观念迎合潮流》，《市场观察》1996 年第 7 期。

赵剑英：《加强对技术社会形态问题的研究》，《马克思主义与现实》2011 年第 1 期。

郑有贵：《农业养育工业政策向工业反哺农业政策的转变——"取""予"视角的"三农"政策》，《中共党史研究》2007 年第 1 期。

郑智航：《网络社会法律治理与技术治理的二元共治》，《中国法学》2018
年第 2 期。

钟蔚：《农业现代化进程中农民组织化发展瓶颈与破局之策》，《铜陵学院学
报》2019 年第 6 期。

周大鸣：《外来工与"二元社区"——珠江三角洲的考察》，《中山大学学
报》（社会科学版）2000 年第 2 期。

周密：《非均质后发大国技术空间扩散的影响因素——基于扩散系统的分析
框架》，《科学学与科学技术管理》2009 年第 6 期。

周文辉、邓伟、陈凌子：《基于滴滴出行的平台企业数据赋能促进价值共创
过程研究》，《管理学报》2018 年第 8 期。

周文辉、李兵、周依芳等：《创业平台赋能对创业绩效的影响：基于"海
尔＋雷神"的案例研究》，《管理评论》2018 年第 12 期。

朱月季、高贵现、周德翼：《基于主体建模的农户技术采纳行为的演化分
析》，《中国农村经济》2014 年第 4 期。

朱月季：《社会网络视角下的农业创新采纳与扩散》，《中国农村经济》2016
年第 9 期。

朱政：《国家权力视野下的乡村治理与基层法治——鄂西 L 县网格化管理创
新调查》，《中国农业大学学报》（社会科学版）2015 年第 6 期。

（五）报纸类

汪向东：《淘元模式 2.0：一个农村电子商务模式的跟踪研究》，《人民邮电
报》2013 年 3 月 25 日，第 6 版。（已匿名处理）

（六）电子文献

阿里研究院：《中国淘宝村研究报告（2018）》，2018 年 11 月 8 日，http：∥
www. 100ec. cn／detail－6479912. html，最后访问日期：2018 年 11 月 9 日。

国家统计局：《2018 年国民经济和社会发展统计公报》，2019 年 2 月 28 日，
http：∥www. stats. gov. cn／tjsj／zxfb／201902／t20190228＿1651265. html，最
后访问日期：2019 年 3 月 1 日。

国家统计局：《第三次全国农业普查主要数据公报（第一号）》，2017 年 12
月 14 日，http：∥www. stats. gov. cn／sj／tjgb／nypcgb／qgnypcgb／202302／t20
230206＿1902101. html，最后访问日期：2017 年 12 月 15 日。

国家统计局：《第三次全国农业普查主要数据公报（第五号）》，2017 年 12 月 16 日，http：//www. stats. gov. cn/sj/tjgb/nypcgb/qgnypcgb/202302/t20 230206_190 2104. html，最后访问日期：2023 年 9 月 17 日。

国家统计局：《农村基础设施明显改善 基本社会事业全面进步》，2017 年 12 月 15 日，http：//news. cctv. com/2017/12/15/ARTIti7n0SNkNjdPEgSEY4r w171215. shtml，最后访问日期：2017 年 12 月 16 日。

国家统计局：《中华人民共和国 2008 年国民经济和社会发展统计公报》，2009 年 2 月 26 日，http：//www. stats. gov. cn/tjsj/tjgb/ndtjgb/qgndtjgb/200902/ t20090226_30023. html，最后访问日期：2009 年 2 月 27 日。

于永辉：《网购兴村民富—曲东风走进网络小岗村》，2011 年 1 月 6 日，ht- tps：//cio. it168. com/a2011/0106/1146/000001146858_2. shtml，最后访问日期：2023 年 9 月 10 日。

《中共中央国务院印发〈乡村振兴战略规划（2018—2022 年）〉》，2018 年 9 月 26 日，https：//www. gov. cn/zhengce/2018 – 09/26/content_5325534. htm，最后访问日期：2023 年 9 月 10 日。

中国互联网络信息中心：《第 44 次中国互联网络发展状况统计报告》，2019 年 8 月 30 日，http：//www. cac. gov. cn/2019 – 08/30/c_1124938750. htm，最后访问日期：2019 年 8 月 31 日。

国家统计局：《中国统计年鉴（2017 年）》，http：//www. stats. gov. cn/sj/nd- sj/2017/indexch. htm，最后访问日期：2023 年 8 月 9 日。

中华人民共和国国家统计局编《中国统计年鉴（2017 年）》，2017 年 9 月 1 日，http：//www. stats. gov. cn/sj/ndsj/2017/indexch. htm，最后访问日期：2023 年 8 月 9 日

中华人民共和国民政部：《中华人民共和国行政区划统计表》，2022 年 12 月 31 日，http：//xzqh. mca. gov. cn/statistics/2022. html，最后访问日期：2023 年 9 月 17 日。

（七）其他

阿里研究院：《淘宝村十年：数字经济促进乡村振兴之路》，2019。

《文博县淘元镇志》编纂委员会编《文博县淘元镇志》，江苏人民出版社，2019。（已匿名处理）

附　录

一　调查问卷

淘元镇电商发展情况调查问卷

问卷编号：

尊敬的农民朋友：

您好！我们是江苏师范大学乡村技术赋能课题组成员，为了解淘元镇电商发展情况以及电商发展对乡村产业结构、社会治理及村民生活行为习惯的影响，特进行此次调查。本卷采用匿名的方式作答，您的答案仅作学术研究之用，请您根据自己的实际情况放心填答。

感谢您的支持，祝您身体健康，万事如意！

乡村技术赋能课题组

2019 年 7 月

【个人背景】

1. 您的年龄？

A. 18 岁以下　　　　B. 18～30 岁　　　　C. 31～40 岁

D. 41～50 岁　　　　E. 51～60 岁　　　　F. 60 岁以上

2. 您的受教育水平？

A. 小学　　　　　　B. 初中　　　　　　C. 高中/技校/中专

D. 大专　　　　　　E. 本科　　　　　　F. 研究生

【开网店之前的情况】

3. 您从事网店之前的职业是？

A. 在家务农

B. 在政府或事业单位工作

C. 在本地或外出务工

D. 无事可做

4. 开网店之前，您家庭平均年收入约为？

A. 无收入   B. 3000 元及以下   C. 3001 ~ 5000 元

D. 5001 ~ 10000 元   E. 1 万 ~ 5 万元   F. 10 万元以上

5. 开网店之前，您家庭的主要收入来源是？

A. 务农

B. 在本地或外地企业务工

C. 经商

D. 非企业单位的工资性收入

6. 开网店之前，您空闲时间主要做什么？（多选，最多三项）

A. 上网   B. 看电视   C. 看书看报纸

D. 做家务   E. 串门聊天   F. 玩牌

G. 辅导孩子   H. 技术培训   I. 其他

7. 开网店之前，您的作息时间是什么？

早上一般_____点起床；晚上一般_____点休息

8. 开网店之前，您的"家庭支出"主要用于哪些方面？（多选，最多三项）

A. 饮食   B. 穿着   C. 买车

D. 建房/购房   E. 娶亲   F. 学习培训

G. 孩子教育   H. 健康检查   I. 购买保险

J. 旅游   K. 存银行   L. 投资股票/债券

N. 其他

您的顺序是：_____、_____、_____

【网店经营状况及带来的影响】

9. 网店的年营业额平均是_____万元，利润率平均为_____%。

10. 在目前网店经营过程中遇到的主要困难是什么？（最多选三项，并排序）

A. 资金问题

B. 产品品种和质量问题

C. 人才问题

D. 客户服务问题

E. 经营配套环节不完善

F. 政策支持不足

G. 恶性竞争

H. 不知道下一步如何发展

I. 其他，请注明：

您的排序是：_____、_____、_____

11. 开网店之后您家庭平均年收入约为？

A. 无收入　　　　　　B. 5000 元及以下　　C. 5001 ~ 10000 元

D. 1 万 ~ 10 万元　　E. 10 万元以上　　　F. 100 万元以上

12. 开网店后与人交往主要讨论的话题是什么？

A. 网店经营方面的知识信息

B. 家长里短

C. 新闻

D. 政策法规

E. 其他，请注明：_____

13. 开网店之后，您的作息时间是什么？

早上一般_____点起床；晚上一般_____点休息

14. 开网店后您在闲暇时间主要干什么？（可多选，最多三项）

A. 上网　　　　　　　B. 看电视　　　　　C. 看书看报纸

D. 做家务　　　　　　E. 串门聊天　　　　F. 玩牌

G. 辅导孩子　　　　　H. 参加技术培训　　I. 其他

15. 如果您上网的话，您上网主要关注哪些内容？（可多选，最多三项）

A. 聊天　　　　　　　B. 新闻　　　　　　C. 市场行情

D. 信息科技　　　　　E. 娱乐节目　　　　F. 天气预报

G. 法律法规　　　　　H. 其他

16. 现在您的"家庭支出"主要用于哪些方面？（多选，最多选三项）

A. 饮食　　　　　　　B. 穿着　　　　　　C. 买汽车

D. 建房/购房　　　　E. 娶亲　　　　　　F. 网店投资

G. 学习培训　　　　　H. 孩子教育　　　　I. 健康检查

J. 购买保险　　　　K. 旅游　　　　　　L. 存银行

M. 投资股票/债券　　N. 其他

您的顺序是：_____、_____、_____

17. 有没有建新房或买房？

A. 在村里建新房　　　B. 在镇上买房　　　C. 在县里买房

D. 在市里买房　　　　E. 没建房或买房

18. 家里有没有家用汽车？

A. 有，一辆　　　　　B. 有，两辆及以上　C. 没有

19. 您的小孩在哪里上的小学或准备让他/她在哪上小学？

A. 村里　　　　　　　B. 镇上　　　　　　C. 县城

D. 市里　　　　　　　E. 其他

20. 您的小孩在哪里上的初中或准备让他/她在哪上初中？

A. 村里　　　　　　　B. 镇上　　　　　　C. 县城

D. 市里　　　　　　　E. 其他

21. 如果感到身体不舒服，您首选的医院是哪里？

A. 村里　　　　　　　B. 镇上　　　　　　C. 县城

D. 市里　　　　　　　E. 其他

22. 您认为开网店成功的要素有哪些？（多选，最多三项）

A. 人脉　　　　　　　B. 资金投入　　　　C. 进货渠道

D. 口碑经营　　　　　E. 产品质量　　　　F. 客户服务

G. 个人努力　　　　　H. 熟悉淘宝等电子商务平台规则

I. 产品适合网购　　　J. 其他

23. 您认为哪些外部环境因素推动了当地网店的发展？（多选，最多选三项）

A. 全村的规模效益

B. 淘宝等电子商务平台提供了机会

C. 产品生产的灵活性

D. 网购用户群增大

E. 物流和支付更便捷

F. 政府支持

G. 其他

24. 您认为开网店对您的生活产生了哪些影响？（多选，最多选三项）

A. 解决自己的就业

B. 实现了个人价值

C. 生活水平显著提高

D. 更加充实、幸福

E. 多交朋友

F. 熟悉网店运营

G. 事业上有成就感

H. 其他

25. 您认为开网店会对村民有何不良影响？

A. 噪声和垃圾导致环境恶劣

B. 做农活的人少了

C. 网店竞争激烈了

D. 邻里关系不和睦了

E. 村里安全隐患增多了（治安、火灾等）

F. 没有任何影响

G. 其他

26. 您如何看待同村其他网店的竞争？

有竞争力是好事，因为：

A. 可以提升服务

B. 可以降低加工成本

C. 可以形成规模优势

D. 可以交流信息和订单

E. 可以相互学习

F. 其他

有竞争是坏事，因为：

A. 压低了销售价格

B. 销量下降

C. 个别网站搞坏了信誉

D. 招不到人才

D. 其他

27. 未来您想居住在哪里？

A. 本村　　　　　　　B. 其他村　　　　　　C. 镇上

D. 县城　　　　　　　E. 市里　　　　　　　F. 工作在哪就住在哪

如果您的回答是 A，那么您为什么想住在村里？

A. 我对现在的生活和工作很满意

B. 我喜欢这个村庄

C. 我不想和我的家人和亲戚分开

D. 其他

如果您的答案是 B，C，D 或 E，那您为什么不想住在村里？

A. 我不喜欢村子里的人

B. 村庄环境太差

C. 教育质量不行

D. 医疗和养老条件落后

E. 公共服务不健全

F. 外面有更好的工作机会

G. 其他

28. 您对开网店的生活满意吗？

A. 非常满意　　　　　B. 满意　　　　　　　C. 一般

D. 不满意　　　　　　E. 非常不满意

如果您的答案是"满意"，为什么？（可多选）

A. 收入高

B. 工作时间自由

C. 工作更轻松

D. 可以和家人待在一起

E. 工作环境好

F. 其他

如果您的答案是"不满意"，为什么？（可多选）

A. 收入低

B. 工作时间长

C. 工作更辛苦

D. 以顾客时间为准，打乱生活节奏

E. 工作环境不好

F. 竞争压力大

G. 其他

二　访谈提纲

关于乡村技术赋能的访谈提纲

镇村领导和电商协会干部：

1. 在发展电商之前，淘元镇的产业发展状况和农民的生活状况

2. 淘元镇电子商务发展的过程、阶段和成绩

3. 淘元镇电子商务成功的原因是什么？

4. 目前淘元镇电商发展存在哪些问题？

5. 淘元镇"专利风波"是怎么回事？

6. 政府在淘元镇电商发展过程中的行动和作用

7. 电商协会在淘元镇电商发展过程中的行动和作用

8. 电商发展对政府治理方式提出了哪些要求和挑战？

9. 电子商务带动的上下游产业链的发展情况

10. 电子商务发展对淘元镇经济发展和产业结构的影响

11. 电子商务发展对乡村社会关系的影响

12. 电子商务发展对农民生活、社会治理和乡村习俗的影响

13. 电子商务发展对人们教育、医疗和养老观念的影响

14. 电子商务发展对公共服务提出了哪些新要求？

15. 电子商务发展对淘元镇空间结构带来哪些改变？

16. 淘元镇电子商务下一步的发展方向和诉求

网商：

1. 开网店之前是做什么的？当时收入状况怎么样？

2. 什么时候开始开网店的？为什么要开网店？

3. 是如何获得网店经营知识的？

4. 网店发展的过程中，有没有家具加工厂？

5. 网店经营的品类、规模和盈利状况

6. 家具加工厂的管理规范、工资水平、福利待遇和社会保障状况

7. 雇佣员工的岗位和数量

8. 网店的经营方式

9. 网店的产品是由谁来设计的？多长时间更新一批产品？产品的定位

10. 网店有没有专门的设计和运营团队？

11. 网店经营成功的因素有哪些？

12. 在网店发展过程中，存在哪些问题和困难？

13. 政府在电商发展中起到什么作用？

14. 电商协会在电商发展中起到什么作用？

15. 电子商务给你的生活方式带来哪些改变？

16. 电子商务给你的社会关系带来哪些改变？

17. 工厂里有亲戚吗？

18. 网店下一步发展方向

产业链上下游企业：

1. 企业的业务范围

2. 企业发展过程、经营规模和盈利状况

3. 企业在电商产业发展中的作用

4. 企业的管理理念

5. 企业发展存在的困难

6. 下一步发展方向

图书在版编目（CIP）数据

技术赋能与乡村振兴：基于一个电商村的田野观察 /
王丹著. -- 北京：社会科学文献出版社，2023.10
ISBN 978 - 7 - 5228 - 2755 - 1

Ⅰ.①技… Ⅱ.①王… Ⅲ.①数字技术 - 应用 - 农村
- 现代化建设 - 研究 - 中国 Ⅳ.①F320.3 - 39

中国国家版本馆 CIP 数据核字（2023）第 208212 号

技术赋能与乡村振兴
——基于一个电商村的田野观察

著　　者／王　丹

出　版　人／冀祥德
责任编辑／李明伟
责任印制／王京美

出　　　版／社会科学文献出版社·国别区域分社（010）59367078
　　　　　　地址：北京市北三环中路甲 29 号院华龙大厦　邮编：100029
　　　　　　网址：www.ssap.com.cn
发　　　行／社会科学文献出版社（010）59367028
印　　　装／三河市尚艺印装有限公司

规　　　格／开本：787mm × 1092mm　1/16
　　　　　　印张：18.75　字数：307 千字
版　　　次／2023 年 10 月第 1 版　2023 年 10 月第 1 次印刷
书　　　号／ISBN 978 - 7 - 5228 - 2755 - 1
定　　　价／128.00 元

读者服务电话：4008918866